Dank an Reinhold Stecher

Dank an Reinhold Stecher

Perspektiven eines Lebens

Festgabe zum 80. Geburtstag
Herausgegeben von Andreas R. Batlogg
und Klaus Egger

Tyrolia-Verlag · Innsbruck-Wien

Mitglied der Verlagsgruppe „engagement“

Die Deutsche Bibliothek – CIP-Einheitsaufnahme

Ein Titelsatz für diese Publikation ist bei
Der Deutschen Bibliothek erhältlich

2002
© Verlagsanstalt Tyrolia, Innsbruck
Umschlagbild: Pressereferat der Diözese Innsbruck
Umschlaggestaltung: Peter Mair, Innsbruck
Druck und Bindung: Athesia-Tyrolia Druck, Innsbruck
ISBN 3-7022-2413-0

Inhalt

6

Vorwort

»Was bleibt von der Ära Stecher?« – So war im Herbst 1997 eine Aussendung des Pressedienstes der Diözese Innsbruck überschrieben. Im ersten Satz heißt es: »Eines steht jetzt schon fest: Wenn Dr. Reinhold Stecher in wenigen Wochen die Verantwortung als Bischof von Innsbruck an seinen Nachfolger Prof. Dr. Alois Kothgasser übergibt, tritt einer der Großen, den die Kirche Tirols hervorgebracht hat, in den Ruhestand.«

Inzwischen ist Reinhold Stecher 80 Jahre alt geworden – ein erfreulicher Anlaß, nochmals der Frage nachzugehen, was ihn in den Augen so vieler Menschen groß gemacht hat. Diese Festgabe versteht sich als eine Art Mosaik, das in ganz verschieden gearteten Beiträgen Gelegenheit bietet, dem Menschen, Priester und Bischof zu begegnen, und das Impulse weiterdenkt, die er in so vielfacher Weise gesetzt hat. Aquarelle und Zeichnungen aus dem Besitz von Freunden und Weggefährten bereichern dieses Bild mit farbigen Akzenten.

Als Herausgeber sind wir uns sehr wohl bewußt, daß Lob und Ehrungen die Sache Reinhold Stechers nicht sind – eingedenk der Worte des seinerzeitigen Pfarrers von Wilten, Dominikus Dietrich OPraem., an den Primizianten: »Reinhold, beim Weihrauch nur ja keine Brustzüge!« Wenn nun trotzdem die eine oder andere Weihrauchwolke aufsteigt, dann kann man ihr ja auch nachblicken und dankbar an den denken, der alles Gute wirkt.

Da wir keine »Festschrift« im üblichen Sinn des Wortes im Blick hatten, sondern eher einen bunten Strauß von Gratulationen, dankbaren Erinnerungen und weiterführenden Perspektiven, haben wir Weggefährtinnen und Weggefährten von Reinhold Stecher gebeten, Blumen für diesen Geburtstagsstrauß bereitzustellen. Dem Tyrolia-Verlag danken wir für die erfreuliche und kompetente Zusammenarbeit.

So kann diese Festgabe zu einer neuen und kostbaren Begegnung mit Reinhold Stecher werden, der nicht nur seine bischöfliche Amtszeit (1981–1997), sondern sein Leben als ganzes unter das Leitmotiv »Dienen und vertrauen« gestellt hat. Als Herausgeber möchten wir uns den vielen Gratulantinnen und Gratulanten anschließen und Gottes Segen erbitten für alles, was in diesem reichen Leben erst noch geboren werden möchte.

Klaus Egger
Andreas R. Batlogg SJ

Im Dezember 2001

1

Gratulation

ALOIS M. KOTHGASSER SDB

Dank, Sympathie und Verbundenheit

Mit meinem Vorgänger im bischöflichen Dienst in der Diözese Innsbruck gab es vor meiner Bischofsweihe nur wenige persönliche Begegnungen. Zum ersten Mal traf ich ihn in Stams. Ich war aus Anlaß des Maria-Hilf-Festes bei den Don-Bosco-Schwestern. Bischof Reinhold Stecher hielt gerade Visitation. Nach dem Empfang durch die Musikkapelle konnte ich ihn kurz grüßen. Es war die Zeit, in der ich noch in Benediktbeuern tätig war.

Eine zweite Begegnung erfolgte bei der »Wallfahrt der Vielfalt« in Mariazell im Jahr 1996. Bischof Reinhold Stecher hielt zu abendlicher Stunde eine großartige Meditation über »Mariä Verkündigung« nach dem Lukas-Evangelium. In einem kurzen Austausch danach sprach ich ihm meine Anerkennung und meinen Dank aus.

Nach meiner Ernennung zu seinem Nachfolger kam ich erstmals am 14. Oktober 1997 zu ihm ins Bischofshaus am Domplatz in Innsbruck. Nach wenigen Sätzen waren wir beim brüderlichen Du. Bald waren wir uns einig, daß meine Bischofsweihe am Christkönigsfest, dem 23. November 1997, ein Jahr nach der Seligsprechung von Otto Neururer und Jakob Gapp, im Dom zu Innsbruck stattfinden sollte. Bei dieser Begegnung überreichte er mir die Brille von Pfarrer Otto Neururer und eine Reliquie des heiligen Aloisius, die er einst von seinen Verwandten erhalten hatte. Gemeinsam machten wir damals eine Wallfahrt nach Götzens, um unsere Anliegen dem seligen Otto Neururer zu empfehlen. Unvergeßlich bleibt mir auch, mit welcher Entschlossenheit er mir am Tag meiner Bischofsweihe den Hirtenstab überreichte. Er war sichtlich erleichtert, nun die Verantwortung in andere Hände legen zu können.

Besonders berührt hat mich bei seiner Verabschiedung am 20. Dezember 1997 die Übergabe einer schönen Barocktaube – Symbol des Heiligen Geistes –, die damit wieder in das bischöfliche Arbeitszimmer zurückkehrte.

Seine 80 Lebensjahre merkt man Bischof Reinhold Stecher nicht an, obwohl er die Grenzsituationen des Lebens zur Zeit schwerer Krankheit erfahren hatte. Die rege geistige Tätigkeit, der pastorale

Einsatz und das unermüdliche Wandern in den Tiroler Bergen erhalten ihn frisch und lebendig.

Es gibt vieles, wofür ich Gott danke, und vieles, was uns verbindet. Die Liebe zu Gott und die Verehrung des Heiligen Geistes ist uns schöpferischer Ansporn und Stärkung auf dem Weg der Treue. Die Freude am Evangelium und seiner Verkündigung in Wort und Tat erfüllt das Leben und möchte Zeugnis geben von dem, der alles Leben trägt.

Eine bevorzugte Begegnung war für Bischof Reinhold Stecher die Teilnahme an der Versammlung der Glaubenskommission der Deutschen Bischöfe. Darin darf ich ihm nachfolgen und empfinde dieselbe Freude in der Ergründung und Vermittlung der Wahrheit als Heilsbotschaft für die Menschen.

Bei den Besuchen in den Pfarrgemeinden stoße ich immer wieder auf Bischof Reinhold Stechers Spuren. Überall gibt es Erzählungen, Erinnerungen, vor allem auch, daß er bei seinen Visitationen niemals die Kranken, die Behinderten und die Armen vergaß. Als Caritas-Bischof Österreichs – und auch darin darf ich ihm nachfolgen – bezog er auch wiederholt in der Öffentlichkeit Stellung, wenn fundamentale Rechte sozial schwacher oder benachteiligter Menschen auf dem Spiel standen. Überhaupt hat er ein sehr weites Herz, wenn es darum geht, Bedürftige im In- und Ausland zu unterstützen. Unter manchen weltkirchlichen Entscheidungen leidet er, denn er ist überzeugt, daß wir im Zweifelsfall in ethisch-moraltheologischen Fragen dem Geist Jesu Christi verpflichtet sind, und uns eher der Barmherzigkeit zuneigen sollten.

Der Zugang zu den Menschen, das Gespräch auf allen Ebenen, mit ganz Einfachen, mit Gelehrten, mit Christgläubigen und Andersgläubigen oder Nichtgläubigen, mit Menschen der Wirtschaft und der Kultur, war ihm immer ein großes Anliegen. Das ist es auch mir. Seine Stellungnahme zur Frage des Kultes des »Anderl von Rinn«, wie auch sein Bemühen um den interreligiösen Dialog, vor allem mit den Vertretern des jüdischen Volkes, teile ich voll und ganz. Sein Eintreten für die Ehrfucht vor dem Leben, die Ablehnung der Abtreibung, die Erhaltung der notwendigen ökologischen Lebensgrundlagen, wie auch die Förderung einer lebendigen Sonn- und Feiertagskultur, bewegen uns weiterhin in der Sorge für die Zukunft der Kirche und der Menschheit.

Ich bewundere seine vielfältigen Begabungen, seine unwahrscheinlich lebendige und bilderreiche Sprache, seinen tiefgründigen Einblick in die Wirklichkeit der Dinge und seinen verhaltenen Humor, ebenso sein Talent zum Malen und Karikaturen zu zeichnen, von denen manche der Öffentlichkeit noch vorenthalten sind.

Von großer Bedeutung für die Diözese bleiben die Einberufung des Diözesanforums (1993/95), die Gründung des diözesanen Studienzentrums in Stams (Pädagogische Akademie, Religionspädagogische Akademie, Kolleg für Sozialpädagogik) sowie die Neugestaltung des Priesterseminars Innsbruck-Hötting und besonders die hervorragende Restaurierung des Domes zu St. Jakob, wie auch fast aller Kirchen und Kapellen in Tirol.

Seine Liebe zu den Bergen teile ich, seine Leidenschaft, unzählige Gipfel zu bezwingen, kann ich nur bewundern, ebenso sein Interesse für lebendiges Brauchtum und die Landeskunde. Er ist gebürtiger Nordtiroler mit Südtiroler Wurzeln. Jede Begegnung mit ihm ist immer voller sprühender Gedanken, humorvoller Erzählungen, vielfach auch in den Dialekten der verschiedenen Tiroler Täler, die er erstaunlich gut beherrscht.

In seinem wohlverdienten Ruhestand ist er keineswegs untätig. Im Gegenteil, er nützt die ihm neu geschenkte Freiheit. Er predigt Exerzitien und Einkehrtage, vor allem für Priester, Ordensgemeinschaften, aber auch für Laienchristen, geht auf Aushilfe in die Pfarrgemeinden, hält Vorträge zu verschiedenen Anlässen und manchen Jubiläen. Er ist und bleibt Seelsorger aus innerer Leidenschaft. Mit Aufmerksamkeit und Mitverantwortung begleitet er die Anliegen der Kirche in Tirol. Nie aber mischt er sich ein in Angelegenheiten der Leitung der Diözese. Dankbar genieße ich das freundschaftlich-brüderliche Miteinander.

In diesem ersten Jahr des neuen Jahrtausends begeht Bischof Reinhold Stecher nicht nur seinen 80. Geburtstag, sondern auch den 20. Jahrestag seiner Bischofsweihe, den er am 25. Jänner 2001, am Fest der Bekehrung des Völkerapostels Paulus, in aller Stille beging. Insgesamt 16 Jahre lang war er der Hirte der »Kirche im Gebirge« in der Nachfolge von Bischof Paulus Rusch. Glaube und Dienst, Vertrauen und Hingabe kennzeichnen die Jahre seines Hirtenamtes. Große Dankbarkeit, mitbrüderliche Verbundenheit und mein Gebet begleiten seinen Weg.

WENDELIN WEINGARTNER

Ein wichtiger Seelsorger und
persönlicher Wegweiser

Vor 80 Jahren wurde Bischof Reinhold Stecher in eine unruhige Nachkriegszeit hineingeboren. Blättert man im Buch der Geschichte, dann findet man im Jahr 1921 beispielsweise eine inoffizielle Volksbefragung, bei der sich in Tirol 98 Prozent der Bevölkerung für den Anschluß an das Deutsche Reich aussprachen, und bei der Abtretung des Burgenlands an Österreich kam es zu schweren Kämpfen mit ungarischen Freischärlern. Bischof Reinhold, wie er in Tirol immer noch respektvoll und wertschätzend zugleich genannt wird, hat selbst bewegte Epochen der Kirche erlebt und teilweise aktiv mitgestaltet: die politisch machtorientierte Kirche bis 1938, die bis 1945 verfolgte Kirche, die pastoral-sozial engagierte Kirche der Nachkriegszeit, die offene Kirche des Konzils und schließlich die heutige »postmoderne« Zeit.

Reinhold Stecher ist nicht ohne Grund Träger der höchsten Auszeichnung, die das Land Tirol zu vergeben hat: des Ringes des Landes Tirol. Sein Einsatz für mehr Mitmenschlichkeit in der Gesellschaft, in der Familie und in der Kirche hat diesen Mann Gottes mit so viel Augenmaß, Sensibilität und Realitätssinn weder zu einem konformistischen Progressismus noch zu einem reaktionären Konservativismus verleitet.

In dieser schnellebigen hektischen Zeit, in der Solidaritäten schwinden und Verluste der inneren Beheimatung des Menschen spürbarer werden, hat uns unser früherer Oberhirte die Gelassenheit eines gläubigen Menschen nahegebracht, die nicht nur auf den Fundamenten im Erdboden beruht, sondern auf einem anderen Fundament, vor dem Jahrtausende nichts zählen.

Wenn es um ethische Grundprobleme der Gesellschaft, soziale Rechte und ähnliche fundamentale Fragen des Menschen geht, hat Bischof Reinhold Stecher immer die Sakristei verlassen: um gegen eine »Diktatur der Maschinenzeit«, gegen ungebremstes Profitdenken im Tourismusland Tirol Stellung zu beziehen oder im Sinn schlichter Gerechtigkeit den Judenstein-Kult in Rinn zu beenden.

Bischof Reinhold Stecher hat es immer verstanden, den richtigen Weg für die Kirche in Tirol zu wählen und vielen Menschen ein wichtiger Seelsorger und persönlicher Wegweiser zu sein. Dafür danke ich ihm im Namen des Landes Tirol!

HERWIG VAN STAA

Er hat Zeichen gesetzt

Auf die Frage bei einem Rundfunkinterview, welcher Platz in Innsbruck mir der liebste sei, habe ich spontan den Domplatz genannt: weil er im Leben der Stadt einen Ruhepol darstellt und weil er sich – im Herzen der Stadt gelegen – wie kein anderer Ort am besten für eine kurze Besinnung und auch für ein Zwiegespräch mit Gott eignet. Bischof Reinhold Stecher, der diese Radiosendung gehört hatte, kam kurze Zeit später ohne Voranmeldung ins Rathaus, um mir ein von ihm gemaltes Bild vom Domplatz zu schenken – weil er sich gefreut hatte, was ich zum Domplatz gesagt hatte. Das sind Gesten, die man nicht vergißt, weil dadurch unsere besondere Verbundenheit und die Mitmenschlichkeit Reinhold Stechers zum Ausdruck kommt. Das ist eben Reinhold Stecher, der trotz seines vielseitigen Engagements als Bischof sich immer auch die Zeit für ganz persönliche Zeichen der Zuwendung für viele Menschen nimmt.

Ebenso wie er meist bis tief in die Nacht an seinem Schreibtisch saß und persönlich und handschriftlich auf Anliegen, Bitten, Probleme und Nöte antwortete, ganz im Sinn seines Wahlspruchs »Dienen und vertrauen«. Auch ich habe mich immer sehr gefreut, wenn ich ein Schreiben von Bischof Reinhold Stecher in seiner unverkennbaren gestochenen Schrift bekommen habe – im Bewußtsein, daß nicht nur dem Bürgermeister diese Ehre zuteil wird, sondern jedem, der sich an den Bischof wendet. Auch meine persönlichen Begegnungen mit ihm waren immer sehr erbauend, er war stets Optimist, hat immer Mut gemacht und vieles mit Humor genommen – Eigenschaften, die mir als Bürgermeister bei allen Begegnungen so manch schweren Tag erhellt haben. Besonders beeindruckt hat mich, daß Bischof Reinhold Stecher, der auf der einen Seite immer auf Ausgleich bedacht war, trotzdem stets klar und unverrückbar seine eigene Haltung zum Ausdruck gebracht hat. So habe wahrscheinlich nicht nur ich es als Auszeichnung empfunden, ihn zu treffen, mit ihm Gespräche zu führen, seinen Vorträgen zu lauschen und seine theologisch oft mutigen Meinungen kennenzulernen. Wenn ich die Gelegenheit hatte, ihn nach einer Veranstaltung nach Hause zu begleiten, war dabei das gemein-

same Gespräch immer mehr Gewinn als das Bleiben bei dieser oder
jener Veranstaltung.

Einmal habe ich Reinhold Stecher in der Stadt getroffen und gemerkt, daß er es eilig hatte. Er erzählte mir, daß er auf dem Weg zum
Bahnhof von der Straße weg zu einem Toten gerufen worden war,
daß die Angehörigen völlig hilflos waren und mit dem Tod nicht umgehen konnten. Sie hatten den Bischof nicht erkannt, und Reinhold
Stecher schilderte mir dann, wie beeindruckend es war zu sehen, wie
diese Menschen, auch wenn sie keine Glaubensbezüge hatten, in dieser Notsituation dankbar für den Beistand eines Priesters waren. Ein
Beweis, daß in existentiellen Nöten der Zugang zum Glauben leichter möglich ist.

Das Leben in einer Stadt wird immer wieder aufs neue von Persönlichkeiten geprägt, die in ihr wirken und mit ihrem Geist und mit
Taten die Dinge des Lebens beeinflussen und lenken. In den Jahren
von 1981 bis 1997 war es Reinhold Stecher, einer der ganz Großen,
den die Kirche Tirols hervorgebracht hat, der in hohem Maß das Innsbrucker Klima mitbestimmte: ein Klima der Toleranz, auf das es für
das Zusammenleben der Menschen in einer Stadt, aber auch der Völker im ganzen Erdkreis ankommt und das im Sinn des Strebens nach
gegenseitigem Austausch und dem Suchen nach gemeinsamen Werten immer Vorrang haben muß.

Bischof Reinhold Stecher ist ein von Gott mit vielen Talenten
ausgestatteter Mensch. Seine besondere Größe ist aber die unver-
gleichliche Art, wie er Probleme angeht und sie mutig und konsequent zu lösen versucht. Dazu gehört auch seine Hartnäckigkeit, der
wir die Renovierung des Doms einschließlich der liturgischen Gewänder verdanken.

Bischof Reinhold Stecher ist das Urbild eines toleranten Menschen, der selbst eine klare Meinung hat, sie stets vertritt, aber auch
andere Meinungen achtet und gelten läßt. Sein Credo: Modern kann
man nur sein, wenn man die Bezüge zur Tradition hat und diese Tradition schätzt und beachtet, es kommt dabei aber immer auf die Inhalte und Werte an. Reinhold Stecher hat stets durch sein eigenes Beispiel gezeigt, daß Toleranz ein universaler Wert ist, der für den Aufbau und die Erhaltung von Frieden und Solidarität von grundlegender
Wichtigkeit ist, Toleranz nicht als passives Ertragen von Konflikten,
sondern als freudig auf sich genommenes tägliches Bemühen, als ak-
tives Suchen für den richtigen Begegnungsort zwischen uns und den

anderen, zwischen uns und den Andersdenkenden und Andersartigen, wie es Bernhard Häring so vortrefflich schildert[1].

Auf unsere Stadt bezogen: Bischof Reinhold Stecher ist ein waschechter Innsbrucker, ein Vorzug, der für mich unerreichbar bleibt. Seit 1993 zählt er zu den Ehrenbürgern unserer Stadt. Wie sehr er seine Geburtsstadt liebt und wie sehr er sie kennt, hat jeder auch gespürt, der aus Anlaß des 500-Jahr-Jubiläums die Worte zum Tag vernahm, die Reinhold Stecher als Festredner dem Goldenen Dachl »in den Mund gelegt« hatte[2].

Hier will ich auch die Gelegenheit nützen, Bischof Reinhold Stecher zu danken, ihm zu seinem Jubelfest zu gratulieren, und ihm noch ein langes segensreiches Wirken wünschen. Die Impulse, die von ihm ausgingen, haben viel bewegt und Anlaß zu Diskussionen gegeben. Nicht immer waren seine Ideen und Maßnahmen unumstritten. Doch wenn es um Vorurteile und Schmähungen gegenüber einem einzelnen Menschen oder gar einer Religion oder einem ganzen Volk ging, konnte der tolerante Reinhold Stecher sehr hart sein. Das Wort des deutschen Dichters Matthias Claudius weist in diese Richtung: »Die Freiheit gegenüber anderen besteht darin, daß man alles tun kann, was dem anderen nicht schadet.«

Wo sind die Grenzen der Toleranz? Diese Frage stellte sich auch bei der Verehrung des »Anderl von Rinn«. Sollte man mit Rücksicht auf jene, die das Anderl aufrichtig als Märtyrer verehrten, diesen Kult pflegen, oder in Hinblick auf die damit verbundenen Verleumdungen dem Ganzen ein Ende bereiten? Bischof Reinhold Stecher erwies sich in diesem Fall als kompromißlos und setzte sich für eine neue Sinngebung dieser Kirche ein: eine Maßnahme, die nicht von allen gutgeheißen wurde, die aber, sowohl regional wie auch international gesehen, aufgrund der vielen Diskussionen zu einem besseren Verhältnis zwischen der katholischen Kirche und dem Judentum beigetragen hat. Daß die Universität Innsbruck 1994 gleichzeitig Simon Wiesenthal und Reinhold Stecher das Ehrendoktorat für Verdienste um die Schaffung eines Klimas der Toleranz und des Dialogs verliehen hat, war wohl auch kein Zufall. Dasselbe Datum, derselbe Anlaß: Hier hat die Universität ganz bewußt ein Zeichen gesetzt.

Reinhold Stechers Bemühen galt aber auch dem »Aufräumen« historischer Schuld. Obwohl er einst selbst u. a. 1941 wegen einer von ihm organisierten Protestwallfahrt nach Maria Waldrast von der Gestapo verfolgt und inhaftiert war, war er trotzdem ein Mensch, der be-

reit war zu verzeihen. Sein Gespür für das Bewahren von sinnvollen Werten und für das positive Neue hat Reinhold Stecher aber immer auch in der katholischen Kirche und bei seinem Engagement für die Ökumene unter Beweis gestellt.

Reinhold Stecher war und ist während aller seiner Lebensstationen und Schaffensperioden für die Stadt Innsbruck und für die ganze Diözese eine außergewöhnliche Persönlichkeit. Selbst jetzt in der Pension – von Ruhestand zu sprechen wäre wohl verfehlt – ist sein Geist spürbar: unaufdringlich und von großer Bescheidenheit, die immer ein besonderes Wesensmerkmal von ihm war. Aber die Spuren, die er hinterlassen hat, sind zu markant und tief, als daß sie verweht werden könnten. Sie haben dauerhafte Wirkung, stehen aber nie neuen Gedanken und Wegen des Nachfolgers im Bischofsamt im Weg.

Reinhold Stecher ist ausgezeichnet mit vielen Talenten, die sich bei ihm in so reichem Maß entfaltet haben. Er war und ist hervorragend als Theologe, dessen Meinung gehört, grundsätzlich geachtet und diskutiert wird. Als Religionsprofessor hat er Generationen von Lehrerinnen und Lehrern ausgebildet, als Studenten- und Verbindungsseelsorger hat er der Jugend viel auf ihrem Weg mitgegeben. Er ist ein Mann von unglaublicher Autorität, was nicht ausschließt, daß er gleichzeitig auch verständnisvoller Seelsorger sein kann.

Die Innsbrucker – auch jene, die nicht persönlichen engen Kontakt mit ihm haben – wissen, wer dieser Reinhold Stecher ist, sie kennen ihn, seine persönliche Seiten und Vorlieben sind kein Geheimnis. Als er Bischof geworden ist, ist er noch mehr in das Interesse der Öffentlichkeit gerückt. Die Menschen – auch viele, die der Kirche eher fernstehen – wollten ihn erleben und kennenlernen. Da sind alle seine Begabungen noch viel deutlicher geworden: daß er ein hervorragender Prediger ist, daß er eine besondere Ader für Kinder hat, daß er ein überaus humorvoller Mensch ist, daß er Bücher schreiben kann mit literarischem Tiefgang, daß er malen kann und daß es ihm Freude macht, den Menschen auch mit seiner Kunst Freude zu bereiten, daß er die Berge liebt und auch erwandert.

Bemerkenswert war auch Reinhold Stechers Reaktion zur Aufführung des »Liebeskonzils« am Tiroler Landestheater, die als Provokation inszeniert war, und die zur Freude der Theatermacher viele emotionale Proteste hervorgerufen hat. Reinhold Stecher zählte nicht zu den Protestierern, doch er wies mit Eleganz nach, daß dieses Stück einst von den Nationalsozialisten propagiert wurde, um der Kirche zu schaden, und so wurde das »Liebeskonzil« für die damalige Intendanz eigentlich zum Bumerang[3].

Persönlich hatte mich auch beeindruckt, wie Bischof Reinhold Stecher mit seiner einstigen schweren Erkrankung umging, und wie die Menschen darauf reagierten. Seine schwere Erkrankung und die Tatsache, daß er dem Tod näher war als dem Leben, wurde nie zum Anlaß genommen, zu Gebeten für den Bischof aufzurufen. Trotzdem sprach es sich in Windeseile herum, und in den Kirchen versammelten sich spontan Gläubige, um für ihren Bischof zu beten.

Während des unvergeßlichen Besuchs von Papst Johannes Paul II. in Innsbruck hatten Land, Kirche und die Person des Oberhirten eine Einheit gebildet. Bischof Reinhold Stecher hatte großen Anteil daran, denn als es Vorbehalte von einigen katholischen Kreisen gab, an der Papstmesse im Bergiselstadion teilzunehmen, gelang es ihm, die Bedenken zu zerstreuen: durch seine Mahnung, der Papst sei der Papst und somit das unumstrittene Oberhaupt der katholischen Kirche, und daß es in diesem Moment wichtig sei, Verbundenheit mit der Kirche zu zeigen. Es war dann ein großes Erlebnis für alle Menschen, die daran teilnahmen, und es war auch für den Papst selbst überaus beeindruckend. Er sprach vom »Genius loci« des Innsbrucker Bergisels. Die Universalität, aber auch die Regionalkirche, kamen stark wie nie zuvor zum Ausdruck, insbesondere durch den orkanartigen Applaus, der die Verbundenheit der Anwesenden mit Reinhold Stecher zeigte.

Bischof Reinhold Stecher hat trotz seines Verständnisses für die Universalität der Kirche und deren internationale Bedeutung stets die Heimatverbundenheit, die Einbeziehung der Menschen, der Stadt, der Berge, des Doms usw. hochgeschätzt und ehrlich gelebt. Wir können nur danken, daß es ihn für Innsbruck gab und immer noch gibt.

ANMERKUNGEN

1 Vgl. B. Häring / V. Salvodoli, Toleranz. Eine tägliche Herausforderung. Graz 1988.
2 Vgl. R. Stecher, Das Goldene Dachl spricht Worte zum Tag, in: das fenster. Tiroler Kulturzeitschrift 29 (1996) H. 62, 5967-5969.
3 Oskar Panizza (1853-1921) veröffentlichte 1894 das satirische Schauspiel »Das Liebeskonzil. Eine Himmelstragödie in fünf Aufzügen«. Das 1981 unter der Regie von Werner Schröter verfilmte blasphemische Werk war stets umstritten, so auch am Tiroler Landestheater während der Intendanz von Dominique Mentha (Anm. der Herausgeber).

2

Umbruch und Aufbruch

Wohin geht die Kirche? Welche Bedeutung wird sie morgen haben? Was ermutigt zum Christ- und Kirchesein in dieser Zeit? Welchen Weg wird die Ortskirche von Innsbruck in diesem Wandel nehmen? Gilt nicht auch uns jenes Gotteswort, das der Prophet Jesaja an die Heimkehrer aus der Babylonischen Gefangenschaft richtet: »Denkt nicht mehr an das, was früher war; auf das, was vergangen ist, sollt ihr nicht achten. Seht her, nun mache ich etwas Neues. Schon kommt es zum Vorschein, merkt ihr es nicht?« (Jes 43, 18.19)

JOSEF GELMI

Zeiten des Umbruchs – Zeiten des Aufbruchs

Rückblick auf 2000 Jahre Kirchengeschichte

Zeiten des Umbruchs sind immer wieder auch Zeiten des Aufbruchs, wie der Jubilar eine davon mitgelebt, mitgelitten, aber auch mitgestaltet hat. Kirchengeschichte ist kein Kreislauf von Blamagen und Desastern, sie entwickelt sich immer weiter. Wenn es auch ohne Zweifel richtig ist, daß die Gestalt der Kirche weit weniger göttlichen Ursprungs ist als ihre Botschaft, so ist für den Gläubigen ebenso wahr, daß die geschichtlich gewordene Gestalt der Kirche nicht einfach »ungöttlich« ist, reines Menschenwerk, ausschließliches Produkt der menschlichen Geschichte. Schon gar nicht ist sie, wie die sogenannte Verfallstheorie Luthers und anderer Protestanten meinte, eine fortgesetzte Entfernung vom Evangelium und dem ursprünglichen Hochstand der Urkirche, ein fortlaufender Abstieg, eine endgültige Fehlleistung.

Natürlich muß man daran festhalten, daß die Gestalt der Kirche, die wir vor uns haben, die uns heute umgibt und in der wir leben, geschichtlich geworden ist. Christus hat das Samenkorn der Frohen Botschaft gesät, es hat gekeimt, es ist gewachsen, es hat Ähren angesetzt. Das Senfkorn ist zum Baum geworden. Die Frohe Botschaft hat sich im Lauf der Zeit entfaltet, dabei mußte sie sich Menschen und Situationen anpassen, um sie zu gewinnen. Die Kirche, der das Evangelium anvertraut war, mußte sich organisieren, Institutionen ausbilden. Um den an die Apostel ergangenen Auftrag fortzuführen, entstanden Episkopat, Papsttum, Diözesen und Pfarreien. Es hat bei diesem Prozeß auch viele Fehlentwicklungen gegeben, so daß man es manchmal wirklich schwer hat, in der geschichtlich gewordenen Kirche noch das Samenkorn zu erkennen, das Senfkorn zu orten und den ursprünglichen Willen Christi festzustellen. Dennoch zeigt die Kirchengeschichte weit mehr Licht- als Schattenseiten und beweist immer wieder, daß Zeiten des Umbruchs auch Zeiten des Aufbruchs sind.

Das Konzil von Jerusalem und die Bekehrung der Griechen und Römer

Schon die Zeit der Urkirche war eine Zeit des Umbruchs, die zu einem neuen Aufbruch führte. Es wäre falsch zu glauben, daß die Zeit der Urkirche, wie die Vertreter der Verfallstheorie behaupteten, einen Idealzustand darstellte. Um sich zu vergewissern, daß dem nicht so war, braucht man nur die Apostelgeschichte und die beiden Korintherbriefe zu lesen. Da wird man gewahr, daß es auch schon in der Urkirche viel »Menschliches« gab[1]. Die Überzeugung des Paulus, daß der Glaube an Christus für die Heiden die Beachtung der jüdischen Vorschriften nicht fordere, führte zu einer ungeheuren Spannung mit der Urgemeinde von Jerusalem. Beim Apostelkonzil erfuhr diese Spannung eine Klärung zugunsten der Heiden. Dennoch kam es zum peinlichen Zwischenfall von Antiochien, wo Petrus aus Kleinmütigkeit die Tischgemeinschaft mit der antiochenischen Gemeinde aufgab. Paulus tadelte dies und verkündete mit Leidenschaft: »daß der Mensch nicht durch Gesetzeswerk, sondern durch den Glauben an Jesus Christus gerechtfertigt wird« (Gal 2, 16)[2].

Auch dank der Entscheidung von Jerusalem wuchs das Samenkorn wider alles Erwarten erstaunlich schnell. An sich war das Christentum eine der vielen orientalischen Religionen, die zu Beginn der Kaiserzeit in Rom eindrangen. Es stieß wegen seines Anspruchs, nur einen Gott anzubeten, neue Menschen zu schaffen und durch diese neuen Menschen auch die Gesellschaft umzugestalten, auf heftigen Widerstand des römischen Staats und seiner Gesellschaft. Dabei handelte es sich um einen Weltstaat, um das Imperium Romanum mit seiner hochstehenden griechisch-römischen Kultur. Dennoch hat sich das Christentum sein Daseinsrecht errungen, obwohl es schon früh zunächst lokal begrenzte und seit der Mitte des 3. Jahrhunderts systematische und auf das ganze Reich ausgedehnte Verfolgungen erdulden mußte[3]. Die Zeit der Verfolgungen machte es notwendig, das Christentum gegen böse Verleumdungen und Vorurteile zu verteidigen. Diese Aufgabe übernahmen die Apologeten. Ihre Schriften sind ernsthafte Auseinandersetzungen mit dem Heidentum und dem Judentum. Da sie sich der Begriffe der griechischen Philosophie bedienten, hat man ihnen den Vorwurf gemacht, das Wort Gottes hellenisiert und verfälscht zu haben. In Wirklichkeit haben sie aber die Zeichen der Zeit erkannt und in mutiger Weise den Dialog mit der Welt gesucht. Ihnen ist es zu verdanken, daß das Christentum den Anschluß an die griechisch-römische Kultur fand[4].

Die Kaiser Galerius und Konstantin haben schließlich mit ihren Edikten von 311 und 313 nur die politischen Folgerungen aus dem Scheitern ihrer Vorgänger gezogen. Für den Erfolg des Christentums hat man mehrere Ursachen genannt, darunter den Zerfall der Alten Welt und den Sieg einer proletarischen und kämpferischen Revolution. Doch wirkten als tatsächliche Ursachen für den Sieg des Christentums das überdurchschnittliche sittliche Niveau, die karitative Tätigkeit und die Universalität dieser Religion[5]. Das schönste Buch, das der große protestantische Theologe Adolf von Harnack geschrieben hat, ist wohl jenes mit dem Titel »Mission und Ausbreitung des Christentums in den ersten drei Jahrhunderten«. Harnack hat versucht, den erstaunlichen Prozeß des Wachstums und des schließlichen Siegs des Christentums zu beschreiben und zu erklären. Und was die berüchtigte »Konstantinische Wende« angeht, durch die angeblich die Kirche zur Machtkirche wurde, so hat Hugo Rahner SJ mit Recht gesagt: »Es ist historisch falsch, wenn die Integralen unserer Tage von einer 1500jährigen Fehlentwicklung des ›konstantischen Modells‹ der Machtkirche sprechen.«[6]

Die Überwindung der arianischen Krise

Eine der schlimmsten Krisen, die das alte Christentum durchmachte, war der arianische Streit. Nachdem das Konzil von Nicäa 325 die Wesensgleichheit des Sohnes mit dem Vater festgeschrieben hatte, kam es, weitgehend unter kaiserlichem Diktat, schon auf den Synoden von Tyrus 335, Sardica 343 und Mailand 355 zu einer Aushöhlung des Dogmas von 325. Bei den Synoden von Seleukia und Rimini 359 sowie Konstantinopel 360 wurde sogar bestimmt, daß der Sohn dem Vater in allem ähnlich ist: »hómoios katà pánta«. Hieronymus glossierte die Wende zum Arianismus mit den Worten: »Der ganze Erdenrund seufzte auf und wunderte sich, arianisch geworden zu sein«. In dieser homoiischen Form gelangte das Christentum durch die Tätigkeit Wulfilas auch zu den Goten. Nach neueren Interpretationen (Gleirscher und Glaser) könnte das Taufbecken in der romanischen Marienkapelle auf Säben mit dazugehöriger Kirche zur Zeit der Ostgotenherrschaft um 500 entstanden und von den Arianern benützt worden sein, während das Taufbecken auf der Spitze des Hügels von den anderen Christen verwendet wurde[7].

Wie dem auch sei, sicher ist, daß die Arianer beim Tod des Kaisers Konstantius 361 fast die gesamte Kirche beherrschten. Die Wende führten schließlich drei außerordentliche Persönlichkeiten herbei. Es waren dies Basilius der Große, Metropolit von Cäsarea in Kappadokien († 379), ein hervorragender Theologe und Kirchenpolitiker, sein Freund Gregor von Nazianz († 390), Metropolit von Konstantinopel und ein großartiger Redner, und Gregor von Nyssa († nach 394), Bischof von Nyssa in Kappadokien, ein jüngerer Bruder des Basilius, unter den dreien der am gründlichsten philosophisch Gebildete. Sie schufen die Formel »mía usía – treìs hypostáseis«. Die Rede von dem einen göttlichen Sein in drei Verwirklichungen unterschied Vater, Sohn und Geist nicht mehr nach ihren Wirkungen, sondern nach ihren Eigentümlichkeiten. Damit überwanden die drei Kappadokier den langen und hartnäckigen Streit über den Glauben von Nizäa und führten die Kirche zum Ersten Konzil von Konstantinopel 381[8].

Der Untergang des Römischen Reiches und die Bekehrung der Germanen

Der Zusammenbruch des Römischen Weltreichs war genauso eine Zeit des Umbruchs, die zu einem neuen ungeahnten Aufbruch führte. Während das Imperium Romanum unterging, kam es zur Bekehrung der Germanen. Der hl. Vigilius, der hl. Valentin und später der hl. Ingenuin gelangten in unser Land und verkündeten das Evangelium[9]. Trient, Chur, Aguntum und Säben wurden Zentren der Mission. Wer allerdings die Werke des hl. Augustinus oder die feingeschliffenen Predigten Leos des Großen mit den rüden Briefen des hl. Bonifatius über seine Mission im Frankenland vergleicht, ist betroffen vom Absinken des Niveaus. Aber wir können uns die Frage stellen: Wenn die christlichen Missionare den Germanen die Lehre von der Schöpfung durch Gott, im Gegensatz zur Ewigkeit der Welt, die Lehre vom Heerkönig Christus und seinen Gefolgsleuten verkündeten und im Heliand dichterisch gestalteten, wenn sie den Germanen die Zehn Gebote Gottes einhämmerten, haben sie dann die Frohe Botschaft etwa verfälscht? Nein. Sie haben vielmehr die Zeichen der Zeit erkannt und die geeignete Form gefunden, um das Evangelium den jungen germanischen Völkern nahezubringen[10]. Das Imperium Romanum war mittlerweile untergegangen, die griechisch-römische Kultur erlahmt, aber die Verkündigung der Frohen Botschaft ging weiter und erfaßte bald nach den germanischen auch die slawischen Völker. Die jungen Kirchen Afrikas und Asiens brauchen heute auch eine Verkündigung, die nicht von der europäischen Theologie geprägt ist, jedoch den Auftrag Christi erfüllt. Man muß ihnen Zeit lassen und die Möglichkeit geben, so wie es auch Jahrhunderte brauchte, bis die abendländische Theologie aus den Ansätzen in der Karolingerzeit zu den Spitzenleistungen der Hochscholastik gelangte.

Das »dunkle Jahrhundert«, der Aufstieg des Papsttums und
die Bettelorden

Der Verfall der karolingischen Macht, die Wikingerzüge und die Plünderungen der Ungarn und Sarazenen verursachten eine Periode des Niedergangs und der Verwahrlosung der kirchlichen Institutionen und des innerkirchlichen Lebens. Das Papsttum wurde sogar zum Spielball rivalisierender römischer Parteien. Die Zeit von 882 bis 962 bzw. bis 1046 hat man das finstere Zeitalter genannt. Wenn die Geschichte der Päpstin Johanna auch eine Legende ist, so entspricht es hingegen der Wahrheit, daß man Papst Johannes VIII. (872–882) einen Gifttrank reichte. Da dieser aber nicht schnell genug wirkte, hat man ihm mit einem Hammer den Schädel zerschmettert. Eine schaurige Geschichte ist auch die Leichensynode von 897. Stephan VI. (896–897) ließ als Freund des mächtig gewordenen Spoletanerhauses den schon neun Monate im Grab ruhenden Papst Formosus (891–896) ausgraben, ihn in päpstliche Gewänder hüllen und auf einen Thron setzen, um über den Parteifeind Gericht zu halten. Sodann ließ er dem Toten die Segensfinger der rechten Hand abhauen und ihn dann in den Tiber werfen. Einige Monate später schleppten aber die Anhänger des Formosus Stephan VI. ins Gefängnis und erwürgten ihn. Die Zustände in Rom waren so schrecklich, daß Bischof Liutprand von Cremona (922–972) gegen die Römer die Anklage schleuderte: »Wir Langobarden, Sachsen, Franken ... verachten die Römer so sehr, daß wir für unsere Feinde in der Erregung keinen anderen Schimpfnamen finden als: Du Römer! In diesem Wort fassen wir alles zusammen, was es an Gemeinheit und Verlogenheit gibt«[11].

Diese Krise war gleichfalls eine Zeit des Umbruchs und führte ab 1046 sehr rasch zu einem neuen und ungeahnten Aufbruch, der seine Wurzeln in dem 909 gegründeten Kloster Cluny hatte. Die Ausstrahlung dieser Abtei nahm kontinuierlich zu und breitete sich gegen Ende des 10. Jahrhunderts über die Nachbarländer aus. Die Erneuerung und die Reform, die sich vor allem gegen Simonie, Priesterehe und Laieninvestitur richtete, wurde in der zweiten Hälfte des 11. Jahrhunderts von den Päpsten, insbesondere von Gregor VII. (1073–1085), übernommen und energisch umgesetzt. Die neu erwachte religiöse Kraft führte gegen Ende des 11. Jahrhunderts zu neuen Ordensgründungen, wie jene der Kartäuser 1084 und der Zisterzienser 1098, die ganz Europa in eine Klosterlandschaft verwandelten. Der Papst wurde nun zum religiös-politischen Führer des Abendlands[12]. Innozenz III.

(1198–1216) war der souveränste Gestalter auf dem Stuhl Petri. Nach seiner Auffassung war der Papst der Stellvertreter Christi auf Erden und die Christenheit eine Einheit, die letztlich nur vom Papst geleitet wird. Er war die Sonne und der Kaiser höchstens der Mond. »In Innozenz kulminierte«, wie Gregorovius schrieb, »das Papsttum auf einer schwindelerregenden und unhaltbaren Höhe«. Systematisch baute Innozenz III. die päpstliche Oberlehensherrschaft aus. In der Tat nahmen die Könige von England, Aragonien, Portugal, Dänemark, Polen, Böhmen und Ungarn ihre Länder vom Papst zum Lehen an[13].

Das Papsttum wurde nun zudem das Verwaltungszentrum der abendländischen Kirche, es legte sich einen gewaltigen bürokratischen Apparat zu, nämlich die römische Kurie, die sich dann im späten Mittelalter als große Belastung erwies und heftige Kritik provozierte, wie jene Luthers mit seiner Schrift »An den christlichen Adel«. Der Aufstieg des Papsttums war aber keineswegs die logische Weiterentwicklung der schon von Leo dem Großen (440–461) und Gelasius (492–496) im Altertum erhobenen Ansprüche, wie Walter Ulmann gemeint hat[14]. Dieser Aufstieg war durchaus nicht geradlinig, er hätte auch ganz anders verlaufen können und war weitgehend von kontingenten Faktoren und historischen Persönlichkeiten abhängig. Diese Form von Papsttum, die römische Kurie und das damals entstandene Kardinalskollegium gehören deshalb auch nicht zum Wesen der Kirche, sie sind geschichtlich geworden, sie können auch wieder vergehen. Auch der Papstwahlmodus, der im Mittelalter entstanden ist, kann völlig geändert werden. Man sollte es sich aber gut überlegen, ehe man ihn abschafft und die Wahl des Papstes z. B. der römischen Bischofssynode überträgt. Wenn man Schismen vermeiden will, muß der Kreis der Papstwähler genau umschrieben sein.

Eine der vielen Legenden, die sich um Franz von Assisi ranken, berichtet, daß Innozenz III. im Traum gesehen habe, wie das mächtige Gebäude der Lateranbasilika, vom Einsturz bedroht, durch den kleinen Franz gestützt wurde. Es ist eine Legende, aber was sie besagt, ist historische Wahrheit: Die mächtig und reich gewordene Kirche des Hochmittelalters bekam durch die Armutsbewegung und die im 13. Jahrhundert entstandenen Bettelorden, vor allem der Franziskaner und Dominikaner, einen neuen geistigen Impuls. Die Bettelorden sagten der Verweltlichung und der mangelnden Glaubensunterweisung, zwei Grundübeln der Zeit, den Kampf an. Während die kirchenpolitische Führung nach dem Mißerfolg der Kreuzzüge immer mehr verblaßte, stellten die neuen Orden mit Albertus Magnus, Thomas von Aquin und Bonaventura überragende Gelehrte. So nahmen die Bettelorden auch verschiedenen, damals entstandenen Sekten den Wind aus den Segeln und stellten im Umbruch einen großartigen Aufbruch dar. Immer wieder bricht das Göttliche durch. Das wahre Leben bahnt sich den Weg. Das authentische Wesen bringt ungeahnte Frucht[15].

Das Abendländische Schisma, die Reformation, das Konzil von Trient

Die Schwäche der deutschen Könige im 14. Jahrhundert ermöglichte es Frankreich, seine Macht auch auf das Papsttum auszudehnen. Es wurden nun immer mehr französische Kardinäle ernannt, bis schließlich Klemens V. (1305–1314) 1309 das französische Avignon zu seiner Residenz wählte. Damit begann die sogenannte »Babylonische Gefangenschaft« der Päpste, die bis 1377 dauerte. Kaum war das Avignoner Exil zu Ende, begann auch schon das »Große Abendländische Schisma«. Wie schwierig es war zu sagen, wer damals der richtige Papst war, geht aus der Tatsache hervor, daß der Erzbischof von Toledo den Papstnamen im Meßkanon durch die Formel ersetzte: »Für jenen, welcher der richtige Papst ist«. Die ganze abendländische Christenheit, der Episkopat, die großen Orden, selbst die Heiligen waren in zwei Parteien gespalten. So hielt z. B. der Bischof von Chur, Johann von Ehingen, zum römischen Papst Urban VI., während sein Domkapitel zu Clemens VII. in Avignon stand. Jeder Papst bannte seinen Gegner und dessen Anhängerschaft, und jeder hielt an seinem Amt unbeirrbar fest. Das Konzil von Pisa 1409, das die Einheit wiederherstellen sollte, führte aber von der »verruchten Zweiheit« zur »verfluchten Dreiheit«. Erst das Konzil von Konstanz mit dem Dekret »Haec sancta synodus« von 1415, das den Papst dem Konzil unterordnete, stellte die Einheit wieder her. Das Beispiel von Konstanz beweist, daß nicht nur das bekannte Diktum des hl. Ambrosius gilt: »Ubi Petrus, ibi ecclesia« (wo Petrus, da ist die Kirche), sondern auch umgekehrt »Ubi ecclesia, ibi Petrus« (»Wo die Kirche, da ist Petrus«). Gerade in Notsituationen kann die Kirche Norm für Petrus werden[16].

Leider versäumte es das Konzil von Konstanz, grundlegende Kirchenreformen zu beschließen. Dabei muß man festhalten, daß Reformen der Kirche nicht nur ein Abstellen von Mißständen bedeuten, sondern auch ein Anpassen an neue Situationen beinhalten müssen.

Die Folge dieses Versagens war die Reformation im 16. Jahrhundert, die wohl der bedeutendste Umbruch ist, den die Christenheit kennt. Das gilt nicht nur für die Radikalität, mit der Luther die Alte Kirche in Frage stellte, sondern auch für das Ausmaß, das dieser Umbruch erreichte. Halb Europa fiel von der katholischen Kirche ab[17].

Der tiefgreifende, durch die Reformation ausgelöste Umbruch führte nun zu einem, allerdings teuer bezahlten Aufbruch. Es vergingen fast 30 Jahre nach Luthers Auftreten, ehe das langersehnte Konzil von Trient 1545 zustande kam. Bis es seine Arbeiten abschließen konnte, vergingen noch weitere 18 Jahre. Das Tridentinum leistete jedoch ganze Arbeit. Es gelang ihm in eindrucksvoller Weise, der Reformation ein umfassendes katholisches Lehrsystem gegenüberzustellen und dadurch eine Festigung des Katholizismus zu erreichen[18]. Sicherlich hat die katholische Kirche auf dem Konzil von Trient ihre Lehre scharf von der protestantischen abgegrenzt. Sie war aber dazu gezwungen, weil in jenen Ländern, die vom evangelischen Christentum erfaßt wurden, viele Katholiken nicht mehr wußten, was denn eigentlich katholischer Glaube sei. Es war eine, uns nach dem Zweiten Vatikanischen Konzil auch nicht unbekannte Verwirrung in den Glaubensgrundlagen, die unbedingt beseitigt werden mußte. Insofern sind die Glaubensdekrete des Konzils von Trient geschichtlich bedingt, wie übrigens die Bestimmungen aller Konzilien. Ihre Geschichtlichkeit bedeutet aber nicht Relativierung, sondern Präzisierung. Wenn man die geschichtliche Entstehung eines Dekretes studiert, kann man die Absicht seiner Urheber und die Tragweite des Dokumentes besser erkennen und bestimmen[19].

Nach dem Konzil von Trient kam es zu einer langsamen, aber um so tieferen Erneuerung der Kirche. Papst Pius V. (1566–1572) und seine Nachfolger widmeten sich mit ganzer Kraft der Reform an Haupt und Gliedern. Es hat nach dem Konzil auch keine unwürdigen Päpste mehr gegeben. Ein erneuerter Episkopat gab sich Mühe, die Reformen auch in den eigenen Diözesen umzusetzen. Unter den großen Bischofsgestalten dieser Zeit sind vor allem Karl Borromäus, Erzbischof von Mailand, Franz von Sales, Bischof von Genf, oder auch der Bischof von Brixen, Andreas von Spaur (1601–1613), zu nennen. Die Kirche hatte wieder eine große Zahl von Heiligen und Ordensgründern aufzuweisen, wie Teresa von Ávila (1515–1582) und Ignatius von Loyola (1491–1556), den Gründer des Jesuitenordens. Das Göttliche in der Kirche bahnte sich aufs neue seinen Weg.

Nach dem Konzil von Trient wurden die von den Reformatoren bestrittenen Lehren in der katholischen Frömmigkeit, wie in der Kunst, besonders betont: Der Opfercharakter der Messe, die bleibende Gegenwart Jesu Christi in der Eucharistie, die Verehrung der Gottesmutter und der Heiligen. Lehre und Frömmigkeit wurden antiprotestantisch ausgerichtet und die bei den Protestanten vorhandenen christlichen Werte nicht aufgenommen und anerkannt. Es wäre aber falsch zu meinen, daß die gesamte katholische Erneuerung nur antiprotestantisch war. Das Konzil von Trient hat auch einen Modernisierungsschub für die Kirche gebracht, wie der evangelische Kirchenhistoriker Wolfgang Reinhard nachgewiesen hat[20]. Wer möchte leugnen, daß das Zeitalter der Konfessionalisierung auch schöpferische Kräfte beinhaltete! Man denke nur an die Kunst und die Musik der Barockzeit[21].

Neue Blütezeit nach der Säkularisation und dem Untergang des Kirchenstaats

Um die durch die französischen Eroberungen nach der Französischen Revolution enteigneten deutschen Fürsten zu entschädigen, wurde die Säkularisation der Reichskirche beschlossen. Die Fürstbistümer waren ein historisches Gebilde. Seit Otto dem Großen hatten ja die Kaiser die Ausstattung der Bischöfe mit Territorien gefördert, weil diese aufgrund des Zölibats im Unterschied zu den Stammesherzögen keine Dynastien bilden konnten. So bekam der Bischof von Brixen, Hartwig (1022–1039), von Kaiser Konrad II. 1027 die Grafschaft am Eisack und Inn[22]. Die Fürstbischöfe wurden zu Stützen des Reichs, in der Glaubensspaltung verdankte ihnen die katholische Kirche die Erhaltung ihres Bestandes in vielen Teilen Deutschlands. Das gilt z. B. ganz besonders für Würzburg, Bamberg, Köln, Münster und Hildesheim[23].

Durch den Reichsdeputationshauptschluß zu Regensburg von 1803 wurden 22 Fürstbistümer, 80 reichsunmittelbare Abteien und 200 Klöster säkularisiert. Darunter befanden sich auch die Fürstentümer von Brixen und Trient. Es war ein makabres Schauspiel, das die deutschen Fürsten von ihrer habgierigsten Seite zeigte. Viele von ihnen legten ein widerwärtiges Buhlen um die Gunst Frankreichs und ein unbedenkliches Schachern um die frei werdenden Kirchengüter an den Tag. Mit der Säkularisation wurden die Reichskirche vernichtet, die Seelsorge durch die Aufhebung der Klöster stark beeinträchtigt und die

katholischen Bildungsmöglichkeiten durch die Unterdrückung der katholischen Universitäten schwer getroffen. Aber gerade dieser Umbruch führte zu einem neuen Aufbruch. Die Säkularisation räumte mit den vom Mittelalter überkommenen, feudalen Kirchenstrukturen auf, so daß auf ihren Trümmern die blühende Volkskirche des 19. Jahrhunderts mit ihrem Vereinswesen entstehen konnte. Nun änderte sich auch das Bischofsbild. Aus den Territorialherren, die weder theologisch noch charakterlich den großen Herausforderungen der Zeit gewachsen waren, wurden wieder Hirten und Seelsorger, wie sie es in der Alten Kirche waren[24].

Der Schlußakt der europäischen Säkularisation war der Untergang des Kirchenstaats. Als der Kirchenstaat durch den Vertrag von Quierzy 754 zwischen Papst Stephan II. (752–757) und dem fränkischen König Pippin entstand, war er eine Stütze für die Unabhängigkeit des Papsttums gewesen. Aber in den folgenden Jahrhunderten wurde er mehr und mehr zu einer Belastung. Schon seit der Mitte des 17. Jahrhunderts wurde der Papst als Souverän eines Kleinstaats von den großen Friedenskongressen ausgeschlossen. Auch seine moralische Autorität war kaum mehr gefragt.

Papst Pius IX. sagte noch am 10. September 1870 dem piemontesischen Gesandten: »Non sono profeta, nè sono figlio di profeti, ma vi dico che non entrerete o se entrerete non ci resterete« (»Ich bin kein Prophet, noch der Sohn eines Propheten, aber ich sage euch, ihr werdet nicht eintreten (in Rom) und wenn ihr eintretet, werdet ihr nicht bleiben.«) Als infolge des Deutsch-Französischen Kriegs die französischen Soldaten aus Rom abgezogen wurden, eroberten die Italiener am 20. September 1870 die Ewige Stadt und setzten damit dem Kirchenstaat ein Ende. In einer Enzyklika vom 1. November 1870 exkommunizierte der Papst alle Urheber und Teilnehmer an der Eroberung Roms. Ihm ist wohl nie klargeworden, daß er mit dem Kirchenstaat eine der schwersten Belastungen für die kirchlichen Aufgaben des Papsttums losgeworden ist. Heute sind sich alle Kirchenhistoriker und wohl auch die Kirchenführung darin einig, daß Italien mit der Besetzung des Kirchenstaates das Papsttum von einer Fessel befreite, aus der es sich allein nie hätte lösen können[25]. Erst jetzt wurde der Papst zu einer moralischen Instanz für die ganze Welt.

Daß aber das ursprüngliche Anliegen bei der Entstehung des Kirchenstaats auch einen Sinn hatte, beweisen die Lateranverträge von

1929 mit der Errichtung des Vatikanstaats. Das Anliegen ging davon aus, daß sich die geistliche Unabhängigkeit des Papstes auf die Dauer nur dann bewahren läßt, wenn der Papst nicht Bürger eines anderen Staates ist und sich nicht dessen Gesetzen unterwerfen muß[26].

Das Erste und das Zweite Vatikanische Konzil

Das wichtigste Ereignis im Pontifikat Papst Pius' IX., der am 3. September 2000 (zusammen mit Papst Johannes XXIII.) seliggesprochen worden ist, war das Erste Vatikanische Konzil. Die wohl entscheidendste Rede hielt dort der Brixner Bischof Vinzenz Gasser am 11. Juli 1870. Bei 34 Grad Celsius sprach er drei Stunden lang[27]. Aber selbst seine Ausführungen besaßen nicht mehr die Kraft, die starken Bedenken der Unfehlbarkeitsgegner zu zerstreuen. Kurz darauf reisten 55 Bischöfe aus Rom ab, um nicht bei der Schlußabstimmung mit Nein stimmen zu müssen. Am 18. Juli definierte das Konzil den Jurisdiktionsprimat und die Unfehlbarkeit des Papstes, während ein furchtbares Gewitter niederging, das von den einen als Protest des Himmels, von den anderen als Toben der Hölle gedeutet wurde[28]. Obwohl heute ein starkes Papsttum wichtiger denn je ist, ist das Dogma von 1870 gar manchem obsolet. Aufsehen erregte z. B. Papst Paul VI., als er an die Mitglieder des Sekretariats für die Einheit der Christen am 28. April 1967 sagte, »daß der Papst ohne Zweifel das schwerste Hindernis auf dem Weg des Ökumenismus ist«[29].

Einen möglichen Ausweg aus dieser schwierigen Situation bot der mittlerweile zum Kardinal kreierte Präsident des Päpstlichen Rates für die Einheit der Christen, Bischof Walter Kasper, bei einer im Jahr 2000 in Innsbruck abgehaltenen Tagung über das Papsttum. Nachdem Papst Johannes Paul II. mit seiner Enzyklika »Ut unum sint« von 1995 dazu aufgerufen hatte, über eine neue Form der Primatsausübung zu diskutieren, zeigte der Kurienvertreter, damals noch Sekretär des Rates, folgenden Weg: Nach Kasper ist die vom Zweiten Vatikanum wieder zur Geltung gebrachte Communio-Ekklesiologie des ersten Jahrtausends ein hermeneutischer Schlüssel auch für das Erste Vatikanum. Mit andern Worten: Der Papst sollte nur jene Vollmachten ausüben, die er bis 1054 hatte, als es zum Bruch zwischen der Ost- und Westkirche kam. Außerdem wies Kasper darauf hin, daß das Trauma der Konzilsmehrheit von 1870, nämlich die Angst vor Konziliarismus, Gallikanismus, Staatskirchentum, Rationalismus, Liberalismus und Risorgimento, das Dogma von 1870 nahegelegt habe. Was damals für den Ausnahmezustand gedacht war, sei dann leider zum Normalzustand geworden. Auch sei nicht das Dogma, sondern die maximalistische Interpretation durch Befürworter wie Kritiker das eigentliche Problem[30]. Würde man diesen hermeneutischen Schlüssel anwenden, könnte es, wie ich meine, zu einem ungeahnten Aufbruch vor allem im Bereich der Ökumene kommen.

Kein Ereignis hat der Kirche so viele Neuerungen gebracht wie das Zweite Vatikanische Konzil. Durch die Fenster, die Johannes XXIII. und das Konzil geöffnet haben, wehte Paul VI. der Sturm ins Gesicht. Er mußte sozusagen die Rechnung begleichen, die Johannes XXIII. ausgestellt hatte. Daher hatte Kardinal Franz König recht, als er anläßlich des 80. Geburtstages von Paul VI. sagte: »Pius XII. hatte den Respekt der Welt, Johannes XXIII. die Liebe, Paul VI. braucht unser Verstehen.« Der Montini-Papst hatte die Kirche in einer Zeit der Krise und des Umbruchs zu leiten, die heute noch weitgehend andauert. Es gibt Verwirrung unter den Gläubigen, sinkende Zahlen der Kirchenbesucher und Priester und einen zunehmenden Verlust an Autorität der Kirche in der Welt. Anderseits sind aber auch Gewinne zu verbuchen, welche die Verluste übersteigen. Man verzeichnet eine aktivere Teilnahme der Gläubigen an den Gottesdiensten, mehr Demokratie in der Kirche durch das sogenannte Rätesystem (Pastoralrat, Priesterrat usw.) und damit auch eine Entklerikalisierung sowie eine Entkrampfung in der Ökumene und in den Beziehungen zur Welt. Die Laien sind heute schon lange nicht mehr die »Proletarier der Kirche«, sie werden in Zukunft immer mehr den Frühling in der Kirche darstellen[31].

Abschließend kann man sagen, daß in unseren Breitengraden, in den USA z. B. ist das anders, gesellschaftliche Tendenzen und Entwicklungen an der Kirche vorbei und teilweise sogar gegen sie laufen. Christsein ist vielfach keine moderne Sache und das Bekenntnis, ein praktizierender Christ zu sein, erfordert vielfach Mut und Überwindung. Ohne es zu merken, sind wir dabei, in das typische Verhaltensmuster einer ehemaligen Mehrheit, die zur Minderheit wird, zu verfallen. Wir igeln uns ein, werden depressiv und suchen Schuldige. Beliebte Sündenböcke sind Rom, der Papst, die Bischöfe oder manche Theologen und andere »ungehorsame« Christen. Noch fataler sind Abkapselungen, Gruppenbildungen und Polarisierungen.

Johann Adam Möhler, der bedeutende Tübinger Theologe des 19. Jahrhunderts, hat in seinem Werk »Die Einheit der Kirche oder das Prinzip des Katholizismus« vor zwei Gefahren in der Kirche gewarnt:

»Zwei Extreme im kirchlichen Leben sind aber möglich, und beide heißen Egoismus; sie sind: wenn ein jeder oder wenn einer alles sein will; im letzten Fall wird das Band der Einheit so eng und die Liebe so warm, daß man sich des Erstickens nicht erwehren kann; im ersteren Fall fällt alles so auseinander, und es wird so kalt, daß man erfriert; der eine Egoismus erzeugt den anderen; es muß aber weder einer noch jeder alles sein wollen; alles können nur alle sein, und die Einheit aller nur ein Ganzes. Das ist die Idee der katholischen Kirche«[32].

Für die Zukunft müssen wir Christen in Europa lernen, mit unserer Rolle als Minderheit zu leben und Quantität durch Qualität zu ersetzen. In einer offenen, pluralistischen und multikulturellen Gesellschaft, in der man endlich gelernt hat, auch die Toleranz zu tolerieren, ist es naheliegend, unter die 50-Prozent-Marke zu rutschen. Deshalb bleibt Gott auch weiterhin »Herr der Geschichte«. Er ist weit mehr als die Kirche. Ein Glaube, der nur auf Zahlen fußt, wäre ohnehin nur ein schwacher Glaube[33]. Gerade unser Rückblick hat gezeigt, wie es in der Kirchengeschichte immer wieder Krisen und Zeiten des Umbruchs gegeben hat, die dann aber zu einem neuen Aufbruch geführt haben. Die Geschichte der Kirche kennt zwar Kontinuität, ist aber keine mathematische Gerade, sie weist zuweilen harte Kontraste und herbe Rückschläge auf, sie kennt Umwege und Kehren, Fehler und Not, aber auch Aufbrüche und Blütezeiten. Keine andere Institution besitzt solche Werte schaffenden Kräfte wie das Christentum. Papst und Kirche stehen im Grund für eine Botschaft, die kein Verfallsdatum kennt, die immer modern ist und neue Chancen bietet.

ANMERKUNGEN

1 H. Jedin, Die Kirche in ihrer Geschichte, in: W. Sandfuchs, Die Kirche. Würzburg 1978, 49.
2 J. Gelmi, Von den Anfängen des Christentums bis zur Reformation, in: B. Moser (Hg.), Das christliche Universum. Die illustrierte Geschichte des Christentums von den Anfängen bis heute. München 1981, 155.
3 Jedin (s. Anm. 1) 50.
4 Gelmi (s. Anm. 2) 156f.
5 Ebd. 162.
6 H. Rahner, Die Konstantinische Wende, in: ders., Abendland. Reden und Aufsätze. Freiburg 1966, 186-198, hier 192.
7 Vgl. dazu P. Gleirscher, Der Drei-Kapitel-Streit und seine baulichen Auswirkungen auf die Bischofskirchen im Patriarchat von Aquileia, in: Der Schlern 74 (2000) 9-17; vgl. auch J. Gelmi, Geschichte der Kirche in Tirol. Innsbruck 2001, 36.

8 P. Stockmeier, Altertum, in: J. Lenzenweger u. a. (Hgg.), Geschichte der katholischen Kirche. Graz 1995, 112-120.

9 J. Gelmi, Geschichte der Diözesen Bozen-Brixen und Innsbruck (H. 1). Kehl am Rhein 1994.

10 Jedin (s. Anm. 1) 50f.

11 Gelmi (s. Anm. 2) 173.

12 R. Fröhlich, Grundkurs Kirchengeschichte. Freiburg 1980, 77-87.

13 Gelmi (s. Anm. 2) 175.

14 W. Ulmann, Die Machtentfaltung des Papsttums im Mittelalter. Graz 1960.

15 Jedin (s. Anm. 1) 51f.

16 K. Schatz, Der päpstliche Primat. Seine Geschichte von den Ursprüngen bis zur Gegenwart. Würzburg 1990, 142.

17 Vgl. Gelmi (s. Anm. 2) 176-182.

18 J. Gelmi, Von der Reformation bis heute, in: Moser, Das christliche Universum (s. Anm. 2) 186.

19 Jedin (s. Anm. 1) 53.

20 W. Reinhard, Gegenreformation als Modernisierung. Prolegomena zu einer Theorie des konfessionellen Zeitalters, in: Archiv für Reformationsgeschichte 68 (1977) 226-252.

21 Jedin (s. Anm. 1) 53f.

22 Vgl. dazu J. Gelmi, Die Brixner Bischöfe in der Geschichte Tirols. Bozen 1984, 44f.

23 Jedin (s. Anm. 1) 54.

24 Vgl. dazu: P. Berglar / O. Engels (Hgg.), Der Bischof in seiner Zeit. Bischofstypus und Bischofsideal im Spiegel der Kölner Kirche (Fs. J. Höffner). Köln 1986.

25 J. Gelmi, Die Päpste in Lebensbildern. Graz 1989, 266f.

26 Jedin (s. Anm. 1) 55.

27 K. Schatz, Vaticanum I. 1869-1870. Bd. 3. Paderborn 1994, 146.

28 Gelmi, Die Päpste (s. Anm. 25) 267-270.

29 Ebd. 327.

30 Theologen und Bischöfe diskutierten in Innsbruck über das Papstamt, in: HerKorr 54 (2000) 268f.; W. Kasper, Das Petrusamt aus ökumenischer Sicht, in: S. Hell / L. Lies (Hgg.), Papstamt. Hoffnung, Chance, Ärgernis. Ökumenische Diskussion in einer globalisierten Welt. Innsbruck 2000, 211-233.

31 Neuer »Frühling in der Kirche«, in: L'Osservatore Romano (D), 17. 3. 2000.

32 J. R. Geiselmann (Hg.), Die Einheit der Kirche. Köln 1957, 237.

33 Vgl. dazu Kritik an resignativer Stimmung in der Kirche, in: Kathpress, 27. 11. 1999, 3f.

LOTHAR MÜLLER

bischof.reinhold@christlich.energisch.tirol

Eine der vielen Begegnungen mit Bischof Reinhold Stecher vor vielen
Jahren, also noch in seinen bescheidenen Amtsräumen: Ich höre beim
Eintreten gerade noch die Worte: »Immer diese Kirchensumserei«, und
dann so etwas wie »Ich kann sie nicht verputzen.« Offensichtlich ein
Kommentar zum gerade gelesenen Brief.

Für die des Tirolerischen nicht so Kundigen: »Sumserei« – das bezeichnet ein Mischverhalten aus Hingabe, Fleiß und zugleich Pessimismus, ja Griesgram. Ein »Sumser« (männl.), eine »Sums'n« (weibl.) ist
– wenn man ihn bzw. sie nicht kennt – in der Lage, durch Wort und
Mimik Leute zu vertreiben, die er bzw. sie durch seine Hingabe, Fleiß
und Idealismus an ein großes Ziel gewinnen könnte und auch sicher
gewinnen will.

Sumser und Sums'n sind also ambivalent. Und sie übertragen diese Ambivalenz auf andere. Geht der Angesprochene, der Interessierte
auf Distanz, dann ist dies eine Bestätigung für den Pessimismus: »Da
rennt man und rennt und dann das.« Die »Sumserei«, vornehmer: dieses Ambivalenzverhalten gibt es natürlich nicht nur in der Kirche, sondern ebenso in Vereinen, Verbänden, Parteien u. ä. In der Kirche dürfte es gegenüber diesem Phänomen allerdings ein höheres Niveau an
Geduld und Langmut geben. Bei uns in der Kirche kann ein Sumser
bzw. eine Sums'n sogar auf liebevolles Verständnis stoßen. Wenn es
sich nicht um unerklärbare langfristige »Fundamentalsumserei« handelt!

Warum diese Konzentration auf ein »Ambivalenzverhalten«? Ganz
einfach deshalb, weil es gilt, dieses Verhalten zu relativieren, gemeinsam erbrachte Leistungen auch einmal offensiv darzustellen. Und vielleicht auf diese sogar ein bißchen stolz zu sein. Geht es zusätzlich
auch darum, einen Blick in die Zukunft zu werfen, dann darf man einen solchen Anlaß wie den »Runden« von Bischof Reinhold Stecher
nicht entgehen lassen.

Motivation durch gemeinsame Leistung

Wenn man viel mit der Beratung von Unternehmen und Institutionen
zu tun hat, dann kennt man die Kraft, die in der Motivation gemein-

sam erbrachter Leistungen steckt, auch dann, wenn eigentlich erst ein Zwischenziel erreicht werden konnte, wenn vieles in der eigenen Organisation noch verbessert, verändert werden muß, wenn Neid und Mißgunst noch ihr Unwesen treiben usw. Es gibt noch eine Erfahrung, die in Zusammenhang mit Motivation sehr bedeutsam ist: Man kann nicht permanent, auf Zuruf hin bei jedem einzelnen Schritt eine Grundsatzdiskussion über den Sinn des ganzen Unternehmens führen. Auf solche Weise schafft man nicht einmal Zwischenziele. Und wenn man die nicht schafft, dann kann man auch wertorientierte Begriffe wie Glaubwürdigkeit, Verläßlichkeit mehr oder weniger vergessen.

Die zehnte Rose

Sollte wieder einmal irgendwo die »große Sumserei« ausbrechen, dann werden wir mit Rosen antworten! Der Grund: Bei einer Diskussion im Priesterrat der Diözese Innsbruck (März 2001) haben wir auch einmal jene zentralen Leistungen der Kirche rekapituliert, die für ein menschliches, solidarisches Zusammenleben unerläßlich sind und für die unsere Kirche gerade steht und dabei oft alleingelassen wird.

Es waren blitzartig neun Leistungen beieinander: Bewahrung der Schöpfung / Transit, Grundeinkommen, Ethik, Ehrenamtlichkeit, Niemanden alleinlassen – Hospiz / Kranken-, Alten- und Telefonseelsorge, Armut – Entwicklung / Dritte Welt, Soziales / Caritas, Orientierung / Werte und: Umsetzen sozialer und ökologischer Forderungen von UN, Club of Rome, World Watch Institute usw. Für jede dieser Leistungen gab es eine Rose – der bescheidene Dank an die Mitglieder des Priesterrats schmückte einige Zeit das Mutter-Gottes-Bild in der Mentlberger Schloßkapelle zu Innsbruck.

Wir fügen für die Leistung von Bischof Reinhold Stecher für die Ökumene, für sein Engagement beim Umgang mit der Schuld der Christen gegenüber den jüdischen Mitbürgerinnen und Mitbürgern hiermit die zehnte Rose dazu! Zehn Rosen, jedes Jahr, am 15. März am Bild der jüdischen Mutter Maria!

»Die leisen Stimmen«

Bischof Reinhold Stecher geht bei seinen ungezählten Vorträgen, in seinen Büchern und Bildern stets auf die tiefere Diskussion, auf die leisen Stimmen ein; dies immer wieder begleitend mit deutlichen, sonst kaum zu hörenden gesellschaftskritischen Worten und Analysen. Ganz generell: Ich verfolge die gesellschaftspolitische Diskussion sehr interessiert. Die Kirche zählt dabei zu den wenigen, die heute noch das richtige Wort vom »Kapitalismus«, von der Ausbeutung der »Dritten Welt« in den Mund nehmen! Sei es gelegen oder – wie meist – ungelegen. Peter Noll hat in seinem beeindruckenden und berührenden Abschiedstagebuch darauf hingewiesen[1].

Die Kirche ist von ihrem Auftrag her verpflichtet und auch gut beraten, die Dimensionen des In-der-Welt-aber-doch-nicht-von-der-Welt-Seins, also des »Anders-Seins« ebenso zu betonen wie ihr alternatives Verständnis von Zeit (erfüllte Zeit statt gefüllte Zeit), der Beachtung von Kunst als »Platzhalter der Utopie« (Theodor W. Adorno), des Hörens und Öffentlichmachens der leisen Stimmen und Schwingungen. Verpflichtet und auch gut beraten – letzteres deshalb, weil es ja auch darum geht, die aktuellen menschlichen und gesellschaftlichen Aufnahmebedingungen für Christi ewige Botschaft zu erkennen und heilbringend umzusetzen.

»Frische Unsicherheit«

Das Diskutieren über die Zukunft ist »in«, und das ist auch gut so. Es ist eine überaus bunte Mischung aus Begriffen, Prognosen, Analysen, Extrapolationen, die dazu medial oder rhetorisch verabreicht wird. Kurzzeitreligionen »mit Gewinnaussicht«, neue Mythen zur emotionalen Verbrämung der »Shopping- und Eventgesellschaft« sind dabei ebenso zu finden wie Hinweise auf wieder zunehmenden Gottesglauben (Paul M. Zulehner) oder auf die Chancen »frischer Unsicherheit« (Adolf Muschg). Der Schweizer Schriftsteller sieht in diesen »frischen Unsicherheiten« den Impuls, nach neuen Spielräumen Ausschau zu halten, neue Positionen zu entdecken, etwa zu finden in den aktuellen Konzeptionen zu einer »Zivilgesellschaft«.

Faßt man diese und weitere Trends zusammen, dann dürften die drei folgenden Thesen für die Zukunft der Kirche relevant sein bzw. werden. Erstens: Die Kirche steht mit ihrer Botschaft, ihrem Leben, ihrer Struktur in Konkurrenz mit anderen institutionalisierten oder »freischwebenden« religiösen Gruppierungen. Nachdem es keine allgemein verbindlichen Muster praktischer Religiosität mehr geben wird, entscheidet das Angebot. Zweitens: Die Menschen werden auch in Zukunft nach Orientierung, Hoffnungsvermittlung und Beistand suchen. Wahrscheinlich mehr denn je. Drittens: Sie werden bei den Angeboten sehr genau auf »die Qualität«, die Sinnzusammenhänge, die

Übereinstimmung zwischen Botschaft und Leben achten. Es sind dies drei von sicher weit mehr sich verdichtenden Trends – ich halte diese drei für besonders beachtenswert.

Wenn sich die Kirche, zuvorderst die Bischofskonferenz, endlich getraut, aus der Defensive herauszutreten, die Zurückhaltung bei der Präsentation der gemeinsamen(!) Leistungen (siehe die »zehn Rosen«) zu reduzieren, dann stünde sie mit Sicherheit in einer »pole position«. Nochmals: Wer sonst fordert mit soviel gelebter Vehemenz Solidarität mit Armen, Entrechteten, Menschen in der Dritten Welt? Woher kommt in einer Zeit des Marketing-Spiels mit Emotionen, menschlicher Sehnsucht, darunter auch Religiosität, denn der Anspruch »Fides quaerens intellectum« – auch wenn er oft beiseite geschoben wurde?

Idealismus halten

Die Qualitätskriterien für eine »pole position« werden bekanntermaßen durch Vorfälle, durch nicht vollzogene Entwicklungen, durch vorschnelle Harmonisierungen empfindlich reduziert. Ob Mitarbeitsmöglichkeiten und Positionierung der Frauen, ob verbindliches Eingehen auf den Dialog – Bischof Reinhold Stecher hat oft und eindringlich genug darauf aufmerksam gemacht: Die Chancen der Kirche in der Welt von heute und morgen werden empfindlich geschwächt, wenn es zu keinen positiven, optimistisch gestimmten Lösungsangeboten kommt.

Sein Mühen zumindest weiterdenkend und mit eigenen Erfahrungen ergänzend, erlaube ich mir das Resümee: In unserer Kirche wurde und wird ein sehr hohes Maß an Idealismus, Mitarbeiterwillen und Kompetenz nicht genutzt, ja immer wieder verschleudert. Die Kirche, jetzt oder schon bald in der Rolle des »Anbieters«, wird sich dieses Defizit nicht mehr leisten können. Sie wird mit Verursachern solcher Mißstände, mit »Motivationsverscheuchern«, mit »Fundamentalsumsern« ein ernstes und deutliches Wort zu reden haben. Ein Wort, das auch das Element der Rechenschaft beinhaltet.

Ein Verlust ist ein Verlust

Wer im »Wettbewerb steht« – ein Wort, das auch innerkirchlich immer wieder verwendet wird –, hat es unweigerlich mit den Folgebegriffen zu tun: Kompetenz, Erfolg, Gewinn, Verlust. Begriffe, die zwar nicht aus der Tugendlehre stammen, die man in einer Konkurrenzsituation aber auch nicht »wegharmonisieren« darf. Ein verlorenes Mitglied der

Kirche, ein abgewiesener Mitarbeitswilliger – das ist weder Schicksal noch Privatangelegenheit eines Kirchenverantwortlichen. Das ist ein Verlust, dessen Ursachen zu ergründen sind – ein Denken, das in einigen Teilen der Gemeinschaft der Gläubigen erst heimisch werden muß.

Gemeinden bilden – eine christliche Spezialität

Bischof Reinhold Stecher ist ein Mann, der das Stiften von Gemeinschaft stets hochgehalten hat. Dies ist übrigens ein Know-how, eine Kompetenz, auf deren Erwerb im Rahmen der theologischen Ausbildung besonderer Wert gelegt wird. Die anderen Disziplinen bringen es, wenn's hochkommt, bis zur projektbezogenen Teamarbeit. Gemeinschaften stiften, Gemeinden zusammenhalten – das ist eine Spezialität der Theologinnen und Theologen!

In einer sich immer weiter ausdifferenzierenden, spezialisierenden Gesellschaft ist »die Gemeinde«, das »Normal-Nieder-Schwellige« stets in Gefahr. Gefragt und angestrebt sind Spezialfunktionen, nicht die Gemeinde, das »Territoriale«. Es war der bekannte Innsbrucker Psychiatrieprofessor Hartmann Hinterhuber, der uns im Bereich der »Obdachlosenarbeit« auf diese Problematik hingewiesen hat. Selbstverständlich: Wir brauchen Spezialisierung, Höherschwelligkeit, Stabsfunktionen. Aber: Der ganze Mensch, das Rundum, die Höhen und Tiefen – sie werden erst in der Gemeinschaft erlebbar, erfahrbar und möglicherweise auch heilbar. Es geht in diesem Zusammenhang letztlich um Heimat.

bischof.reinhold@christlich.energisch.tirol

Bischof Reinhold Stecher dient den Menschen, der Kirche und der Heimat seit einigen Jahren in anderer Funktion: als einfacher Aushelfer, als Referent, als beeindruckender Maler und Literat. So oder so: Er bringt wie früher die leisen Stimmen zum hoffnungsvollen Klingen. Seien es Stimmen von Menschen in Schwierigkeiten, Stimmen einer profitgefährdeten Natur oder Stimmen aus der Ferne, aus einem verelendeten albanischen Dorf. Wenn er spricht – etwa im Wirtschafts- oder Tourismusbereich –, vermittelt er die christliche Botschaft, daß es auch anders geht: im Umgang mit Mitmensch und Natur, mit den Kindern, mit der Zukunft. Es geht anders, menschlicher, solidarischer. Und es geht auch weiter, darüber hinaus – eine Botschaft, die viele in den »Stecher-Bildern« finden. Die Ahnung des Mehr, des Darüberhinaus, der Transzendenz wird vom bischöflichen Maler nicht durch mächtig-erschauernde Motive, durch Dome oder Kathedralen vermittelt, sondern durch das Öffnen der Augen: für das wunderbare Detail der Schöpfung, Blumen, Jahreszeiten, Berge und Farben.

Zurück zu den »leisen Stimmen«: Der ehemalige Bischof von Innsbruck ist der energische Transformator, der Verstärker dieser Stimmen in der lauten Hektik unserer Wohlstandsgesellschaft. Ich weiß nicht, ob sich Reinhold Stecher schon mit dem Internet beschäftigt hat. Wenn ich ihm eine Internetadresse schenken könnte, hätte sie folgenden Wortlaut: bischof.reinhold@christlich.energisch.tirol.

ANMERKUNG

1   P. Noll, Diktate über Sterben & Tod. Mit Totenrede von Max Frisch. Zürich 1984.

FRANZ HEIDEGGER

»Hoffnung und Sorge für die Kirche«

Das Diözesanforum Innsbruck 1993–1995

Es war Anfang der 90er Jahre. Die Kirche Österreichs bot aus hinlänglich bekannten Gründen vor allem in ihrer medialen Präsenz kein sehr einladendes Bild. Trotzdem es an der Basis: den Gemeinden, Gruppierungen und Gemeinschaften sehr viel Einsatz und hoffnungsvollen Aufbruch gab, bemächtigte sich vieler engagierter Christinnen und Christen eine gewisse Resignation. In dieser Situation entstand die Idee, eine Synode oder ein Diözesanforum für die Diözese Innsbruck einzuberufen, um den eigenen Standort zu präzisieren, neue Wege zu suchen und einander gegenseitig zu ermutigen. Die Idee kam zuerst nicht per Beschluß über die zuständigen Gremien zustande, sondern ging vom »Weerberger Kreis« aus, eigentlich eine »Familienrunde«, die sich über Pfarrgrenzen hinaus zusammengefunden hatte und sich Gedanken über die Kirche in unserem Land machte. Bischof Reinhold Stecher konnte sehr schnell für die Idee gewonnen werden. Dabei war die Art und Weise, wie er sie sich zu eigen machte, sehr bezeichnend für sein Verständnis von Kirche. »Der Geist weht, wo er will«: Von daher war es für den Bischof nicht entscheidend, daß vorher jedes Für und Wider erörtert wurde oder ob ja alle Zuständigkeiten peinlich genau eingehalten wären. Er erkannte die Chance der Idee und sagte ja.

Drei Bedingungen standen jedoch am Anfang. Erstens: Es sollte ein offenes Forum und nicht die rechtlich eindeutig festgelegte Form einer Synode sein: Impulsgeber, nicht Gesetzgeber sollte das Forum sein. Dem Verfasser ist dabei gut in Erinnerung, daß diese Entscheidung in so mancher Zentralkanzlei mit Skepsis aufgenommen wurde, (» ... wo bleibt da die Verbindlichkeit?, ... unverbindliches Geplauder ... usw.«). Der weitere Weg hat gezeigt, daß die Form des Forums die richtige war. Zweitens: Es sollte in erster Linie um Inhalte und weniger um Strukturen gehen. »Wir müssen aufpassen, daß wir nicht nur neue Leitungen legen, sondern daß Wasser drinnen ist«, sagte der Bischof in einem Vorgespräch. Drittens: Dieses Forum sollte auch ein spiritueller Weg sein.

Damit war der Weg vorgezeichnet und wurde entschieden gegangen. Mit dem damaligen Generalvikar Klaus Egger, einem »Miterfinder« und entschiedenen Vertreter der Idee eines Diözesanforums, wurde ein Geschäftsführender Vorsitzender bestellt, der die Sache von Anfang an zielstrebig und entschieden weitertrieb. Ihm zur Seite stand ein wenige Personen umfassender Arbeitsausschuß, der den Prozeß in seinen entscheidenden Phasen begleitete. Ein kleines Detail mag verdeutlichen, wie diese freie Form in der Praxis funktionierte: Die Geschäftsordnung hatte auf einer Maschinenschreibseite Platz, und es wurde mit ihr während aller drei Vollversammlungen völlig das Auslangen gefunden!

»Sende deinen Geist aus und alles wird neu«: Diese Melodie wurde nicht nur zur heimlichen Hymne des Forums und für den Weg danach. Dieser Satz spiegelt auch die Grundüberzeugung aller Beteiligten wider, daß das Gelingen all unseres Tuns davon abhängt, daß Gott unseren Weg mitgeht! So waren denn auch die gemeinsamen Gottesdienste, Besinnungen und Gebetseinheiten die wirklich prägenden Momente des Forums.

Themenfindung und Delegiertenauswahl

In einer breit angelegten diözesanen Befragung wurden die dem Kirchenvolk der Diözese wichtigen Themen erhoben. Dabei war es dem Bischof und allen Verantwortlichen wichtig, die Stimme der Basis zu hören. Viele Stellungnahmen vor allem aus Pfarrgemeinderäten, aber auch aus Gruppen des Laienapostolats und Einzelpersonen (insgesamt waren etwa 1900 Personen an der Erarbeitung der Eingaben beteiligt) brachten 27 wichtige Themen.

Bei der Auswahl der Delegierten wurde Wert auf ein möglichst repräsentatives Bild der gesamten Diözese gelegt. Dabei sollten, einem Anliegen des Bischofs entsprechend, vor allem auch Leute von der Basis, jene, die direkt in Pfarren und Gruppen Kirche leben, Berücksichtigung finden. 38 Dekanatsvertreterinnen und Dekanatsvertreter (Priester und Laien in ausgewogenem Verhältnis), 20 Vertreterinnen und Vertreter laienapostolischer Gruppierungen, 10 Vertreterinnen und Vertreter von Institutionen und Organisationen (Orden, Universität u. a.), sowie 15 vom Bischof persönlich Berufene und »ex offo«-Mitglieder bildeten schließlich die Vollversammlung des Diözesanforums: ein Bild der Lebendigkeit und Vielfalt der Diözese Innsbruck.

Der Weg zu Entscheidungen

Um den Charakter des gemeinsamen geistlichen Weges auch sichtbar zum Ausdruck zu bringen, begannen die Zusammenkünfte der Vollversammlung mit einem Begegnungstag, um miteinander zu beten und sich einander vertraut zu machen. Die erste Vollversammlung hatte zur Aufgabe, eine Priorisierung der Themen herbeizuführen. Gemeinde, Lebensformen/Lebensgemeinschaften und Jugend wurden als zentralste Anliegen benannt und gewählt. Die zweite und die dritte Vollversammlung haben (mit der Möglichkeit der Beratung und Rückmeldung an der Basis) diese Themen beraten und letztendlich Entscheidungen herbeigeführt.

In der Predigt beim Gottesdienst am Beginn der ersten Vollversammlung gab Bischof Reinhold Stecher die Richtung vor: »Immer wieder ist Emmaus«. Es sollte im wesentlichen darum gehen, den auferstandenen Herrn und seinen Willen zu erkennen. »Immer wieder ist Emmaus. Und darum gibt es immer wieder den Aufbruch und den Neubeginn mit dem glühenden Herzen. Und die Nacht ist vergessen und die Fluchtziele verschwinden, die wir vielleicht angepeilt haben, und die Angst schwindet, und das lähmende Gefühl der Verlassenheit, weil wir Ihn erkennen. Und zurück geht es in die Stadt, die wir resigniert verlassen haben. Nun aber mit glühendem Herzen!«, so Bischof Reinhold Stecher sinngemäß in seiner Predigt.

Vieles von diesem »Immer wieder ist Emmaus ...« sollte in den drei Vollversammlungen spürbar werden: Frustration und Verstörtheit, die Versuchung der Resignation, zähe Auseinandersetzung, dann aber eben auch das Auftauchen des unscheinbar-geheimnisvollen Wanderers, der sich dazugesellt, bis hin zum freudigen Erkennen und dem Neubeginn mit glühendem Herzen, um einige Vergleiche aus der Predigt des Bischofs anzuführen.

Auch in seiner Präsenz bei den Vollversammlungen drückte sich etwas vom Kirchenverständnis unseres Bischofs aus. Dabeisein, meist hörend, aber auch mit einem Wort der Ermunterung, nie belehrend; aber auch abwesend sein können, darauf vertrauend, daß das schon richtig läuft! »Ihr macht's das schon richtig«, war des öfteren sein Kommentar bei notwendigen Berichterstattungen. Und wir haben es im wesentlichen »richtig« gemacht, möchte der Verfasser als einer, der dabei war, vielleicht wenig bescheiden sagen. Natürlich war nicht alles »Glanz und Glorie«, die Mühen der Alltäglichkeit, so manche Enttäuschung auch spürbar, letztlich aber hatte man das Gefühl: Es ist gut, wie es geworden ist!

So standen am Ende der dritten Vollversammlung 59 Richtlinien und Empfehlungen an diözesane Instanzen auf allen Ebenen und Voten an die Österreichische Bischofskonferenz und die Leitung der Weltkirche, in Fragen, die Möglichkeit und Kompetenz einer Ortskirche übersteigen: Kirche leben in der Pfarrgemeinde; Regionale Pastoral- und Personalplanung; Ehe und Familie; Leben mit Kranken und Sterbenden; Frauen in der Kirche; Geschiedene und Geschieden-Wiederverheiratete; Homosexuelle und Glaube; Jugend; Bischofsnachfolge.

Sämtliche Beschlüsse des Forums wurden von Bischof Reinhold Stecher in der vorgelegten Form (zwei kirchenrechtlich notwendige Änderungen waren notwendig) angenommen und bestätigt. Und so konnten sehr viele der Delegierten am Schluß der dritten Vollversammlung ihre Freude über das Getane und ihre Zuversicht über den weiteren Weg ausdrücken. Der Geschäftsführende Vorsitzende, der Generalvikar, stellte für sich fest, »daß dieses Diözesanforum für mich eines der spannendsten Ereignisse war in den 36 Jahren, in denen ich jetzt Priester bin, und auch eines der schönsten«.

Nachdem sich Bischof Reinhold Stecher bei allen Delegierten in sehr persönlichen und herzlichen Worten bekannt und seiner Freude über diesen Weg als Kirche miteinander unterwegs geäußert hatte, gab er zum Schluß mit einer Erinnerung an ein Erlebnis in einer zweiten Klasse Volksschule eine vielleicht theologisch nicht ganz ausgefeilte, aber dennoch treffende Aussage zum Wesen der Kirche: »Ich habe also die Frage gestellt: ›Jetzt sagt's einmal, wer ist die Kirche?‹ Dann hab ich mich erinnert, wenn man mich mit sieben Jahren gefragt hätte, wer die Kirche wäre, dann hätte ich gesagt, der Pfarrer, der Frühmesser, die Sr. Diagolinda vom Kindergarten und der Mesner, bitte, da bin ich mir nicht mehr ganz sicher, der Mesner war beweibt und saß oftmals im Wirtshaus, ich weiß nicht mehr, ob ich ihn bei dieser frommen Aufzählung mitgenommen hätte. Ich habe also diese Frage an die 7jährigen in einer unserer Gemeinden gestellt. Einer steht sofort auf und sagt: ›Mir‹, was bekanntlich in unserer Sprache ›Wir‹ heißt!«

Dem möchte sich auch der Verfasser im Rückblick auf das Forum anschließen. Das für ihn deutlichste Erleben bei diesem Forum war, daß »Mir«, Priester, Diakone, Ordensleute und Laien miteinander, die Kirche von Innsbruck sind und daß das hier in beeindruckender Form zum Ausdruck gekommen und der in der Anekdote des Bischofs angedeutete Bewußtseinswandel bei uns Wirklichkeit geworden ist, entsprechend den großartigen Aussagen des Zweiten Vatikanums über die gemeinsame Berufung und Beteiligung aller aus Taufe und Firmung.

Die Idee zieht Kreise: Der Weg nach dem Forum

Mit dem Abschluß der Vollversammlung wurde ein neues Kapitel des Forums aufgeschlagen: der Prozeß der Umsetzung. In einer Bilanz einige Jahre nach dem Forum konnte festgestellt werden, daß sehr vieles umgesetzt und in Bewegung gebracht wurde: Die Einführung der Gemeindeberatung, verschiedene Initiativen der Gemeindeentwicklung, verstärkte Bemühungen in der Sakramentenpastoral, Überlegungen über entlastende Formen der Gemeindeleitung waren einige dem Forum folgende Schritte zur Stützung der Gemeinden ebenso wie eine wesentliche Verstärkung der pastoralen Begleitung von Paaren und Familien. Die Sorge für Kranke und Sterbende wurde durch die Bildung mehrerer Arbeitsgruppen, die hilfreiche Schritte für die pastorale Praxis erarbeiteten, wahrgenommen. Die erst kürzlich erfolgte Errichtung der Frauenkommission entspricht ebenfalls einer Forderung des Forums. Für die pastorale Begleitung geschiedener und geschieden-wiederverheirateter Menschen wurden Leitlinien erarbeitet. Der Arbeitskreis »Homosexuelle und Kirche« war eine weitere Frucht des Forums. Leitlinien für »Jugend und Gottesdienste«, ein eigenes Vorwahlverfahren zur Ermittlung von Jugend-Kandidatinnen und Kandidaten für die Pfarrgemeinderäte, die Anregung pfarrlicher Teams für Jugendarbeit, Richtlinien zur Firmpastoral u. a. waren Ergebnisse im Schwerpunktbereich Jugend.

Vieles, was im Forum angesprochen wurde, ist seitens der Diözese Innsbruck später dann in den »Dialog für Österreich« eingebracht worden.

Bischof Reinhold Stecher hat die Voten an die Leitung der Weltkirche direkt in Rom deponiert: Priesterweihe für »viri probati«, Diakonat für Frauen, Erlaubnis zur Spendung der Krankensalbung für alle Beauftragten Krankenseelsorgerinnen und Krankenseelsorger und die Beteiligung der Ortskirche bei Bischofsernennungen waren die zum Teil sehr brisanten Voten. Daß sich unser Bischof mit seinem offenen und engagierten Eintreten für diese Fragen bei der Kirchenleitung nicht unbedingt beliebt gemacht hat, ist ja hinlänglich bekannt; auch die Tatsache, daß das für ihn kein Grund war, entgegen seiner Überzeugung klein beizugeben.

Regionale Pastoral- und Personalplanung

Auf ein großes Projekt nach dem Diözesanforum, das besonders weite Kreise gezogen hat und noch immer zieht, sei am Schluß noch besonders hingewiesen: die Regionale Pastoral- und Personalplanung (RPPP) und die darauffolgende Pastoral-, Personal- und Finanzplanung der Diözese Innsbruck.

In den Beschlüssen 28ff. hatten die Delegierten des Diözesanforums als Richtlinie formuliert, daß »die Pastoral- und Personalplanung der Diözese Innsbruck aus den Bedürfnissen der Gemeinden, Kleinregionen und Regionen ... vor Ort mit den Verantwortlichen (Dekan, Pfarrer, PGR-Obleute, Dekanatsrat u. a.)« entwickelt werden solle. Nach Erarbeitung des Projekts, Beratung und Beschlußfassung in der Dekanekonferenz und im Bischofsrat wurden in den Jahren 1995 bis 1999 diese Pläne in allen 19 Dekanaten der Diözese (unter Beteiligung von mehr als 400 Mitarbeiterinnen und Mitarbeitern) erstellt und sind seit 1. Januar 2000 in Kraft.

Ziel des Projekts war es, nach dem Prinzip der Subsidiarität, mit Blickrichtung auf das Jahr 2005 Pastoral- und Personalpläne zu erarbeiten, die mit den vorhandenen Kräften und den zur Verfügung stehenden Mitteln erreichbar wären, damit der Glaube auch unter den heutigen Bedingungen gepflegt und weitergegeben werden kann. Als ein Teil des neuen Verständnisses eines subsidiären Seelsorgsstils in unserer Diözese wurde ein Teil der Diözesanfinanzen in die Entscheidungskompetenz der Dekanate übertragen.

Auch in diesem Prozeß war »immer wieder Emmaus«: Tiefen und Höhen, Resignation und Aufbruch, letztendlich aber das Erkennen des Auferstandenen und der Neubeginn mit glühendem Herzen spürbar. Die Ergebnisse der »RPPP« brachten es mit sich, daß sich die Diözese im Projekt »Zukunft Kirche« – Pastoral-, Personal- und Finanzplanung der Diözese Innsbruck, die künftigen Schwerpunktsetzungen neu überlegt.

So kann man wirklich sagen, daß eine Idee vor zehn Jahren, die vom Bischof und den Verantwortlichen damals aufgenommen und zielstrebig verfolgt wurde, dem Wurf eines Steins ins Wasser gleicht, der immer weiter kreisende Wellen verursacht. Bischof Reinhold Stecher ist diesen Weg getreu seinem Wahlspruch, »dienend«, als der vornehmsten Form von Leitungsverantwortung, und »vertrauend«, in der Überzeugung, daß »der Geist weht, wo Er will«, entschieden mitgegangen. Daß sein Nachfolger, Bischof Alois Kothgasser, diesen Weg

ebenso konsequent im Vertrauen auf das Miteinander vieler weitergeht, freut alle Beteiligten und macht zuversichtlich. Ziel war es immer und muß es weiter sein, daß möglichst viele Frauen, Männer und
Jugendliche, Angehörige des Geistlichen Standes ebenso wie Laien,
auf die Frage, was denn Kirche sei, aus innerster Überzeugung sagen
können: »Mir« (was ja in unserem Sprachgebrauch bekanntermaßen,
um es noch einmal zu wiederholen, »Wir« heißt).

CHRISTINE HOFINGER

Der Bischof, dem der Heilige Geist von einer Frau anvertraut wurde

Geschichten erzählen, das kann der geborene Katechet Reinhold Stecher wie kein anderer. Die Geschichte, die er bei der Feier der Amtsübergabe an seinen Nachfolger Alois Kothgasser erzählte, hatte es in sich: Sie handelte von einer alten, kranken Frau, zu der Reinhold Stecher als junger Priester gerufen worden war. Sie spürte, daß ihr Ende nahe war, und wollte ihren kostbarsten Besitz in gute Hände legen. Unter der Bedingung, daß der Schatz nicht verkauft, sondern in Ehren gehalten würde, schenkte sie Reinhold Stecher den Heiligen Geist – in Form einer Taube mit Strahlenkranz (wie man sie früher in vielen Bauernstuben fand).

Treu seinem Wort bewahrte er das Geschenk sorgfältig und dankbar auf – bis er es an seinen Nachfolger weitergab. Nicht nur diese Geste war ein wunderschönes Symbol – auch, daß Reinhold Stecher den Heiligen Geist von einer Frau ohne Amt und Würden angenommen hat. Das Wort der Kleinen, der Kinder, aber auch von Frauen in seiner Umgebung achtet und beachtet er.

Vermutlich hat er das bei seiner Mutter gelernt. Daß sie eine fromme, tapfere und kluge Frau war, klingt in den diskreten Erzählungen des Sohnes durch. Neben ihrem mütterlichen Heiligen Geist legte sie ihren drei Söhnen große Achtsamkeit vor den Gefühlen anderer an und ins Herz.

Daß Reinhold keine Schwestern hatte, hat ihn wohl auch geprägt – keine große Schwester, die immer alles besser wußte, und keine kleine, die frech oder lästig war. So war er in gewisser Weise unbelastet von schlechten Erfahrungen mit weiblichen Konkurrenten; als Priester hatte er ja diesbezüglich auch keine zu fürchten. Was ihm damit aber auch fehlte, war die Vertrautheit im Umgang mit weiblichen Wesen, mit denen man genauso spielen, streiten, scherzen und sich balgen kann wie mit Buben. Mir kommt jedenfalls vor, daß Brüder nur selten einen besonderen Respekt vor ihren Schwestern haben, auch wenn sie sie von Herzen mögen – wie umgekehrt ja auch.

Bischof Reinhold Stecher hat besonderen Respekt vor Frauen. Das spürt man. Auch an einer Art von Respektsabstand. Es war ihm sehr recht, wenn Frauen sich um Frauen annahmen, wenn sie sich vorwagten, wohin Priester oder gar Bischöfe nicht so leicht kommen – zu den Frauen in großen Nöten, zu Frauen, die mit Männern sehr schlechte Erfahrungen gemacht haben. Darum war er so froh um die Initiative »Frauen helfen Frauen«, unterstützte die Schaffung eines Frauenhauses mit Ermutigung und reichlich Geld, und sprach den Gründerinnen mit einem sehr männlichen Bild höchstes Lob aus: Sie seien es, die in den »Schützengräben der Nächstenliebe« ausharrten.

Die Katholische Frauenbewegung schätzte er zeit seines Amtes, sie fand immer seine Unterstützung. Die vielen Mitglieder, die Verankerung in Gruppen, die breite Streuung der Anliegen und der Dienste, die Treue und Loyalität bei aller Weiterentwicklung: darauf konnte ein Bischof bauen. *Maria Zorzi* und *Judith Kehrer* waren echte Stützen der Diözese, auch ohne formelle Einbindung in die Kirchenleitung – als weiblicher Zweig der Katholischen Aktion hatten sie einen soliden Stand und unbestrittene Anerkennung.

Die Idee, eine Frau in den Bischofsrat aufzunehmen, ist erst später aufgekommen. Zunächst war es eine Ordensfrau, *Sr. Maria Clarina Mätzler* von den Barmherzigen Schwestern, dann im Jänner 1994 eine »Familienfrau« – das war ich. Meine Empfehlung für dieses Ehrenamt im wahrsten Sinn des Wortes waren meine Mitarbeit im Team des Diözesanforums und verschiedenste Formen des Engagements in der Kirche, allerdings nie in leitender Funktion. Davor hütete sich die Diözesanleitung interessanterweise: den gewählten Vorsitzenden der Katholischen Aktion oder anderer Laienverbände ein Recht auf einen Sitz im Bischofsrat zuzusprechen – was für Männer allerdings ebenso gilt wie für Frauen.

Bei fordernden Frauen und Feministinnen wurde aus dem Respektabstand leicht eine Art Sicherheitsdistanz, je nach deren ideologischer Heftigkeit. Ängstlich aber war Bischof Reinhold Stecher nie: Mit Hausverstand und Weitsicht hat er Frauen in seiner Diözese gefördert und ermutigt, Verantwortung zu übernehmen: *Herlinde Pissarek-Hudelist* als erste Professorin, später auch Dekanin an der Theologischen Fakultät, die vielen Frauen in der Kirche neue Wege gebahnt hat, und dies nicht unter einem mißtrauischen Blick des Bischofs, sondern mit seinem vollen Vertrauen. Der Laienrat stand unter der Leitung von *Ingrid Thurner*, dann von *Elfriede Vergeiner* –

vom Gremium gewählt, vom Bischof bestätigt. In den Bischofsrat wurde bald eine zweite Frau berufen, eine Vertreterin der weiblichen Orden: *Sr. Johanna Götsch*, eine Don-Bosco-Schwester, und als diese nach Wien ging, *Sr. Pauline Thorer* von den Barmherzigen Schwestern. Die erste Pfarrkuratorin in Tirol hat Bischof Stecher eingesetzt: *Sr. Antoinette Feuerstein* in Hall, Schönegg, die nun schon seit sieben Jahren mit Freude und Erfolg diese Aufgabe meistert.

Bewußt wurde nach Frauen als Kandidatinnen für Ämter und Leitungsaufgaben gesucht, für die das Priesteramt keine Voraussetzung ist. Gab es eine mit entsprechenden Qualifikationen, so wurde sie auch ohne Frauenförderplan genommen – so etwa *Elisabeth Rathgeb*, als Leiterin des Bildungshauses St. Michael.

Die Liste ist sicher nicht vollständig – wichtig sind die konkreten Beispiele für die Umsetzung dessen, was Bischof Reinhold Stecher als gerecht erkannt hat: Frauen einen angemessenen Anteil an der Verantwortung zu übertragen, im vollen Vertrauen, daß dies ein Gewinn für die ganze Kirche ist. Daß die Frauenkommission in der Diözese Innsbruck erst nach seiner Amtszeit Wirklichkeit wurde, lag nicht an ihm – er hatte schon lange grünes Licht dafür gegeben.

Die Sensibilität und die Talente von Frauen nicht auszuschließen, sondern einzubinden, sie nicht nur als Verzierung, sondern als wesentlichen Bestandteil zu verstehen, das entspricht dem Menschenbild eines Reinhold Stecher: Den ganzen Menschen sehen, wie Gott ihn gewollt hat, wie es in der Genesis steht: »Als Mann und Frau schuf er sie«.

Wenn der Theologe Reinhold Stecher den Schöpfungsbericht auslegt, ist das Paradies zu ahnen. Bei seiner Erklärung, was die »Rippe« des Adam zu bedeuten hat, aus der Eva gemacht ist, wird die Symbolik nicht nur erträglich, sondern befreiend: Lange hätte man gesucht, woher dieses seltsame Bild komme, das im Hebräischen sonst keiner üblichen Ausdrucksweise entspricht; auf eine persische Spur sei man gestoßen und habe herausgefunden, daß die Redewendung »aus einer Rippe« schlicht dem deutschen »ein Herz und eine Seele« entspricht ...

Wertschätzung, die von Herzen kommt, und frauenfördernde Initiativen aus Sinn für Gerechtigkeit – das war und das ist es, was es so leicht macht, als Frau mit Bischof Reinhold Stecher zusammenzuarbeiten.

RAIMUND SCHREIER OPRAEM

»Was würde aus der Welt, wenn es die Ordensleute nicht gäbe?«

Im Jahr 1994 fand in Rom eine Bischofssynode über das »geweihte Leben und seine Sendung in Kirche und Welt« statt. Im Schlußkapitel des daraus resultierenden Schreibens finden wir auch eine Frage, die schon eine Teresa von Ávila gestellt hat, und die auch heute aktuell ist: »Was würde aus der Welt, wenn es die Ordensleute nicht gäbe?« Noch vor etwa 30 Jahren wäre das kaum ein Thema gewesen. Damals war es selbstverständlich: Ordensfrauen und Ordensmänner wirkten in zahllosen Schulen, Ordensschwestern in den meisten Krankenhäusern, Altersheimen und Kindergärten. Sie waren einfach da, in der Vielfalt ihrer Ordenstrachten und der Eigenart ihres Lebens.

Dieses Bild ist inzwischen seltener geworden. Vielerorts sind die Ordensleute sogar aus dem Blickfeld der Menschen verschwunden, und es kann die Frage aufkommen: Braucht man sie denn überhaupt noch? Wozu geweihtes Leben, wozu besondere Nachfolge? Dazu kommt noch die pragmatische Frage: Was »nützen« sie der Ortskirche? Vor allem Ordensmänner sind aufgrund des akuten Priestermangels vielerorts »pastorale Lückenbüßer« geworden, die eine Pfarrei nach der anderen übernommen haben und dabei manchmal ihr eigenes Profil, ihr Charisma und damit ihre Attraktivität verloren haben.

Was würde aus der Welt ...

Zunächst muß man einmal festhalten: Diese Form der besonderen Nachfolge Christi hat es in der Kirche von ihren Anfängen an gegeben. Das Zweite Vatikanische Konzil hat darum klar festgehalten, daß das Ordensleben unverzichtbar zum Leben und zur Heiligkeit der Kirche gehört (vgl. Lumen Gentium 44). Und in seinem nachsynodalen Schreiben über das Ordensleben »Vita consecrata« betont Papst Johannes Paul II. mit Nachdruck: »Ohne die Ordensgemeinschaften wäre die Kirche kälter und ärmer. Ohne sie bliebe die Kirche den Menschen das Zeugnis einer radikal gelebten Nachfolge des Herrn schuldig.«

Diese radikale Nachfolge zeigt sich schon im Dasein der Ordensleute, in der Atmosphäre ihrer Lebensform; wo immer sie in Erscheinung treten, erinnern sie Menschen an Gott und an sein Reich. Ihre alternative Lebensform an sich ist schon Verkündigung. Ihr geweihtes Leben ist auch Gottesdienst im Vollsinn des Wortes. Das Leben von Ordensleuten ist darauf ausgerichtet, Gott in allem anzubeten, ihn zu loben und zu preisen alle Tage ihres Lebens. Sie leben aus der intensiven Verbindung mit Christus. Ihre Häuser und Klöster werden dadurch zu »geistlichen Brunnenstuben« des Glaubens. Ordensleben nimmt auch teil am diakonalen Auftrag der Kirche. Das kann sein das fürbittende und stellvertretende Gebet, ein Dienst des Zuhörens, ein Dienst der geistlichen Vertiefung in Exerzitien und Einkehrtagen, ein leibliches Werk der Barmherzigkeit an den leidenden Menschen. Daneben ist ein zentrales Element der Ordenschristen die »communio«, die Erfahrung von Gemeinschaft, die in einer Welt von Singles und der Einsamkeit zwar gesucht, aber gar nicht so leicht verwirklicht wird. Ordensgemeinschaften verfügen oft über einen enormen Vorrat an Gemeinschaftserfahrungen des Glaubens und Lebenshilfen geistlicher Art, die sie kontinuierlich weitergeben, und die sich in vielen Generationen bewährt haben.

... wenn es die Ordensleute nicht gäbe?

Ordensgemeinschaften sind nicht nur für die Welt, sondern auch und besonders für die Ortskirche eine Bereicherung. Das muß sich nicht immer in pastoralen Diensten oder laikalen Aufgaben niederschlagen. Hier muß ein gewisser utilitaristischer und pragmatischer Standpunkt dem Ordensleben gegenüber überwunden werden. Orden sind und sollen sein eine Art Sauerteig oder Salz in der Kirche, indem sie ihr je eigenes Charisma im Dienst an den Menschen leben.

Orden und Ortskirche ergänzen sich gegenseitig. Die Zukunft der Orden hängt nicht nur von deren Attraktivität ab, von deren vorgelebter Leidenschaft für Gott und die Menschen, sondern in erster Linie von der Glaubenssituation in der jeweiligen Ortskirche. Nur wo der Glaube lebendig ist, finden junge Menschen den Weg in geistliche Gemeinschaften.

Was würde aus der Diözese Innsbruck, wenn es die
Ordensleute nicht gäbe?

Die Orden in ihrer Vielfalt also sind Teil des Volkes Gottes und sind aus dem Erscheinungsbild der Kirche nicht wegzudenken. Deshalb muß das Amt über die Charismen der Orden wachen, damit sie der ganzen Gemeinschaft der Kirche zugute kommen. Diesen Dienst werden die Amtsträger, besonders die Bischöfe, nur leisten können, wenn sie deren Charismen und geistlichem Weg mit großer Offenheit begegnen und sich damit auseinandersetzen.

In dieser Offenheit ist Bischof Reinhold Stecher den Ordensgemeinschaften seiner Lokalkirche immer begegnet. Es gab bis auf wenige Ausnahmen kaum eine Spannung zwischen »Institution und Charisma«. Im Gegenteil: Es gab vor allem eine sehr konstruktive und geschwisterliche Zusammenarbeit zwischen dem Bischof von Innsbruck und den hier ansässigen geistlichen Gemeinschaften. Er hat sie geschätzt und immer großes Verständnis gezeigt, wenn Gemeinschaften versucht haben, hinsichtlich ihrer Spiritualität und Dienste ein möglichst klares Profil zu zeigen.

Bischof Reinhold wußte um das große Geschenk von Barmherzigen Schwestern, Kreuzschwestern oder Ursulinen, die vor allem in Sanatorium und Schule ihr Apostolat verwirklichen. Er war dankbar und hat selber immer wieder hingewiesen auf die Klosterkirchen, in denen Menschen das Sakrament der Versöhnung empfangen können, wie bei den Kapuzinern, den Serviten oder den Redemptoristen. Und er war stolz auf seine Jesuiten mit ihrer Theologischen Fakultät. Seine Beziehung zu den Ordensleuten war vielleicht auch deshalb so stark persönlich geprägt, weil ein leiblicher Bruder Konventuale des Innsbrucker Franziskanerklosters ist.

Die Lipizzaner Gottes

Ja, Reinhold Stecher selber war einmal nicht abgeneigt, in das Prämonstratenserstift Wilten einzutreten. Als Bewohner von Wilten war er als Bub Ministrant in der Basilika »Maria unter den vier Säulen«. Der dortige sehr bekannte und legendäre Pfarrer und Prior des Stifts, Dominikus Dietrich, soll einmal zu ihm gesagt haben: »Reinhold, kimm zu ins, nácha wearsch Prälåt!« (Reinhold, komm zu uns, dann wirst du Prälat!).

Mit Wilten war Bischof Reinhold immer sehr verbunden. Als Theologiestudent wohnte er mit dem späteren Abt Alois Stöger gemeinsam in einem Zimmer im Canisianum. Später als Religionsprofessor kam der Priester Reinhold oft ins Internat »Norbertinum« als Beichtvater oder auch um dem Konvent Exerzitien zu geben. In der Zeit seines Bischofsamtes gab es immer eine wunderbare Zusammenarbeit und ein gegenseitiges Sich-Unterstützen, gerade und vor allem in schwierigen pastoralen Situationen. Einmal ist Bischof Reinhold zu einem Fest des Konvents gekommen. Beim Betreten des Refektoriums, in dem schon alle Wiltener Chorherren in ihren weißen Habiten versammelt waren, hat er schelmisch bemerkt: »Sind sie nicht schön, die Lipizzaner Gottes!«

Auch in Wilten beheimatet sind die Schwestern im Karmel St. Josef. Reinhold Stecher hat sehr auf das Gebet dieser Schwestern vertraut. Immer wieder schrieb er ganze Listen von Anliegen, die dann im Betchor der Schwestern ausgehängt wurden. Unvergeßlich bleibt den Schwestern die herzliche Freundschaft Bischof Stechers mit der damaligen Altpriorin Mutter Emmanuela, die ihre letzten Jahre ganz für das Aufblühen der KAJ eingesetzt hatte. Als sie 94jährig zum Sterben kam, überraschte der Bischof sie, indem er in ihrer Zelle blitzschnell alles für eine Eucharistiefeier vorbereiten ließ. Als Mutter Emmanuela aus ihrem Schlummer erwachte, feierte Reinhold Stecher die hl. Messe »als Zeichen des Dankes der Diözese für ihr Leben«, wie er sagte. Mutter Emmanuela war sehr ergriffen über diese Güte. Kaum war er aus den liturgischen Kleidern geschlüpft, ließ sie den Herrn Bischof nochmals zurückbitten. Als dieser danach ihre Zelle verließ, sagte er – sichtlich bewegt: »Selig die Bischöfe, die im Karmel ihren Anker geworfen haben!«

Bischof Reinhold Stecher sagte öfters auch, daß seine Diözese auf drei Säulen stehe: auf der »Ewigen Anbetung«, den »Herz-Jesu-Damen« in Hall und auf dem Karmel. Daraufhin wurde ihm anläßlich eines Festtags seine Diözese aus Styropor überreicht, getragen von einer Schwester der Ewigen Anbetung, einer Weißen Dame und einer Karmelitin in ihren ordensspezifischen Habiten.

In der Diözese Innsbruck gibt es derzeit 15 männliche und 26 weibliche Ordensgemeinschaften. Ich kann daher hier nicht alle erwähnen. Aber diese wenigen Beispiele zeigen hoffentlich etwas von der großen Wertschätzung Reinhold Stechers gegenüber den Orden. Als Vorsitzender der männlichen Superiorenkonferenz Tirols und auch als persönlicher priesterlicher Freund möchte ich Bischof Reinhold Stecher danken für diese Offenheit, vor allem für diese vorbildliche Zusammenarbeit zwischen Ortskirche und Orden.

3

Ämter und Dienste in der Kirche

Reinhold Stecher hat sich als Bischof wiederholt zu Ämtern und Diensten in der Kirche geäußert. Dabei ging es ihm nicht in erster Linie um die Problematik der »viri probati«, sondern vor allem um die Art und Weise der Ausübung. Mit seinem Wahlspruch »Dienen und vertrauen« hat er sich selbst ein Programm gegeben, das zu weiterem Nachdenken über Ämter und Dienste einlädt.

SEVERIN LEITNER SJ

Priesterseminar: Schule des Evangeliums

Beim Besuch einer befreundeten Familie begegnete ich zum ersten Mal dem neugeweihten Bischof von Innsbruck. Diese kurze Begegnung hat genügt, um zu spüren, daß mich mit Reinhold Stecher mehrere zentrale Interessen und Anliegen verbinden. Unter ihnen war und ist das wohl zentralste die spirituelle Begleitung und Bildung von Menschen. Oft haben wir darüber diskutiert. Ich konnte damals nicht wissen, daß dieser Bereich einmal eine meiner Lebensaufgaben werden sollte: als Novizenmeister der Österreichischen und der Schweizer Jesuitenprovinz und als Regens des internationalen Priesterseminars Canisianum in Innsbruck, zu dessen Schülern Reinhold Stecher gehört. Ich verdanke ihm unzählige Anregungen. Nicht zuletzt unser Austausch über Fragen der Priesterausbildung hat mir viel geholfen.

Denn Priesterausbildung ist ein umstrittenes und zum Teil affektgeladenes Thema. Nach dem Zweiten Vatikanischen Konzil (1962/65) geriet das Berufsbild des Priesters in eine starke Krise. Von der Diskussion über Rolle und Profil des Priesters war natürlich auch die Ausbildung der Kandidaten zum Priestertum betroffen, was auch Bischof Reinhold Stecher nicht verborgen blieb. In den letzten Jahrzehnten sind jedoch einige Linien klarer geworden, insbesondere durch das Rundschreiben »Pastores dabo vobis« Papst Johannes Pauls II. von 1992, das auf dem Dekret über die Ausbildung der Priester »Optatam totius« (1965) aufbaut und die mehr als 25jährige nachkonziliare Erfahrung berücksichtigt[1].

Die Ausbildung zum Priester ist mit jeder anderen speziellen Ausbildung vergleichbar. Der Student muß Theorien lernen und verstehen und sie in Praxis überleiten, wie etwa auch in technischen Berufen oder in der Medizin. Die Praxis muß immer wieder an theoretischen Entwürfen gemessen und verbessert werden. Die Ausbildung zum Priester teilt mit anderen Berufsausbildungen noch etwas: Sie muß, soll sie gelingen, von Freude und Begeisterung an der Sache getragen sein. Aber sie unterscheidet sich in einem wesentlichen und zentralen Punkt: Beim Priester müssen Botschaft und Bote, Inhalt und Verkündiger – ähnlich wie bei Jesus selbst – zu einer Einheit verschmelzen. Der Priester kann sich nicht distanzieren von dem, was er beruflich tut. Was dem Kandidaten in der Weihehandlung zugesagt wird, muß zu einer einzigen Wirklichkeit werden: »Was du liest, ergreife im Glauben, was du glaubst, das verkünde, und was du verkündest, erfülle im Leben.« Mit dem Erwerb von intellektueller Kompetenz und der Einführung in die Praxisfelder ist die Ausbildung keineswegs abgeschlossen. Ein Priester muß menschlich und geistlich hineinwachsen in das, was man als Zeugenschaft (*martyria*) bezeichnen könnte. Er muß sich tief einwurzeln in das Christusgeheimnis und lernen, daraus zu leben. Sein Empfinden, Denken und Handeln vollzieht sich vor dem Hintergrund des Gerufenseins durch Christus zum Dienst an den Menschen. Diese Berufung nimmt einen Menschen total in Anspruch. Darauf vorzubereiten ist Aufgabe des Priesterseminars als einer »Schule des Evangeliums«[2].

1. Etappen der Ausbildung

Aufgrund einer Apostolischen Visitation der Seminare hat die Kongregation für das katholische Bildungswesen in einem Schreiben von 1998 die Einführung einer Zeit vorgeschlagen, die die jungen Männer, die in das Priesterseminar eintreten wollen, vorbereiten soll: die sogenannte propädeutische Phase. Die römische Kongregation hat damit den Beratungen der 8. Ordentlichen Vollversammlung der Bischofssynode (30. 9. bis 28. 10. 1990) und der dringenden Anregung von »Pastores dabo vobis« (Nr. 62) sowie den Erfahrungen der Regenten der Seminare Rechnung getragen, wonach die Kandidaten durch große Unterschiede in der Herkunft und in den Voraussetzungen geprägt sind. Zum Teil hatten und haben sie kaum Berührung mit dem kirchlichen Leben, waren nicht in einer gewachsenen Pfarrgemeinde integriert oder hatten wenig Erfahrung mit dem kirchlichen liturgischen Leben. In Österreich wurde das Propädeutikum als Einrichtung der Bischofskonferenz im März 1999 eingeführt.

1.1 Das Propädeutikum

Es verfolgt das Ziel, jungen Männern, die sich auf den Weg der Priesterausbildung begeben möchten, ein Jahr zu gewähren, in dem sie auf ihr Leben blicken und einige Situationen und Etappen ihrer Lebensgeschichte genauer betrachten und bearbeiten können. Sie haben auch die Möglichkeit, einige Vorbereitungsarbeit zu leisten (Griechisch oder Latein, Umgang mit Computern, erste Einführung in die

Heilige Schrift, in das Gebet und Einblick in das Leben der Kirche durch Kontakte mit Pfarreien, Einübung des Lebens in Gemeinschaft u. a.). Durch die biographische Situation der einzelnen Kandidaten ist nicht von vornherein klar, daß diese Voraussetzungen bei allen gegeben sind. Viele Kandidaten kommen heute nach abgeschlossener Berufsausbildung, andere nach ganz oder teilweise abgeschlossenem Universitätsstudium, andere kommen von geistlichen Bewegungen usw. Die Diözesen sind daran interessiert, daß bei den Seminaristen vergleichbare Voraussetzungen am Beginn des Weges im Seminar gegeben und daß Motivations- und Eignungsfragen einigermaßen geklärt sind.

Der Weg zu diesem Ziel. Die Kommunität des Propädeutikums bildet eine Lerngemeinschaft. Es wird das Leben und die Ordnung einer »Vita communis« eingeübt. Die inhaltliche Arbeit kennt mehrere Phasen, die von Referenten von außen begleitet und angeregt werden. In der ersten Phase versuchen die Kandidaten unter fachkundiger Anleitung ihrer Biographie nachzugehen, um tieferen Einblick in ihre eigene Lebensgeschichte zu bekommen. Nach einem angemessenen zeitlichen Abstand folgt die Bearbeitung der religiösen Biographie: Welche Erfahrungen mit Gott, mit Gebet, mit den Sakramenten hat einer gemacht? Gibt es Entwicklung, Reifung, Veränderung in der Gottesbeziehung? Heilsgeschichte wächst nicht nur im Großen, sondern auch im Kleinen: Dieser persönlichen Heils- bzw. Unheilsgeschichte, der Geschichte des persönlichen Abfalls und der Neuanfänge nachzuspüren, ist das Ziel der zweiten Phase. Es folgt als dritter Schwerpunkt die Beziehung zur Kirche. Welche Erfahrungen hat einer mit der Kirche gemacht? Wie ist seine Beziehung zur Kirche gewachsen und wer hat ihm dabei geholfen? Erfahrungsgemäß haben heute junge Menschen verschiedene »Kirchen-Erfahrungen« (Intensivbegegnungen mit charismatischen Persönlichkeiten, Kontakte mit geistlichen Bewegungen und Erweckungserfahrungen), nicht selten aber ohne genügende Verbindung mit einer lebendigen Gemeinde. Die Teilnahme am Leben einer Gemeinde durch ein Praktikum konkretisiert die Erfahrungsbasis.

Zwei Etappen sind für das propädeutische Jahr von besonderer Bedeutung: das Sozialpraktikum und die Bibelschule. Das etwa sechswöchige Sozialpraktikum steht bewußt unter dem großen Vorzeichen der Nachfolge Christi und ihrer Konkretion im Einsatz für Arme. Hier kommen die Propädeutiker auch in einen längeren und intensiveren

Kontakt mit der eigenen Diözese, dem eigenen Priesterseminar und mit Pfarreien. Die Bibelschule in Israel gegen Ende des Jahres (nach Ostern) vermittelt eine lebendige Begegnung mit der Welt der Bibel und zugleich eine intensive Erfahrung eines Stücks gemeinsamen Glaubensweges.

Das Ziel des Propädeutikums ist nicht bei allen dasselbe. Für einen Kandidaten mit natürlichen, gewachsenen religiösen Erfahrungen und theologischem Wissen wird es eine Zeit persönlicher Vertiefung und ruhiger Vorbereitung auf den Weg im Seminar sein. Für einen Kandidaten mit eher wenigen religiösen Erfahrungen, aber mit viel Freude und Begeisterung wird es eine Zeit neuer und interessanter Glaubenserfahrungen und eine Periode intensiven Lernens und damit eine wertvolle Hilfe für das Seminar sein. Für die Erfahreneren ist somit das Propädeutikum eine Phase der Vertiefung und Reifung, aber auch der Mitverantwortung für Mitbrüder, die diesen Weg beginnen. Aus diesem Grund werden kaum Ausnahmen vom Propädeutikum gemacht. Am Ende steht nach klärenden Exerzitien und einer Evaluation des ganzen Prozesses die endgültige Entscheidung über die Aufnahme ins Seminar. Das Propädeutikum verändert gewiß auch den Weg der Seminarien: Die Studenten kommen anders eingestimmt und mit ähnlichen Erfahrungen an, wohl auch mit mehr Einblick in die eigene Lebensgeschichte und in die Motivationen und daher auch mit einem erweiterten Freiheitsspielraum in das Seminar.

1.2 Der Weg im Seminar

Der Weg im Priesterseminar[3] ist durch eine dreifache Zielsetzung markiert, wie sie das Zweite Vatikanum und Papst Johannes Paul II. in den bereits erwähnten Dokumenten dargelegt haben. Die *erste Dimension* in der Ausbildung eines Priesters ist die Entwicklung des menschlich-persönlichen Fundaments, des »Humanum«: »Damit sein Dienst menschlich möglichst glaubwürdig und annehmbar ist, muß der Priester seine menschliche Persönlichkeit so formen, daß er sie für die anderen bei der Begegnung mit Jesus Christus, dem Erlöser des Menschen, zur Brücke und nicht zum Hindernis macht.«[4]

Das Seminar verhilft zu weiterem menschlichem Wachstum, tieferer Einsicht in seine eigene Gefühlswelt, in seine persönlichen, menschlich-biographischen Grenzen, in seine Stärken und Schwächen. Hier muß sich zeigen, ob ein junger Mensch bereit und fähig ist, persönlich-menschliche Grenzen anzuerkennen, ohne in Selbstzweifel zu fallen (Realitätsprinzip), sich führen zu lassen, ohne sich ständig vor anderen (Autoritäten oder Mitseminaristen) beweisen zu müssen (Beziehungsfähigkeit), sich korrigieren und führen zu lassen, ohne sich in allem zu rechtfertigen und zu verteidigen (Lernbereitschaft). Hierher gehört auch die Auseinandersetzung mit seiner Affektivität, mit Emotionalität und Sexualität. Die Beziehungsfähigkeit ist für den Priester die wichtigste Kompetenz. Wie soll er Zeuge für die Liebesbeziehung Gottes sein, wenn er selbst beziehungsunfähig ist? Freiheit kann nur wachsen auf dem Boden von Verbindlichkeit und in Anerkennung von Grenzen. Ein weiterer Punkt ist die Pflege der Werte des Gemüts, der Kultur, des Künstlerischen. Das aber hat zu tun mit der Bildung des Herzens. Ein Mensch, der Seelsorger sein wird und für das Innerste und Zarteste des Menschen sorgen will, muß ein hohes Maß an Sensibilität entwickeln. Wie aber soll es anders möglich sein als dadurch, daß er die innerste Mitte, die Zerbrechlichkeit und Verwundbarkeit in sich selbst wahrnimmt?

Die *zweite Dimension* ist die spirituelle Formung. Im Lauf der Jahre sollte sich jeder Seminarist einen spirituellen Erfahrungsschatz erwerben, durch den er in einer Gemeinde selbst ein »In-spirator« sein kann. Das heißt: Er lernt, mit dem sakramentalen Leben und mit Gebet umzugehen[5]. Gebet und Studium der Theologie sind in eine lebendige Verbindung zu bringen. Beeinflussen das Studium der Dogmatik, der Exegese und Bibeltheologie das Gebet eines Seminaristen oder bleiben sie einander fremde Wirklichkeiten? Die *Betrachtung der Heiligen Schrift*, für die es viele Formen gibt, erlaubt ein tieferes Eindringen in das Leben des Herrn und eine »cognitio intima« (innerste Erkenntnis) des rufenden Herrn. Das *ruhige Verweilen in der Gegenwart Gottes*, wie sie in verschiedenen Formen der Kontemplation gesucht und geübt wird, ermöglicht nicht nur ein ahnungsvolles Staunen über das Geheimnis Gottes, sondern auch ein feines und lebendiges Erspüren der Größe und der Abgründe des eigenen Wesens[6].

Dazu gehört die *geistliche Begleitung* des Weges[7]. Es ist eine Herausforderung an einen jungen Menschen, sein Leben und seinen Weg im Licht des Wortes Gottes und im Gespräch mit einem Menschen zu prüfen und ihn immer mehr auf Christus hin durchsichtig zu machen[8]: lebenslanges Bemühen und lebenslange Bekehrung! Die *Mitfeier der Eucharistie und die Feier des liturgischen Offiziums* gewährleisten ein tiefes Hineinwachsen in das geistliche Leben der Kirche selbst, deren tiefster Grundvollzug die Anbetung Gottes und der frohe Dank ist. In der *Praxis des Sakraments der Versöhnung* vergewissert sich der Seminarist des eigenen tiefsten, alle Schichten seines Wesens umfassenden Angenommenseins durch Gott. Hier erneuert sich die in der Taufe grundgelegte Gotteskindschaft und die im Lauf der Zeit gewachsene Freundschaft mit dem Herrn. Hier entwickelt sich aber auch der Sinn für die eigene Verletzlichkeit und für die Verdanktheit allen menschlichen Wachstums. Der Seminarist ist herausgefordert, seinen Weg in einer Lerngemeinschaft zu gehen. Darin liegt die Chance des Seminars. Die Seminaristen haben ein Recht auf einen Wachstumsweg, auf dem sie auf den verschiedensten Feldern Erfahrungen machen und sich so das Rüstzeug für ihre spätere Sendung aneignen können.

Die *dritte Dimension* ist die wissenschaftliche Ausbildung. Während die zweite Dimension die Bildung des Herzens im Blick hat, geht es hier um die Bildung des Verstandes. Eine sorgfältige wissenschaftliche Ausbildung kann nicht hoch genug eingeschätzt werden. Sie hat zum Ziel, zur späteren Tätigkeit zu befähigen, das Evangelium Christi in einer konkreten Umwelt und in einer konkreten Gesellschaft zu verkündigen. Johannes Paul II. schreibt: »Der engagierte Einsatz für das Studium, der einen Großteil des Lebens des Kandidaten während seiner Vorbereitung auf das Priestertum einnimmt, ist in der Tat keine äußerliche und nebensächliche Komponente seines menschlichen, christlichen und geistlichen Hineinwachsens in die Berufung: in Wirklichkeit kommt der künftige Priester durch das Studium, vor allem der Theologie, zu einer engen Verbindung mit dem Wort Gottes, wächst in seinem geistlichen Leben und bereitet sich auf die Erfüllung seines pastoralen Dienstes vor.«[9] Es können zwei Ebenen unterschieden werden: Ausbildung und Information einerseits, Bildung und Formung andererseits.

Die *vierte Dimension* ist die pastorale Befähigung. Das erste Feld der pastoralen Befähigung ist das Üben und Lernen auf dem Feld der Kommunikation und der Gemeinschaftsfähigkeit. Heute sind Praktikumsordnungen in den einzelnen Diözesen zum Teil vorbildlich ausgebaut. Es werden auch die Pfarren meist sorgfältig ausgewählt (»Ausbildungspfarren«). Dazu kommt das Diakonats- bzw. Pastoraljahr, in dem der angehende Diakon ausdrücklich an der pfarrlichen Seelsorge teilnimmt. Es wird begleitet von theoretischer Reflexion, gemeinschaftlicher Auswertung und Trainings in Kommunikation.

Ich möchte hier einen Wunsch anbringen: Der Priester ist heute wie kaum ein anderer Beruf in verschiedenste Bereiche involviert. Seine Aufgaben erfordern ein hohes Maß an Führungskompetenz. Junge und ältere Priester könnten sich viel Mühe und Enttäuschungen ersparen, wenn in der Ausbildung auch dieser Aspekt (Management, Konzepterstellung, Kooperationsfähigkeit auf verschiedenen Ebenen; Vorbereiten und Leiten von Entscheidungsfindungsprozessen; Umgang mit Konflikten usw.) mehr berücksichtigt würde[10].

2. Elemente eines priesterlichen Lebensstils

Die Lerngemeinschaft des Seminars hat die Aufgabe, einem jungen Menschen, der dem Priestertum entgegengeht, ein Rüstzeug in die Hand zu geben, damit er später als Priester seiner Sendung entsprechen kann. Sie besteht nicht in einem Leben unter Leistungsdruck und Fremdbestimmtheit, sondern im Zeugnis für die Jüngerschaft des Herrn und die Leitung der Gemeinde. Man kann nicht über priesterlichen Lebensstil im allgemeinen sprechen. Vieles hängt von kulturellen Gegebenheiten, von den Umständen und von der konkreten Person ab. Daher soll hier von einigen grundsätzlichen Dingen gehandelt werden, die auf jeden Fall in die eigene Lebenswelt hineinzubuchstabieren sind.

– *Christus als Mitte des Lebens.* Der Priester hat die schwierige und täglich zu übende Aufgabe, sein Leben ganz aus Gott, aus der Meditation der Heiligen Schrift und aus der Eucharistie zu gestalten. Hier gibt es die paradoxe, aus der gelebten Glaubenserfahrung entspringende Wirklichkeit: Nur wer ganz bei Gott ist, kann ganz bei sich sein und nur wer sich wahrhaft und dankbar bis in seine eigene Tiefe hinein annimmt, kann auch ganz bei Gott sein. Ein Mensch, der mit sich selbst hadert und uneins ist (Minderwertigkeitsgefühle, Ängste), kann schwerlich dankbar bei Gott sein. Es gibt aber auch einen frommen Egoismus: wenn einer in seinem Gebet zu Gott nur sich selbst, seine Bitten und Nöte oder nur sein moralisches Gutsein im Blick hat. Wir sind in der Tiefe hingeordnet auf die Anbetung Gottes und das Wohl des Mitmenschen. Von dieser Mitte her lebt die Seminargemeinschaft und jeder einzelne.

– *Dank und Vertrauen.* Diese beiden Haltungen sind gleichsam Geschwister des Glaubens. Jedes Gebet in der Heiligen Schrift beginnt immer mit dem Dank. Jedes Gebet drückt das ganz grundsätzliche Vertrauen auf Gott aus. Der Dank ist das Gedächtnis des Herzens. Dank ist Ausdruck von Aufmerksamkeit, Zuwendung und Feinfühligkeit. Sie sind die Prägemerkmale der Wahrnehmung und Begegnung.

– *Versöhnung.* Als Getaufte sind wir von Gott mit der Gnade der Versöhnung beschenkt; im passiven Sinn: Gott hat uns mit sich versöhnt, und im aktiven Sinn: Gott hat uns die Kraft zur Versöhnung anvertraut und uns zu Boten der Versöhnung gemacht. Das ist einer der Grundaufträge des Priesters von Christus her: Sich selbst mit Gott versöhnen zu lassen, aber auch Helfer für die Menschen zu sein, in ihrer Versöhnung mit Gott und untereinander (2 Kor 5, 20). Es gibt Situationen, wo einem die Versöhnung schwerfällt, weil man enttäuscht oder in seiner Würde als Person verletzt, mißbraucht oder hintergangen worden ist. Aber auch in diesen Situationen müssen wieder die Versöhnung und der Dialog gesucht werden.

– *Dialog.* Zum Profil des Priesters gehört die Fähigkeit zum Dialog. Ein Priester ist nie ein Privatier, der ausschließlich seinen Interessen nachgeht. Er ist grundsätzlich Gesandter durch Christus, Gesandter des Evangeliums. Sein Anliegen und seine Leidenschaft sind das Zeugnis für die Liebe Gottes und die Evangelisierung der Welt. Er selbst ist als Mensch ein Liebesbrief, »ein Empfehlungsschreiben« von Christus an die Menschen (vgl. 2 Kor 3, 1-4). Daher ist es gut, sich zu fragen: Wie treu bin ich den Menschen? Ist mir der andere ein Anliegen? Habe ich mich bemüht, seinen Reichtum zu entdecken oder hänge ich an Vorurteilen? Wie halte ich es mit der Gesprächsbereitschaft im ökumenischen Sinn? Echter Dialog braucht Zeit, Qualität und Weite.

– *Leben in Spannungsverhältnissen.* Immer leben wir inmitten verschiedener Spannungsverhältnisse, zwischen denen eine gute, lebbare Balance zu suchen ist. Das geschieht dadurch, daß wir immer beide Pole festhalten und die Spannung nicht auf die eine oder andere Seite hin auflösen: Arbeit und Ruhe; Sammlung und Zerstreuung; Geben und Empfangen; Nähe und Distanz zu den Menschen; bei den Menschen sein und an ihrem Leben teilnehmen und zurückgezogen sein und gesammelt bei Gott verweilen, Rezeption (Aufnehmen von Inhalten, Bildern, Symbolen) und Kreativität (Suchen des eigenen Ausdruckes in Worten, Bildern, Gesten), die Fähigkeit zum Genießen und Verzicht. Indem diese Spannungsverhältnisse gelebt und als solche gespürt und festgehalten werden, formt sich eine Gestalt und Einheit der Person, die Raum und Zeit hat für vieles. Bei einem solchen Menschen finden auch Suchende Halt und Orientierung.

– *Leben in Alternativen.* Das Grundzeugnis, das der Priester aus seiner Glaubenserfahrung heraus zu geben hat, ist das Zeugnis von der Liebe Gottes: daß er Gottes besonderes Geschöpf und einzigartig ist (Ps 135). Priester verfallen aber nicht selten in den inneren Zwang, sich vor der Gemeinde, gegenüber Mitbrüdern und vor sich selbst durch große Leistung und viel Arbeit zu rechtfertigen. Die Folge ist Müdigkeit und vorzeitiges »burn-out«. Demgegenüber sollte der Priester mehr das Moment der Fruchtbarkeit leben und lehren[11]. Das kann heißen: der Vorzug der Kooperation vor dem Versuch, alles allein tun zu wollen; der Vorzug der Entwicklung und Ernstnahme der Personen vor der Betonung von Dingen und Sachentwicklungen; Wertschätzung des Armen, Schwachen vor dem Starken, Wertschätzung der Stille, des Gebetes, der Reflexion gegenüber dem raschen Erlebnis. Das Leben des Priesters ist durchaus das Leben eines zeugnishaften Kontrastes.

– *Qualität.* In der sozialethischen Diskussion ist das Wortpaar Qualität/Quantität wichtig geworden. Damit verbindet sich die Kritik an quantifizierendem Denken und Handeln. Qualität verbindet sich mit dem Gespür für menschliche Werte, für Tiefe und Ordnung, für das Echte und für Distanz. Qualitätslosigkeit tritt dort ein, wo Werte ignoriert, Kultur mißachtet und Distanz durchbrochen wird. Qualität bedeutet die Abkehr von Sensation hin zur Besinnung, von der Oberfläche zur Tiefe. Sie bedeutet auch den Mut zu Öffentlichkeit und Standpunkt. Quantität macht den Platz streitig, Qualität ergänzt und verbindet[12].

Solches Leben wird transparent auf Christus hin. Es wird immer unabgeschlossen und fragmentarisch bleiben. Das Faszinierende des Fragments aber besteht darin, daß an ihm sichtbar wird, wie das Ganze gemeint war und gemeint ist.

3. Ästhetik und Lebensstil

Es gibt verschiedene Ebenen, auf denen Personen sich darstellen: Ich gehe in das Zimmer eines Mitbruders: Die Art, wie die Dinge angeordnet sind, welche Bilder aufgehängt sind, vermittelt einen Eindruck von der Atmosphäre, die er ausstrahlt und in der er lebt. Es gibt Menschen, bei denen man sich wohl fühlt. Andere verbreiten eine unangenehme Atmosphäre. Welchen Eindruck vermittelt man durch die eigene Lebenswelt, in die einzutreten man einem Menschen erlaubt? Welche Kultur vermitteln unsere großen Seminare, welcher Lebenswelt entsprechen sie[13]? Ähnliches gilt auch für die

Art der Kommunikation untereinander: Lange bevor man ein Wort sagt, hat man schon längst signalisiert, wie man zu einem Menschen steht, welche Beziehung man zu ihm hat und wünscht. Unser ganzes Leben, die eigene Umgebung und die Art seines eigenen Daseins ist voll von Symbolen, von Botschaften. Daher ist die Frage: Was sage ich durch mein Auftreten, durch meine Art zu leben und mich zu verhalten aus?

3.1 Innere Struktur und äußerer Lebensraum

Wo Menschen sich niederlassen und zusammenleben, verändern und prägen sie Wirklichkeit. Anderseits prägt auch eine Umgebung einen Menschen, der in ihr lebt: ein Prozeß gegenseitiger Beeinflussung, ein Geben und Nehmen. Ein Mensch kann seine Umgebung positiv beeinflussen, er kann beruhigen, verbinden, Leben bringen, die Dinge aufnehmen und mitgestalten, und er kann sie negativ beeinflussen: polarisieren und Mißtrauen verbreiten. Die Frage ist daher berechtigt: Welches Klima hat unser Haus, unsere Gemeinschaft? Welche Wirkungen haben verschiedene Aktionen auf die Gemeinschaft? Es besteht eine subtile Wechselwirkung von Innen und Außen, von innerer seelischer Struktur und äußerer Ordnung, von Kultur des Herzens und äußerem Lebensraum. Hier ist nun schon ein weites Feld der Reflexion und Selbstprüfung. Als gebildete Menschen haben wir eine Verantwortung für die Ästhetik. Für unsere individuellen und gemeinschaftlichen Lebensräume, für den Lebensraum der Gemeinden und unserer Kirchen.

3.2 Symbole

Ein Symbol[14] ist ein Gegenstand, eine Handlung, eine Ausdrucksform, die eine bestimmte Bedeutung vermittelt. Den Sinn und die Bedeutung aber bekommt ein Symbol immer von einem größeren Zusammenhang her. Brot ist nicht nur Nahrungsmittel. Vor dem Hintergrund der christlichen Glaubensbotschaft bekommt es eine andere Tiefe und einen neuen Sinn. Wasser, Licht, der Altar, Kerzen, Weihrauch bekommen ihre Bedeutung aus ihrem kulturellen Umfeld. Glaube lebt von Symbolen und umgekehrt. Symbole sind Zeichen, die uns über unsere Lebenswelt hinausweisen auf die Liebe und Güte Gottes. Auch das Leben ist voller Symbole. Wenn an der Wand einige Fotos von lieben Menschen hängen, dann deshalb, weil diese Bilder eine geheime Verbindung zwischen lieben Menschen herstellen. Wenn ein Mensch einem Freund die Hand gibt, dann ist dieser Gruß Symbol einer menschlichen Beziehung und Wertschätzung. Wenn jemandem ein kleines Geschenk überreicht wird, dann nicht weil er diesen Gegenstand braucht, sondern als Symbol für Beziehung (vielleicht Versöhnung, Vergebung, Zuneigung, Freundschaft, Wertschätzung). Symbol stiftet Gemeinschaft und Gemeinsamkeit. Ein freundlicher Gruß, ein Dank, ein kleines Zeichen verändern die Wirklichkeit. Symbole sind Sinnträger. Wo sie eingesetzt werden, eröffnen sie Kommunikationsräume, Räume für Gespräch, Beziehung, Gebet.

3.3 Diabole

Es gibt auch andere Zeichen, die einem Sinnzusammenhang zuwiderlaufen: Antizeichen. Sie rufen Fragen und Zweifel wach, lassen Mißtrauen aufkommen, bringen nicht Wertschätzung und Liebe zum Ausdruck, sondern Verachtung und Ablehnung. Sie stiften Verwirrung. Auch das können Gegenstände sein, Handlungen, Ausdrucksformen. Wir können sie mit Hermann M. Stenger[15] zum Unterschied von Symbolen Diabole nennen: Zeichen, die dagegenstehen, querliegen und durcheinanderbringen. Diabole haben zu tun mit dem Diabolos, dem Durcheinanderbringer und Verwirrer, der Sinn stören und zerstören will. In diesen Antizeichen paßt etwas nicht. Wenn einander keine Aufmerksamkeit geschenkt wird, wenn einer zum Gottesdienst und bei anderen Gelegenheiten immer zu spät kommt, ist dies deshalb so störend, weil es ein Antizeichen ist.

3.4 Symbole und Diabole in der Gemeinschaft

Symbole entstehen in einer Gemeinschaft dann, wenn Äußeres und Inneres übereinstimmen. Die Weise gemeinschaftlichen Betens ist Symbol des gemeinsamen Hingeordnetseins zur einen Mitte, die Christus ist. Hier ist eine kleine Zu-Neigung Symbol für brüderliche Zuneigung. Die äußerlich erkennbar gelebten evangelischen Räte werden zu Symbolen der inneren Übereinstimmung mit den fundamentalen und gemeinsam gelebten Werten des Evangeliums. Das Leben selbst wird zur Zeichensprache, die verstanden wird. So gewinnt das gemeinsame Leben quasi sakramentalen Charakter: Die äußere Dimension deutet hin und ist getragen von einer inneren Sinndimension. Indem die äußere Dimension unseres gemeinsamen Lebens ernstgenommen, gepflegt und auf die innere Sinndimension abgestimmt und von ihr inspiriert wird, läßt sie diese konkret werden. Gnadenhaft wird sie nochmals erhöht und gerät zum sichtbaren Zeugnis für den Herrn und sein Reich. Das Sichtbare wird Zeichen für inneres Wollen. Das gibt Transparenz und Klarheit und schafft Vertrauen.

Es gibt in jeder Gemeinschaft auch die Gefahr der Diabole: Wenn zwar auf verbaler Ebene in den Zielen und Werten Übereinstimmung herrscht, aber auf der Ebene der Praxis vieles anders läuft, Dinge willkürlich kritisiert, Ordnungen umgangen werden. Die Praxis falsifiziert die verbale Bejahung der Ziele und Werte. Ein Seminarist sagt etwa: Er möchte sich der Ausbildung wirklich unterziehen. Aber er hat seine eigenen Agenda, die ihm immer wichtiger sind als die Erfordernisse der Gemeinschaft. Er wird sich nicht verändern. Die konkrete Praxis ist die Falsifikation seiner verbalen Ziele und Ideale. Das, was einer tut und lebt, gibt Zeugnis und ist Symbol vom Gegenteil dessen, was er als Ziel verbal festhält. Hier entstehen Mißtrauen, Verwirrung, Verführung und Gefährdung. Es ist daher heilsam und gut, wenn sich Seminaristen und Seminarleitung gelegentlich Rechenschaft geben über die Fragen nach gemeinsamen Zielen und Idealen.

4. Die evangelischen Räte

Wenn hier von den evangelischen Räten[16] gesprochen wird, dann habe ich das Versprechen im Blick, das Weihekandidaten vor der Diakonen- bzw. Priesterweihe ablegen, und nicht die Profeßgelübde von Ordenschristen. Einem Diözesanpriester geben die evangelischen Räte eine bestimmte Orientierung, deren genaue Verwirklichung der Verantwortung und Hingabebereitschaft des einzelnen anheimgegeben ist. Sie sind nicht Normen und Gesetze, wie sie im Evangelium auch zu finden sind, sondern Räte: Ratschläge dessen, der aus dem Evangelium spricht; Ratschläge an einen Menschen, der den Weg der Nachfolge in der Form des Priestertums geht. Es sind also Ratschläge des besten Freundes, nämlich von Jesus. Seine Ratschläge wird keiner leichtfertig ausschlagen.

Alle evangelischen Räte können letztlich nur aus einem geistlichen Fundament heraus gelebt werden, nicht aus einer funktionalen Begründung: nur im Blick auf den Herrn, der für uns Mensch geworden ist und uns in unserer Vorläufigkeit und Unvollkommenheit angenommen hat, können wir das Wagnis eines Lebens nach den evangelischen Räten eingehen. Als Stilelement des priesterlichen Weges und Lebens haben sie einige Merkmale gemeinsam, die als solche schon wesentlich das Profil eines Lebens und Weges des Priesters bestimmen. *Erstens*: Sie verlagern das Gewicht und die Aufmerksamkeit von sich weg und auf Gott und den Mitmenschen hin: Damit rücken sie den Menschen aus seiner Ich-Zentriertheit heraus und machen Gott und den Mitmenschen zu seiner Lebensmitte. Sie machen den Menschen, den Priester oder Ordenschristen in diesem Sinn zum exzentrischen Menschen. Seine Mitte liegt außerhalb seiner selbst. *Zweitens*: Sie rücken das Leben des Priesters immer und grundsätzlich in den apostolischen Kontext hinein; apostolisch bedeutet eben, den Aposteln Christi entsprechend, von Christus zu den Menschen gesandt. *Drittens*: Das Gelingen dieses Lebens ist grundsätzlich, wie der Glaube überhaupt, Geschenk der Gnade.

Damit ist der Priester nicht ontologisch »mehr« oder mit einer höheren Würde von Gott her ausgestattet, aus welcher er größere Rechte ableiten könnte, sondern er braucht um so mehr die Gnade Gottes, wenn sein Leben gelingen soll. Er braucht aber auch eine um so größere Konsequenz und Verantwortung für sein Leben. Daher gehört eine natürliche und ehrliche Demut und Bescheidenheit ebenso zum Leben des Priesters wie eine gesunde Askese[17].

4.1 Armut: Vertrauen auf Gott allein

Der evangelische Rat der Armut[18] wird im Weiheritus nicht ausdrücklich genannt. Aus dem, was der zukünftige Diakon oder Priester verspricht, ist jedoch die Haltung dieses evangelischen Rates klar ersichtlich. »Pastores dabo vobis« spricht (in Nr. 30) überraschend ausführlich vom evangelischen Rat der Armut. Im Weiheritus fragt der Bischof: »Seid ihr bereit, den *Armen und Kranken* beizustehen und den Heimatlosen und Notleidenden zu helfen?« Der Bischof fragt außerdem: »Seid ihr bereit, nach dem Bild und Beispiel Christi, dessen Leib und Blut euch zur Ausspendung anvertraut wird, euer eigenes Leben zu gestalten?« Die Kandidaten antworten: »Mit Gottes Hilfe bin ich bereit«. Im ersten Versprechen geht es um die Hingabe an die Armen, Kranken, Notleidenden und Heimatlosen, Gruppen, die die Seligpreisungen (Mt 5, 2-12) und die Gerichtsrede (Mt 25, 31-46) im Blick haben. Im zweiten Versprechen geht es um die Angleichung an das Beispiel Christi, dessen Leib und Blut dem Priester und Diakon zur Ausspendung anvertraut ist. Es geht also um die Angleichung an den arm gewordenen Herrn (Phil 2, 6; 2 Kor 8, 9), der sich in der Eucharistie verschenkt.

Es ist gut, mit dem Ausdruck »Armut« behutsam umzugehen[19]. Denn eines ist es, wirkliche Armut am eigenen Leib zu verspüren, zu hungern, weil man arm ist. Etwas anderes aber ist es, inmitten guter Beziehungen, ausgezeichneter Lebensbedingungen, in materieller Sicherheit, aber einfach zu leben. Wirkliche Armut ist immer verbunden mit Ausgesetztheit und Unsicherheit. Ist es da nicht redlicher, von »einfachem Lebensstil« oder »Anspruchslosigkeit« zu sprechen? Die Grunddimension menschlichen Lebens, um die es hier geht, ist die Dimension des Habens, der Lebensgestaltung und der Sicherheit im Leben. Daher liegt der tiefere Grund für die Schwierigkeit in der evangelischen Armut im Sicherheitsbedürfnis des Menschen. Es ist eine Frage des Vertrauens, Dinge weggeben zu können und auf sie zu verzichten.

Menschen werden von Jugend auf erzogen, Leistungen zu erbringen. Leistungen werden entlohnt. Je größer die Leistung, desto höher der Lohn, desto größer das Ansehen, desto größer der Wert. Schließlich ist klar, daß nur der etwas wert ist, der etwas leistet und sich daher auch etwas leisten kann. Geachtet und beachtet wird, wer Vermögen hat, und wer Vermögen hat, vermag viel – mehr als andere! Der Wert des Menschen bemißt sich nach dem Haben. In den Augen Jesu zählt eine andere Logik. »Erfolg« ist nach Martin Buber »keiner der Namen Gottes«! Jesus hat sich jenen zugewandt, die nichts haben. Er hat die Jünger aufgefordert, auf Gott zu vertrauen, die Ruhe in Gott zu suchen und aus diesem Vertrauen heraus zu leben. Hier gibt es die Gefahr unredlicher »Kompensationsgeschäfte«. Man redet von Armut und einfachem Leben, pflegt aber einen aufwendigen Lebensstil mit teuren Hobbys.

Im »Stunden-Buch« spricht Rainer Maria Rilke von den Armen als den bloß Nicht-Reichen: »Die Armut ist ein großer Glanz aus Innen.«[20] Die evangelische Haltung der Armut ist eine Gnade und eine Geisteshaltung, die der Glaubende vom Herrn erbitten muß. Er kann sie nicht antrainieren oder selbst erzeugen. In beharrlicher Betrachtung des Beispiels Jesu wird der Herr selbst auf den Weg zur Haltung der Armut und des Vertrauens führen. Karl Hillenbrand rät, man solle von Zeit zu Zeit alle Beziehungen, Gegenstände und Erfahrungen auflisten, auf die man nur schwer oder gar nicht verzichten könne, und sich fragen, warum man von ihnen abhängig sei. Vielleicht erschrecken wir, weil wir uns eingestehen müssen, daß wir in vieler Hinsicht abhängig sind. Aber solches Erschrecken tut gut, es gibt Einsicht in seine Seele und befreit[21].

4.2 Ehelosigkeit: Beziehungen leben

Der zweite evangelische Rat, die ehelose Keuschheit[22], ist heute stark in Diskussion. In der Ostkirche gilt die Institution des Zölibats der Priester nicht allgemein, sondern nur für Ordensmänner und für Priester, die nicht vor der Diakonenweihe geheiratet haben[23].

In der Weiheliturgie zu Diakonat und Priestertum versprechen die Kandidaten, auf die menschliche Ergänzung durch eine Frau im Leben einer Familie und damit auf eigene Kinder und die generative Kraft als Mann zu verzichten. Sie versprechen aber nicht, geschlechtslose Wesen zu sein, auch nicht, auf mitmenschliche Beziehungen und Freundschaften zu Frauen zu verzichten. Sie verzichten auf diese Beziehungen in einem exklusiven Sinn. Die Kirche wünscht diesen evangelischen Rat nicht aus einer dualistischen Ablehnung der Körperlichkeit oder aus Sexualfeindlichkeit, sondern als Zeichen der Hingabe an Christus den Herrn um des Himmelreichs willen und als Zeichen der Bereitschaft, den Menschen zu dienen.

Auch die Ehelosigkeit knüpft bei einer zentralen Haltung Jesu an. Jesus hat nicht beziehungslos gelebt, sondern aus seiner tiefen Beziehung zum Vater und von daher aus tiefen Beziehungen mit Menschen. Die Beziehung zum Vater ordnete ihn hin auf die Beziehungen zu Menschen und die Verwirklichung des Reiches Gottes. Daraus erwuchs seine Leidenschaft für die Menschen. Jesus teilte mit den Jüngern die tiefe Beziehung zum Vater. Diese aber trat bei ihm nicht in Konkurrenz zu seiner Beziehung zu den Menschen, sondern war geradezu deren Innenseite. Was er vom Vater empfing, schenkte er weiter. Ist nicht das der Grund, warum zölibatäres Leben immer Leben aus der Dynamik der Christus- und Gottesbeziehung und daher immer apostolisch ist?

Auf dem Weg der Ausbildung ist der Seminarist herausgefordert, seine männlich-geschlechtliche Identität deutlicher zu entdecken, zu entfalten und zu bejahen. Als Mann beruft ihn Jesus in die Nachfolge und in seinen Dienst mit der ganzen Kraft und mit dem Charme als Mann. Es ist das große Verdienst der Psychologie, daß sie geholfen hat zu entdecken, daß der Mann auch frauliche Züge und die Frau auch männliche Züge in sich hat. Carl Gustav Jung (1875–1961) hat vom »Animus« und von der »Anima« gesprochen, die beide in der Seele eines jeden Menschen vorhanden und wirksam sind. In der menschlichen Gesellschaft – nicht nur in der europäischen – wurde der Mann angehalten, fast ausschließlich die männlichen Anteile seines Wesens zu entwickeln. Züge, die man eher der »Anima« zuschreiben würde (die Kräfte des Gemütes, die Gefühle, das Künstlerische usw.), haben beim Mann wenig Platz. Er hat hart und stark zu sein, ein Eroberer und Planer. Heute betont die Psychologie zu Recht, daß zu einer gesunden Entwicklung und Bildung auch die gegengeschlechtlichen Kräfte zu beachten und zuzulassen sind. Die Heiligen haben das immer gewußt. Nicht umsonst hat die Kirche ausdrücklich die Erinnerung an die Freundschaft zwischen Benedikt und Scholastika, Franz von Assisi und Klara, Teresa von Ávila und Johannes vom Kreuz, Vinzenz von Paul und Louise von Marillac festgehalten.

– *Freunde in Christus.* Der Herr will die Priester nicht als isolierte Individualisten in seinem Dienst, sondern als Freunde, deren Liebe sich auf ihn und auf die Menschen erstreckt. Priester sollen Menschen mit einer hohen Beziehungskompetenz sein, fähig zu guten und reifen Freundschaften mit Mitbrüdern, mit Frauen, Familien. Eine reife Freundschaft besteht in der Fähigkeit zu geben und zu nehmen, zu schenken und zu empfangen. Es gibt einen Unterschied zwischen Alleinsein und Einsamkeit. Wir brauchen Zeiten des Alleinseins, in denen wir uns regenerieren, wo sich die Seele wieder klärt und ordnet. Das sind Zeiten des Schweigens.

– *Priester und Frauen.* Es kommt nicht selten vor, daß Priesteramtskandidaten eine gewisse Scheu – wenn nicht Angst – vor Frauen haben. Sie ist immer dann vorhanden, wenn Andeutungen von Abwertung gemacht werden, bei Versuchen, die Frauen mit ihren Anliegen ein wenig lächerlich zu machen. Ängsten ist nicht moralisch beizukommen. Ängste sind nur indirekt zu erschließen. Daher ist es für Theologiestudenten (und nicht nur für sie) sinnvoll, wenn sie das eigene Verhalten, Sprechen und Denken prüfen, ob es Ausdruck der Liebe und Ernstnahme ist und mit dem Willen zu tun hat, die anderen (die Frau) ernst zu nehmen, wachsen und sich entfalten zu lassen als Person, oder ob es da Momente der Ablehnung und Abwertung gibt. Es ist gut, daß sich Priester oder Priesteramtskandidaten, aber auch Frauen, Rechenschaft geben über die Bedingungen, unter denen sie miteinander umgehen: Wofür ist das Verhalten Ausdruck? Ist es Ausdruck für einen liebenden Respekt vor der anderen Person, von Takt, Höflichkeit und Verantwortung? Oder ist es Ausdruck der Sehnsucht, mit ihr eine tiefere und exklusive Beziehung und Partnerschaft einzugehen? Wofür stehen Berührungen, Umarmungen, Küsse? Sie können Zeichen einer guten, echten Freundschaft und damit aufbauend und bestätigend sein. Sie können aber auch Gefühle hervorrufen, denen sie als Priester oder Seminaristen nicht antworten können. Es schmeichelt jedem, wenn man Interesse signalisiert. Wie geht ein Priester oder Seminarist damit um? Jedenfalls wird und muß er wahrnehmen und sich eingestehen, was jetzt auf der Ebene der Gefühle passiert. Redlichkeit ist hier wichtig. Dann aber wird er nicht darum herumkommen, treu zu seiner Entscheidung zu stehen. Stehen nicht auch Eheleute in solchen Situationen?

– *Homophilie.* Das Thema Homophilie[24] (oder Homotropie) gehört trotz großer Liberalität und Aufgeklärtheit zu den Tabuthemen. Homophilie ist meist mit viel innerer Not, mit Ängsten und Einsamkeit verbunden. Es muß hier eine besonders sorgfältige Sprache gesucht werden. Die Frage ist, wie ein homosexueller Mensch in Integrität leben und sich und seine Eigenheit annehmen kann. Wo liegen seine starken Seiten, die er entwickeln kann? Es ist auch zu unterscheiden zwischen homophiler Veranlagung und homophiler Praxis. Wenn ein homophil veranlagter Mensch Priester werden will, muß er sich fragen, ob er frei genug und fähig ist, den Zölibat strikt zu halten. Seelsorgspraxis und vor allem auch Beichtpraxis erlauben kein »Outing«. Schließlich hat der Betroffene ein Recht auf seinen persönlichen Schutz. Er braucht aber einen geistlichen Begleiter oder einen Gesprächspartner, mit dem er über diese seine Situation offen reden kann.

Der evangelische Rat der Ehelosigkeit berührt als Grundkomponente menschlichen Lebens die Geschlechtlichkeit und das Feld der Beziehungen. Aus den weltweiten Statistiken geht hervor, daß gerade an diesem evangelischen Rat viele Berufungen scheitern. Er stellt für den Priester und Ordensmenschen eine große religiös-apostolische und menschliche Chance dar und verschafft ihm bei allen Menschen einen großen Vertrauensvorschuß. Um so empfindlicher reagiert die Öffentlichkeit gerade beim Mißlingen oder bei Mißbrauch dieser Lebensform. Mit um so größerer Verantwortung und Sorgfalt müssen junge Menschen hier begleitet und zur redlichen Gestaltung dieser Lebensform befähigt werden.

4.3 Gehorsam: Auf Ihn sollt Ihr hören

Der evangelische Rat des Gehorsams[25] tangiert als Grundkomponente menschlichen Lebens die Dimension der Selbstbestimmung, der verantwortlichen Gestaltung des eigenen Lebens und Arbeitens. Nicht umsonst ist auch dieser evangelische Rat großen Gefahren und Mißverständnissen ausgesetzt: der Gefahr, die Verantwortung für sein Leben und Tun abzuschieben auf eine andere Instanz, der Gefahr der Unmündigkeit und der Weigerung im Namen des kirchlichen Gehorsams, auf die wirklichen Situationen der Menschen und die seelsorglichen Nöte einzugehen. Gehorsam hat immer auch ein Antlitz. Er ist niemals eine absolute, adressaten- und beziehungslose Haltung, sondern er richtet sich auf Christus[26] und auf die Kirche, repräsentiert durch den Bischof. Er richtet sich als Haltung der Solidarität und freien Verantwortung auf die Mitbrüder im priesterlichen Amt und schließlich in liebender Verfügbarkeit auf die Nöte der Menschen.

Zuerst ist der Gehorsam »apostolisch«, also im Zusammenhang mit dem gesamten Apostolat der Kirche zu sehen. Die Ehrfurcht und Verfügbarkeit gegenüber dem Bischof haben nichts zu tun mit Infantilität, sondern mit Freiheit und Bereitschaft, den Glauben zu konkretisieren in der apostolischen Verfügbarkeit in der Kirche für die Menschen. Er vollzieht sich in vertrauendem Aufblick zu Jesus, dem gehorsamen Gottessohn, und im Nachleben seiner Haltung gegenüber dem Vater. Daher ist der Gehorsam eigentlich nichts anderes als ein auf den Punkt gebrachter Glaube, der eben vom Hören des Wortes Christi kommt (vgl. Röm 10, 17). Solcher Gehorsam aber »entspringt aus der verantwortungsvollen Freiheit des Priesters, der nicht nur die Erfordernisse eines organischen und organisierten kirchlichen Lebens auf sich nimmt, sondern auch jene Gnade der Unterscheidung und Verantwortung bei kirchlichen Entscheidungen anerkennt, die Jesus seinen Aposteln und ihren Nachfolgern zugesagt hatte.«[27]

Der Gehorsam ist sodann ein *kirchlicher und gemeinschaftlicher Gehorsam*. Er ist nicht Ausdruck einer nur individuellen Haltung oder einer individualistisch verstandenen Autoritätsabhängigkeit, sondern besagt zutiefst Einheit in der Sendung eines Presbyteriums zusammen mit dem Bischof in einer Ortskirche. Die Priester in einer Ortskirche zusammen mit dem Bischof pflegen und schützen diese Einheit, in der sie zusammengehalten werden durch das Band der gemeinsamen Dienstbereitschaft für das Reich Gottes. Daraus erwachsen eine tiefe Freundschaft und Beheimatung. Die Gemeinschaft der Priester zusammen mit dem Bischof ist gleichsam das Milieu, innerhalb dessen die Seminaristen von heute morgen arbeiten und beheimatet sein werden. Diese Seite des Gehorsams verlangt vom Priester auch einige Askese, nämlich die Bereitschaft, nicht allein nach eigenen Vorlieben zu handeln, sondern das größere Ganze im Auge zu behalten und sich dort einzubringen. Der Gehorsam schafft auch Raum für den einzelnen Mitbruder, damit er frei von aller Eifersucht, Mißgunst und Rivalität seine Begabungen und Talente entfalten kann.

Schließlich ist der Gehorsam des Priesters ein *pastoraler Gehorsam*. Er entspringt der Haltung der Solidarität mit den Nöten und Fragen der Menschen. Die doppelte apostolische Verfügbarkeit gegenüber den Nöten der Menschen und gegenüber dem Bischof sind zwei Seiten von ein und demselben Akt, unvermischt und ungeschieden, um mit dem Konzil von Chalkedon (451) zu sprechen.

– *Konkretionen*. Wie jedes Ideal, muß auch der Gehorsam sich inkarnieren in konkrete Haltungen und Handlungen. Sie verleihen der inneren Haltung sichtbaren äußeren Ausdruck. Daher wäre es eine gute Praxis, sich in der abendlich betenden Rückschau auf den Tag zu fragen: Ist, was ich tue, Ausdruck meiner Hingabe an den Herrrn? Ist mein Tun Ausdruck meines Glaubensgehorsams, meiner Verantwortung für die Sache des Herrn und der Menschen? Spiegelt mein Umgang damit meinen tiefen Willen wider, Christus nachzufolgen, auch in der Überwindung meiner spontanen ungeordneten Neigung[28]? Der Gehorsam umfaßt eine ganze Lebens- und Begegnungskultur, eine Kultur der Unterscheidung und der Liebe. Das Evangelium leitet an (Mt 25), im Mitmenschen Christus zu erkennen und sich ihm zuzuwenden.

– *Eucharistische Lebenskultur*[29]. Es gibt einen Ort, wo all das wie in einem Kristall zusammengefaßt ist und zum Leuchten kommt: in der Eucharistie. Sie vergegenwärtigt die gehorsame Hingabe Jesu an den Vater und an die Menschen. In den Gaben von Brot und Wein, in denen er seinen Leib und sein Blut als Speise und Trank schenkt, kommt am tiefsten zum Ausdruck, worum es letztlich geht: um die Hingabe, in der sich ein Mensch findet, indem er sich verschenkt. Davon legt letztlich alles Leben, alles Gehorchen, alle Armut und alle Keuschheit des Priesters Zeugnis ab. Der Dienst des Priesters ist dann glaubwürdig und unverzichtbar, wenn er erfahrbar macht, daß und wie Jesus da ist. Er sucht sich Menschen, um durch sie gegenwärtig zu sein. In der Eucharistie zeigt sich am klarsten, wie Jesus für die Menschen da ist: als Brot, von dem sich die Menschen ernähren, und als Wein, den sie trinken. Alles, was der Dienst des Priesters ist und tut, ist die Übersetzung des zentralen Geheimnisses der Gegenwart des Herrn in sein konkretes Leben. Das Seminar ist der Ort, wo das von Tag zu Tag eingeübt wird.

5. *Hören und Beten des Wortes Gottes: das Stundengebet*

Das Stundengebet ist Ausdruck des Hörens und Betens des Wortes Gottes, »um darin zu ruhen und Gott nahe zu sein«[30]. Es gehört zu den wichtigen und gewichtigen Elementen einer priesterlichen Lebensform und der priesterlichen Spiritualität. (Aber es ist auch keine Schande, wenn ein Mitbruder sich eingesteht, daß das Stundengebet für ihn schwierig ist.)

Das Stundengebet begleitet den Betenden durch das Kirchenjahr mit seinen verschiedenen Festen und Festkreisen: Advent und Weihnachten, Fastenzeit und Ostern, Pfingsten und Jahreskreis. Gerade die geistlichen Lesungen des Stundenbuches sind eine Sammlung von hervorragenden Texten, die man mit großem Gewinn liest. Die Psalmen bilden das Kernstück des Stundengebetes. Sie eignen sich nicht alle gleich und führen nicht alle gleich in das Gebet hinein. Es gibt darin sehr harte Ausdrücke, Flüche, Verwünschungen. Aber es gibt auch – und das ist der größte Teil – Psalmen von unendlicher Zartheit, Schönheit und Tiefe. Viele Menschen haben Schwierigkeiten mit den Psalmen in ihrer Fremdartigkeit, zum Teil mit ihren Bildern und der Direktheit. Aber sie sind immer noch die beste Schule des Gebetes. Sie lehren uns, Gott direkt anzusprechen, nicht über Vermittlungen oder durch indirektes Reden. Mit ihrer harten und direkten Sprache halten uns die Psalmen an der Wirklichkeit des Menschen fest. Sie benennen offen den Jubel und die Klage, das Vertrauen und die Angst, die Geborgenheit in Gott und Enttäuschung und Einsamkeit. Sie bieten immer wieder Angelpunkte, wo sich das innere Gebet entzünden kann. Das geschieht dann, wenn einem ein Wort gleichsam in die Seele fällt und einen wie eine zarte Melodie einen Tag lang begleitet.

Das Stundengebet ist so eingerichtet, daß auf der ganzen Welt den ganzen Tag über Gott gelobt wird. Wann wird diese Verbundenheit auch dadurch zum Ausdruck kommen, daß wir schöne Hymnen und Lieder aus anderen Kulturen und Ländern unserer katholischen, weltumspannenden Kirche in Auswahl verwenden und beten können? Die ekklesiologische Dimension des Stundengebetes bewirkt, daß wir uns alle als die eine Kirche erfahren. Wir ängstigen uns oft über unsere lokalen Situationen. Oft vermögen wir in den antagonistischen Fragen und Kräften nicht die verschiedenen Seiten zusammenzuhalten, sondern sehen nur das eine oder das andere. Wenn wir einstimmen in das Stundengebet der weltumspannenden Kirche, erwacht das Vertrauen auf den Herrn und den Heiligen Geist, dessen Macht und Liebe größer ist, als wir durch unseren kleinen Horizont wahrzunehmen vermögen.

Schlußbemerkung

Absicht dieser Überlegungen war es zu fragen, was es bedeutet, junge Männer auf ihrem Weg der Ausbildung zum Priestertum zu begleiten und sie zu einem wirksamen Zeugnis für Christus zu befähigen. Karl Rahner sagt zur Spiritualität der Weltpriester: »Die Spiritualität des Weltpriesters wird das wirklich christliche Bestehen des Lebens sein, das gerade seines ist und wirklich auch seine spirituelle Aufgabe für ihn bedeutet. Das schließt aber eine gewisse Systematik, Übungen, eine Tagesordnung, Vorplanung und Zusammenhalten der Zeit und so weiter nicht aus, sondern ein.«[31] Im Blick auf die Zukunft des Christen meint er weiter, daß der Christ der Zukunft ein Mystiker sein oder nicht mehr sein werde[32]. Der Anspruch an Priester und an alle, Laien wie Ordenschristen, ist hoch. Die Zukunft der Kirche wird auch davon abhängen, wie die Vorbereitung auf diesen Dienst und die Einführung in dieses Leben gelingen.

ANMERKUNGEN

1   Zur Ordotheologie vgl. z. B. G. Greshake, Priester sein in dieser Zeit. Theologie – Pastorale Praxis – Spiritualität. Freiburg 2000, 56-190; R. Bärenz, Die Wahrheit der Kirche. Neue Situationen brauchen eine neue Pastoral. Freiburg 2000, 125-145.
2   »Pastores dabo vobis«, Nr. 42. Das »Nachsynodale Apostolische Schreiben ›Pastores dabo vobis‹ von Papst Johannes Paul II. an die Bischöfe, Priester und Gläubigen über die Priesterbildung im Kontext der Gegenwart« ist am leichtesten zugänglich als Nr. 105 der vom Sekretariat der Deutschen Bischofskonferenz herausgegebenen Reihe »Verlautbarungen des Apostolischen Stuhls« (Bonn 1992).
3   Vgl. D. Bonhoeffer, Gemeinsames Leben. München [24]1993. Dieser Klassiker bietet viele Inspirationen für die Gestaltung eines religiös-apostolischen Lebens im Seminar.
4   »Pastores dabo vobis«, Nr. 43.
5   Es ist zu wünschen, daß ein Seminarist im Lauf seiner Jahre im Seminar einen gewissen Grundstock an klassischer älterer und neuer geistlicher Litueratur kennenlernt, etwa Bernhard von Clairvaux, Johannes vom Kreuz, Teresa von Ávila, Thomas von Kempen, Franz von Sales, Romano Guardini, Carlo Maria Martini u. a. Ein guter Grundsatz: Jedes Jahr ein brauchbares Jesusbuch lesen!
6   Vgl. A. Grün, Selbsterkenntnis und Gotteserkenntnis. Münsterschwarzach 1984; H. Schürmann, Geistliche Schriftlesung und inneres Gebet in der Obhut des Jesusgebetes. Eine praktische Anleitung, in: J. J. Degenhardt (Hg.), Die Freude an Gott – unsere Kraft (Fs. O. Knoch). Stuttgart 1991.

7   H. Stenger, Verwirklichung unter den Augen Gottes. Psyche und Gnade. Freiburg [2]1989; K. Schaupp, Gott im Leben entdecken. Einführung in die geistliche Begleitung. Würzburg [3]1996; H. Brantzen, Wer fragt, wie es mir wirklich geht?, in: ders., Lebenskultur des Priesters. Ideale – Enttäuschungen – Neuanfänge. Freiburg 1998, 131-144.

8   Hier gibt es gerade bei Johannes vom Kreuz viele Überlegungen über die subtilen Hindernisse im eigenen Leben gegen die Offenheit auf Jesus hin: das Bild von der sauberen und verschmutzten Glasscheibe, die das Licht der Sonne mehr oder eben weniger, klar und rein oder nur sehr gebrochen einströmen läßt.

9   »Pastores dabo vobis«, Nr. 51.

10 Vgl. K. Hillenbrand, Dienst an der Lebenswirklichkeit. Grundlinien heutiger Priesterausbildung, in: ders. (Hg.), Priester heute. Anfragen Aufgaben Anregungen. Würzburg [2]1991, 177-205, hier 196.

11 Vgl. P. van Breemen, Erfüllt von Gottes Licht. Eine Spiritualität des Alltags. Würzburg 1996.

12 Vgl. D. Bonhoeffer, Widerstand und Ergebung. München [13]1966, 24.

13 G. Heinemann, Priesterausbildung zwischen Tradition und Moderne, in: Stimmen der Zeit 215 (1997) 759-769.

14 Vgl. H. Stenger, Symbole und Diabole. Einige Überlegungen zur Glaubensästhetik, in: ders., Verwirklichung des Lebens unter der Kraft des Glaubens. Freiburg [2]1989, 105-126.

15 Vgl. ebd.

16 Aus der großen Fülle von Literatur seien hier nur genannt: K. Rahner, Über die evangelischen Räte, in: ders., Schriften zur Theologie. Bd. 7. Einsiedeln 1966, 404-434; M. Scheuer, Die evangelischen Räte. Strukturprinzip systematischer Theologie bei H. U. v. Balthasar, K. Rahner, J. B. Metz und in der Theologie der Befreiung. Würzburg [2]1992; G. Greshake, Priester sein (s. Anm. 1) 294-330; »Pastores dabo vobis«, Nr. 27-30.

17 Vgl. Rahner, Über die evangelischen Räte (s. Anm. 16) 419.

18 Vgl. K. Rahner, Theologie der Armut, in: ders., Schriften 7 (s. Anm. 16) 435-478; F. Kamphaus, Priester aus Passion. Freiburg [3]1994, 121-128.

19 Vgl. H. Schürmann, Im Knechtsdienst Christi. Priesterliche Lebensform. Freiburg 1985.

20 R. M. Rilke, Die Gedichte. Frankfurt [5]1992, 302.

21 Vgl. K. Hillenbrand, Die Liebe Christi drängt uns. Würzburg 1992, 72.

22 Vgl. G. Greshake, Evangelische Räte und Weltpriestertum, in: Sekretariat der Deutschen Bischofskonferenz (Hg.), Priesterliche Lebensform (Arbeitshilfen 36). Bonn 1984; J. Bours / F. Kamphaus, Leidenschaft für Gott. Ehelosigkeit – Armut – Gehorsam. Freiburg [4]1982, 24-71; K. Demmer, Zumutungen aus dem Ewigen. Gedanken zum priesterlichen Zölibat. Freiburg 1991; K. Rahner, Zur Theologie der Entsagung, in: ders., Schriften zur Theologie. Bd. 3. Einsiedeln 1956, 61-72; B. Fraling, Sexualethik. Ein Versuch aus christlicher Sicht. Paderborn 1995; vgl. auch den engagierten offenen Brief von K. Rahner, Der Zölibat des Weltpriesters im heutigen Gespräch, in: ders., Knechte Christi. Meditationen zum Priestertum. Freiburg 1967, 176-207.

23 Vgl. Gesetzbuch der Katholischen Ostkirchen. Paderborn 1990, Canones 373-375.

24 W. Müller, Homosexualität. Eine Herausforderung für Theologie und Kirche. Mainz [3]1995; H. Heinz, Homosexualität und geistliche Berufe. Ein pastoraltheologischer Zugang, in: Stimmen der Zeit 214 (1996) 681-692; ders., Weder Schuld noch Schande. Zwischenbilanz zur Diskussion über homosexuelle Priester, in: Herder-Korrespondenz 51

(1997) 460-464; A. W. v. Eiff, Priester und Homosexualität, in: Anzeiger für die Seelsorge 106 (1997) 356-359.

25 K. Rahner, Eine ignatianische Grundhaltung. Marginalien über den Gehorsam, in: ders., Sendung und Gnade. Beiträge zur Pastoraltheologie. Innsbruck ⁵1988, 487-509; A. Louf, Demut und Gehorsam. Münsterschwarzach 1979; F. Kamphaus, Priester aus Passion (s. Anm. 18) 129-133.

26 K. Rahner, Christus als Beispiel des priesterlichen Gehorsams, in: Knechte Christi (s. Anm. 22) 142-175.

27 »Pastores dabo vobis«, Nr. 28.

28 Vgl. F. Meures, Ungeordnete Anhänglichkeiten. Zu einem Schlüsselbegriff der Exerzitien, in: Korrespondenz zur Spiritualität der Exerzitien 50 (1985) 2-69.

29 Zum Ausdruck vgl. Hillenbrand, Dienst (s. Anm. 10) 182.

30 J. A. Jungmann, Christliches Beten in Wandel und Bestand (1969). Freiburg 1991, 51.

31 K. Rahner, Zur Spiritualität des Weltpriesters, in: ders., Schriften zur Theologie. Bd. 14.

32 Ebd. 181

WILHELM ZAUNER

Der verborgene Diakon

Als Kaplan am Linzer Dom habe ich einst mit Staunen in der Sakristei zugeschaut, wie der Bischof zum Hochamt bekleidet wird[1]. Den roten Talar trug er schon, bevor diese Zeremonie begann. Die schwarze Version davon mußte ich als Seminarist im Canisianum tragen, und in diesen bis an die *tali* (Knöchel) reichenden *talaria* sah ich dort auch zum ersten Mal meinen ›Mitkonviktor‹ Reinhold Stecher. – Die Kirche hat ja den großen Modewechsel nach der Völkerwanderung nicht mitgemacht, als sich bei den Männern allgemein die germanische Kleidung mit Hosen und kurzem Leibrock durchsetzte. Nur die Geistlichkeit behielt für den Alltag, besonders aber für den Gottesdienst die alte römische Kleidung bei: ein langes leinenes Hauskleid, die *tunica*, und zum Ausgehen darüber einen Mantel, die *toga*, auch *dalmatica*[2] genannt.

Der Mesner reichte dem Bischof zuerst ein Schultertuch und die Alba, ein weißes Unterkleid, das wie der Talar aus der *tunica* hervorgegangen ist. Dann brachte er das Kleid des Subdiakons, eine Klein-Tunica (*tunicella*) und legte darüber das Kleid des Diakons, eine Dalmatik. Schließlich überdeckte er die beiden durch das Meßkleid und reichte Mitra und Stab. Ich verstand: Der Bischof brachte in seiner liturgischen Kleidung alle vier Stufen der höheren Weihen zum Ausdruck, zu denen ja das Konzil von Trient auch den Subdiakonat gerechnet hat.

Die Kleider von drei Weihestufen übereinander zu tragen war sicher nicht sehr angenehm und ist auch nach der Liturgiereform nicht mehr vorgesehen. Aber die beabsichtigte Symbolik ist wichtig und sollte nicht vergessen werden: Durch Ordination zu einer höheren Weihestufe wird die tiefere nicht ausgelöscht. Dem gesamten Sakrament der Ordination wird ja (wie Taufe und Firmung) eine unauslöschliche Prägung zugeschrieben[3]. Die Weihestufen sind also nicht wie militärische Ränge aufzufassen. Ein Hauptmann, der zum Major befördert wird, ist nicht mehr Hauptmann. Ein Diakon aber, der zum Priester ordiniert wird, bleibt Diakon. Das im Bewußtsein zu erhalten hat freilich die liturgische Kleiderordnung nicht geschafft, und auch nicht die dünne Theologie des Diakonats, die dieses Amt über weite Strecken der Kirchengeschichte hin nicht zu inspirieren vermochte.

Das Konzil von Trient konnte keine umfassende Lehre über das Amt vorlegen, da keine ausreichende theologische Reflexion aus der Tradition zur Verfügung stand. Die verabschiedeten Dokumente beschränkten sich daher auf eine Beantwortung der von den Reformatoren aufgeworfenen Fragen. Sie schrieben pragmatisch fest, was als plausibel galt: Das Amtspriestertum ist durch Jesus Christus eingesetzt und verleiht die Vollmacht, die Messe zu feiern und Sünden zu vergeben. Es gibt aber außer dem Priestertum auch andere – höhere und niedere – Weihen, »durch die man gleichsam wie über Stufen auf das Priestertum zugeht«.[4] Alle sieben Stufen werden (*ministrorum*) *ordines* genannt; der Subdiakonat wird (mit Berufung auf die Kirchenväter) zu den höheren Weihen gerechnet[5].

Diese Dokumente wurden nach dem Konzil zum Ausgangspunkt der gesamten weiteren Reflexion. Sie ist auf die Vollmachten im Bereich der Sakramentenspendung konzentriert. Das theologische Interesse am Amt bezieht sich auf jene Ämter, die das eine Sakrament sind und zur Spendung von Sakramenten ermächtigen[6]. Das Bild von der Treppe mit den vielen Stufen bis hinauf zum Priester- und Bischofsamt zeigt, daß die biblische Vielfalt der charismatischen Ordnung längst auf ein einziges Amt reduziert war und alle anderen als Durchlaufstufen angesehen wurden. Dieses ›einzige Amt‹ ist aus einer Verkürzung des Amtspriestertums auf die Ermächtigung zur Konsekration von Brot und Wein entstanden. Damit ist sowohl eine eigenständige Begründung des Bischofsamtes als auch des Diakonats abgeblockt worden. Das Konzil von Trient hat versucht, aus theologischen Gründen den Diakonat als selbständigen Dienst wiederzubeleben, doch ohne Erfolg[7]. So blieben Subdiakon und Diakon (nach den vier niederen Weihen) zwar die letzten und unerläßlichen Weihestufen vor dem Priestertum, hatten jedoch darüber hinaus kein eigenes Profil.

In den Vorlesungen an der Universität hatten wir über die ersten beiden ›höheren Weihen‹ nur einige historische Hinweise gehört. Auf meine Frage an den Regens des Canisianums, was ein Subdiakon ist und zu tun hat, sagte er: »Das werden Sie ja nur kurze Zeit sein; bereiten Sie sich auf die Diakonatsweihe vor.« Bei der Feier der Ordination war ich dann vor allem deshalb ergriffen, weil mit dem Subdiakonat die Verpflichtung zu Zölibat[8] und Brevier[9] verbunden war. Ich war dankbar für die Exerzitien zur letzten Vorbereitung dieser Entscheidungen. Vor der nächsten Weihestufe gab es wieder Exerzitien, und ich fragte den Regens, was ein Diakon ist und zu tun hat. Er antwortete lächelnd: »Sie wissen ja, was Sie in der Liturgie dann tun dürfen[10]; bereiten Sie sich aber vor allem auf die Priesterweihe vor.« Mehr hatte wahrscheinlich mein – einige Jahre vor mir ordinierter – Mitkonviktor Reinhold Stecher von zuständiger Stelle auch nicht erfahren.

Selbst der Papst erinnert sich aus der Zeit seiner Vorbereitung auf die Weihen nur an Spirituelles. Er schreibt: »Meine Priesterweihe fand am 1. November (1946) statt. ... Im Oktober (1946) war ich zum Subdiakon und Diakon geweiht worden. Es war ein Monat intensiven Gebets, geprägt von den geistlichen Übungen, mit denen ich mich auf den Empfang der heiligen Weihe vorbereitete: sechstägige Exerzitien vor dem Subdiakonat und dann drei- bzw. sechstägige Exerzitien vor der Diakonats- bzw. der Priesterweihe.«[11] Es fehlt jeglicher Hinweis auf den Sinn des Subdiakonats und die Aufgaben des Diakonenamts, wohl auch deshalb, weil damals dafür kaum eine andere Deutung zur Verfügung stand als die schlichte Auskunft: Wenn du Priester werden willst, mußt du nach den vier niederen Weihen die Stufen des Subdiakons und des Diakons betreten; wenn du aber nicht von vornherein entschlossen bist, dich dann auch zum Priester ordinieren zu lassen, darfst du auch diese beiden ›Vorstufen‹ nicht betreten. Wenn du einmal das Meßkleid anziehen darfst, sind Tunicella und Dalmatik verschwunden; wenn du Bischof wirst, werden sie durch das Meßkleid verdeckt.

Am Ende einer Studie über das Diakonenamt und seine Geschichte zieht Helmut Waldmann den Schluß: »Keines der kirchlichen Ämter hat eine derart wechselhafte Geschichte hinter sich wie das Diakonat; es steht, dreht und wendet man nur ein wenig an seinen Begründungen, offenbar fast jeder Deutung, Auslegung und rechtlichen Ausgestaltung offen.«[12] Das Zweite Vatikanische Konzil hat bei der Wiedereinführung des Ständigen Diakonats für dieses Amt keinen deutlichen Schwerpunkt vorgegeben. Die Kirchenkonstitution erklärt: Die Diakone »dienen dem Volk Gottes in der Diakonie der Liturgie, des Wortes und der Liebestätigkeit«[13], was ebenso für die Priester und Bischöfe zutrifft. Auch in späteren Dokumenten sucht man vergeblich ein Spezifikum, etwa einen Hinweis darauf, daß den Diakonen in erster Linie die »Diakonie der Nächstenliebe« aufgetragen sei. Die Würzburger Synode (1971/75) stellte fest: »Sowohl die praktische Ausgestaltung als auch die theologische Deutung dieses Dienstes sind in vieler Hinsicht noch offen.«[14] Bis heute spielen Diakonie und Caritas in kirchlichen Dokumenten über Bischöfe und Priester kaum eine Rolle[15]. Im Gegenteil: Das »Direktorium für den Dienst und das Leben der Ständigen Diakone« hält fest, daß »die karitativen Werke auf Diözesan- und Pfarrebene zu den ersten Pflichten des *Bischofs* und der *Priester* gehören; sie werden aber von diesen ... den Diakonen übertragen.«[16] Wer wenigstens daraus einen Vorrang des karitativen Dienstes bei den Aufgaben des Diakons ablesen möchte, erfährt: »Die Diakone müssen als geistliche Diener dem Dienst und der pastoralen Nächstenliebe dadurch Vorrang geben, daß sie ›die Bewahrung von Frieden und Eintracht unter den Menschen soweit als möglich‹ fördern.«[17] Dieser Dienst wird aber gemäß einer Bestimmung des Kirchenrechts von *allen* Klerikern – nicht nur von den Diakonen – erwartet und ist also auch kein Spezifikum des Diakonenamts[18].

1. Vorläufer des Diakonenamts

Bei der Interpretation des biblischen Berichtes über die Einsetzung von Verantwortlichen für den »Dienst an den Tischen« (Apg 6, 2) ging die Theologie weithin von der Annahme aus, daß dadurch ein völlig neues Amt – vor allem für das griechische Milieu – geschaffen worden sei. Waldmann zeigt aber in seiner schon erwähnten Studie, daß es im semitischen Umfeld des Neuen Testaments bereits Vorformen des diakonischen Amtes gegeben hat. Er nimmt an, daß das Amt des Diakons vor allem in dieser semitischen Tradition (und deren Umwelt) verwurzelt sei. In dieser gab es schon seit Jahrhunderten den *Marzeah*, der für das Mahl zu sorgen hatte, vor allem, daß daraus eine soziale und religiöse Gemeinschaft erwächst[19]. Der Marzeah war eher Tafelmeister als Tischdiener. Er hatte in der Regel sieben Hilfskräfte, die ursprünglich beim Festmahl servierten und also Diakone im Wortsinn (Tischdiener, Servierpersonal) waren, später auch bei der religiösen Versammlung als Sänger, Musikanten u. a. (Hierodulen) auftraten[20].

Wenn es zutrifft, daß das Diakonenamt auf eine ursprünglich semitische Institution zurückgeht, die schon viele Jahrhunderte vor Christus bestand und ihre Entwicklung hatte, wird auch die Siebenzahl der Diakone verständlich, an der man lange festgehalten hat[21]. Die Synode von Neocäsarea (314) hat in ihrem 15. Kanon bestimmt: »Selbst in den größten Städten dürfen nicht mehr als sieben Diakone sein.«[22] Ihre unmittelbare Zuordnung zum Bischof und ihre vorgeschriebene

geringe Zahl erklärt ihren raschen Zuwachs an Einfluß, der weit über die karitativen Dienste hinausgeht. Sie hatten kurzfristig (und regional verschieden) etwa die Stellung von heutigen Bischofsvikaren und verfügten über jurisdiktionelle Gewalt wie Generalvikare. Sie bekamen das Recht, ihren Vorstand, den ›Archidiakon‹, selbst zu wählen[23]. Dieser wurde ein Organ der Aufsicht und Disziplin der Diözese einschließlich des Bischofs und in manchen Fällen sogar zum Wächter über dessen Rechtgläubigkeit. Waldmann zitiert den Bericht über einen Archidiakon, »der, mit der Bewachung der Orthodoxie seines Bischofs betraut, diesem den Mund zuhielt, als er häretisch zu sprechen schien.«[24]

2. Das Charisma der Diakonie

Die frühe Kirche denkt bei der Erfüllung bestimmter Aufgaben von der Gemeinde als ganzer her. Paulus geht von den Begabungen (Charismen) der einzelnen Gemeindemitglieder aus: »Da euch viel an den Gaben des Geistes liegt, setzt sie ein zum Aufbau der Gemeinde« (1 Kor 14, 12). Eine förmliche Bestellung dazu ist offenbar nicht erforderlich bzw. aus dem Text nicht erkennbar[25]. Manche sprechen heute von einer ›charismatischen Struktur‹ der frühen Kirche, oder besser von einer charismatischen Bewegung: Wanderprediger (Apostel, Propheten, Evangelisten, Lehrer) verkündigen die Botschaft Jesu und sammeln Anhänger für ihn. Die Leitungsdienste werden den übrigen Charismen nicht vorgeordnet (vgl. 1 Kor 12, 28). Sie haben ihren Platz in der Reihe der übrigen gemeindlichen Dienste[26].

Paulus schreibt: »Wir haben unterschiedliche Gaben, je nach der uns verliehenen Gnade. Hat einer die Gabe prophetischer Rede, dann rede er in Übereinstimmung mit dem Glauben; hat einer die Gabe des Dienens, dann diene er. Wer zum Lehren berufen ist, der lehre; wer zum Trösten und Ermahnen berufen ist, der tröste und ermahne. Wer (Almosen) gibt, gebe ohne Hintergedanken; wer Vorsteher ist, setze sich eifrig ein; wer Barmherzigkeit übt, der tue es freudig« (Röm 12, 6-8). In dieser Aufzählung wird der hohe Stellenwert der Diakonie in der frühen Kirche deutlich: Von den sieben aufgezählten Charismen sind vier dem Bereich der Diakonie im engeren Sinn zuzuordnen: Dienen, Trösten, Almosen geben, Barmherzigkeit üben (gegenüber prophetischer Rede, Lehre, Vorsteherdienst). Die Aussagespitze ist aber: Jeder soll das tun, was ihm geschenkt ist, was ihm liegt, was ihn für die Gemeinde wertvoll und liebenswert macht. Das griechische

Wort χάρις bedeutet ja, was man im Französischen »Charme« nennt, also »was jemanden liebenswert macht«. Eine Rangordnung der Charismen ist nicht sinnvoll – es sei denn im Sinne des Pauluswerts: »Am größten ist die Liebe« (1 Kor 13, 13, vgl. Kol 3, 14).

3. Diakonale Dienste in der Bibel

Die Ämter in der frühen Kirche lassen sich nur unscharf erkennen und beschreiben. Die Frage, seit wann die Dienste auch als Ämter zu verstehen sind, ist umstritten. Jedenfalls ist am Anfang »der für den Amtsbegriff wesentliche institutionell-rechtliche Charakter der Legitimierung nicht nachweisbar«[27], meint der Exeget Paul Hoffmann.

Im Neuen Testament ist schon früh eine Institutionalisierung der karitativen Dienste erkennbar. Die Apostelgeschichte (6, 1-3) berichtet: »In diesen Tagen, als die Zahl der Jünger zunahm, begehrten die Hellenisten gegen die Hebräer auf, weil ihre Witwen bei der täglichen Versorgung übersehen wurden. Da riefen die Zwölf die ganze Schar der Jünger zusammen und erklärten: Es ist nicht recht, daß wir das Wort Gottes vernachlässigen und uns dem Dienst an den Tischen widmen. Brüder, wählt aus eurer Mitte sieben Männer von gutem Ruf und voll Geist und Weisheit; ihnen werden wir diese Aufgabe[28] übertragen.« Sie setzen für diese Aufgabe eine Gruppe von Verantwortlichen ein, ohne sich dabei auf eine Weisung Jesu zu berufen oder ihre Maßnahme wenigstens mit einem theologischen Argument zu begründen. Die Mitglieder dieser Gruppe werden weder hier noch anderswo in der Apostelgeschichte »Diakone« genannt. Dieses Wort findet sich im Sinn eines kirchlichen Amtes erst im ersten Timotheusbrief (3, 8.12).

Ob die Wahl der ›Sieben‹ tatsächlich der Notwendigkeit einer Reorganisation der Gemeindecaritas entspringt, oder ob sie ein Zugeständnis an die Hellenisten in der Gemeinde ist, läßt sich nicht eindeutig klären. Jedenfalls kommt es anknüpfend daran zu eigenen Beauftragungen für die Caritasarbeit der Gemeinden; es entstehen die Dienstämter der Diakone und der »Gemeindewitwen«. Diese bilden einen eigenen Stand. Für die Eintragung in das Verzeichnis der Gemeindewitwen werden Kriterien genannt, die denen für die Auswahl der Bischöfe (Priester) und Diakone (vgl. 1 Tim 3, 2-13) an Strenge nicht nachstehen: »Eine Frau soll nur dann in die Liste der ›Witwen‹ aufgenommen werden, wenn sie mindestens sechzig Jahre alt ist, nur einmal verheiratet[29] war, wenn bekannt ist, daß sie Gutes getan hat, wenn sie Kinder aufgezogen hat, gastfreundlich gewesen ist und den Heiligen die Füße gewaschen hat, wenn sie denen, die in Not waren, geholfen hat und überhaupt bemüht war, Gutes zu tun« (1 Tim 5, 9-10).

Im zitierten Text aus der Apostelgeschichte ist die Grundbedeutung von Diakonie exakt beschrieben: den Tischen dienen – διακονεῖν τραπέζαις – meint die Sorge um die elementaren Bedürfnisse, um Essen und Trinken. Der Diakon ist also nicht irgendein Diener; Diakon heißt Tischdiener oder Kellner[30]. Jesus gebraucht das Bild von einer Tischrunde, wenn er sagt: »Ich bin in eurer Mitte wie der, der bedient – ὡς ὁ διακονῶν« (Lk 22, 27). Er beansprucht kein Amt und keinen Titel wie die Könige der Heiden, nicht einmal das Amt und den Titel eines Priesters oder Tempeldieners, und auch nicht das Amt und den Namen eines Diakons. Er war weder der erste Bischof oder Priester[31] noch der erste Diakon seiner Kirche[32]. Er will lediglich tun, was ein Tischdiener tut: bei Tisch servieren, im übertragenen Sinn »für das Leben und die Lebens-Mittel sorgen«.[33]

Im Johannesevangelium steht am Beginn des öffentlichen Wirkens Jesu die Erzählung von der Hochzeit zu Kana (Joh 2, 1-11). Die Rolle, die er dabei übernimmt, ist programmatisch als »Anfang der Zeichen« (V. 11) zu verstehen. Die Mutter Jesu spricht die Tischdiener (»Diakone« V. 5) an, und er sagt ihnen, was sie tun sollen. Aber Jesus reiht sich nicht in ihre Gruppe ein; er wirkt im Hintergrund als einer, der auf seine Weise »Tischdienst« leistet. – In einem Nachtrag zum Johannesevangelium erscheint Jesus wiederum »wie einer, der bei Tisch bedient«. Als einige seiner Jünger mit Petrus von einem Fischfang am See Genesaret zurückkamen, »sahen sie am Boden ein Kohlenfeuer und darauf Fisch und Brot« (Joh 21, 9). Jesus bietet sich an, auch noch einige von den eben gefangenen Fischen für sie zu braten, und ruft ihnen dann zu: »Kommt zum Frühstück!« (Joh 21, 12). Da bei biblischen Texten meist auch die Anordnung eine inhaltliche Aussage oder Akzentuierung enthält, können diese beiden Erzählungen wie die Brennpunkte einer Ellipse gewertet werden, die eindringlich die Rolle festhalten, die sich Jesus selbst zuschreibt: »Ich bin in eurer Mitte wie der, der bedient.«

Die Institutionalisierung in Form von Ämtern erfolgt zeitgleich mit der Betonung der Charismen. Es handelt sich dabei keineswegs um eine späte Verfallserscheinung, so als sei es nach einem reinen Ursprung, der nur charismatische Strukturen kannte, im Laufe der Zeit erst zu einer zunehmenden ›Veramtlichung‹ der Kirche gekommen. Beide Elemente sind gleich ursprünglich und aufeinander bezogen.

Selbst in der nachapostolischen Zeit, wo die Ämter immer klarere Formen annehmen und in Auseinandersetzung mit den Irrlehren die Frage der Amtsübertragung eine große Bedeutung erlangt, wird zwischen Amt und Charisma kein Gegensatz erkennbar. Vielmehr wird
die Amtsübertragung durch Handauflegung selbst als Geistvermittlung
verstanden; als Voraussetzung für die Übernahme eines Amtes wird
eine ganze Liste von persönlichen Charismen aufgezählt[34].

4. Ungleiche Entwicklungen

Die Kirchengeschichte ließe sich als Geschichte einer ständigen Spannung zwischen Amt und Charisma deuten. Im Bereich der Diakonie
nimmt diese Geschichte allerdings einen anderen Verlauf als etwa im
Bereich von Verkündigung, Liturgie, Sakramentenspendung oder Gemeindeleitung. Während dort eindeutig die amtlichen Strukturen dominierend werden, ist es im Caritasbereich umgekehrt. Die in der
frühen Kirche für die diakonische Arbeit entstandenen Ämter verschwinden bald wieder; die Gemeinde-Witwen werden von or-
densähnlichen Zusammenschlüssen abgelöst. Der Diakonat verküm-
mert ab dem vierten Jahrhundert zu einer Durchgangsstufe auf dem
Weg zum Priestertum. Seit der Wiederbelebung des Diakonats als eigenständiges Amt in der Kirche durch das Zweite Vatikanum gibt es
nach dem Päpstlichen Jahrbuch 2001 derzeit 25.529 Ständige Diakone, jedoch sehr ungleich über die Welt verteilt[35]. Im Bereich der Diakonie ist damit beinahe während der ganzen bisherigen Kirchengeschichte das freie charismatische Element dominierend. – Anders in
den Bereichen Verkündigung, Liturgie und Leitung. Hier wurden immer stärker die rechtlichen Fragen nach Ausbildung und Kompetenz
sowie nach dem Rang von Bedeutung. Jenen, die sich allzusehr an
der Treppe der kirchlichen Ämter orientieren, könnte das Papstwort
helfen: »Wenn man gut nachdenkt, so bedeutet es wesentlich mehr,
Christ zu sein als Bischof, selbst dann, wenn es sich um den Bischof
in Rom handelt.«[36]

5. Zur Zukunft des Diakonenamtes

Ob dieses wiedererweckte Amt eine Zukunft hat und eine größere
Bedeutung für die Kirche erlangen wird, hängt in erster Linie von einem Berufsbild ab, das innerhalb der ganzen Breite des kirchlichen
Dienstes einen Schwerpunkt setzt und damit ein eigenständiges Profil ermöglicht. Der Diakon muß sich vom Image eines ›verhinderten

Priesters‹ bzw. eines ›Ersatzpriesters‹ lösen. Er muß seinen Dienst als eine selbständige, vom Priester unterschiedene Berufung verstehen[37]. Der Schwerpunkt für diesen Dienst ist wohl im Bereich der Diakonie im engeren Sinn zu suchen. Die pragmatische Überlegung, die am Anfang dieses Dienstes stand, könnte eine weitere Entwicklung eröffnen, am ehesten aus einer Umkehrung des Apostelwortes (Apg 6, 2), die sich aus der heutigen Situation ergibt: Es ist nicht recht, daß wir den Dienst an den Tischen vernachlässigen und uns einseitig der Liturgie, der Verkündigung, den Fragen der Leitung und des Rechts widmen. Wir brauchen auch kirchliche Amtsträger mit dem Schwerpunkt karitativer Dienst. Sie sollen diesen Dienst amtlich darstellen, an Schlüsselstellen leiten und dazu ausbilden. Sie sollen aber auch die ganze Kirche und ihre übrigen Amtsträger auf dem Weg halten, der sich am Wort Jesu nach der Fußwaschung orientiert: »Ich habe euch ein Beispiel gegeben, damit auch ihr so handelt, wie ich an euch gehandelt habe« (Joh 13, 15).

Braucht es dazu ein Amt? Es wird nützlich sein, aber es wird weniger als jedes andere der Repräsentation durch Titel, Rang und Kleider bedürfen. Alles liegt im Tun. »Servire et confidere« heißt der Wahlspruch Reinhold Stechers als Bischof, nicht *servus ac confidens* (oder διάκονος καὶ πιστός). Das Meßkleid mag ruhig die Dalmatik verdecken – solange es einer trägt, der sich um die Menschen kümmert »wie einer, der bei Tisch bedient«.

ANMERKUNGEN

1   Im Priesterseminar habe ich davon nichts mitbekommen; dort war ich Organist. Reinhold Stecher hat mir nach Jahren einmal gesagt, daß ihm meine Improvisationen zuerst neu und fremd erschienen. Er hörte mir aber an manchen Nachmittagen, wenn ich für mich selbst spielte, unbemerkt zu, bis er meine ›Sprache‹ verstand.

2   Dieses »dalmatinische Gewand« wurde schon im 3. Jahrhundert von der vornehmen Schicht in Rom getragen (vgl. zum ganzen Abschnitt die Stichworte »Dalmatik« und »Paramente«, in: R. Berger, Kleines Liturgisches Wörterbuch. Freiburg 1969.

3   Konzil von Trient: DH 1767 u. 1774.

4   DH 1771-1778, hier 1772.

5   DH 1765.

6   Das Tridentinum sagt nicht ausdrücklich, welche Weihestufen Sakrament sind, sondern erklärt nur, es gebe eine »durch göttliche Anordnung eingesetzte Hierarchie, die aus Bischöfen, Priestern und Dienern besteht.« Im erarbeiteten Beschlußtext hießen die letzten Worte *»quae constat ex episcopis, presbyteris et aliis ministris«*. Am Vortag der Sitzung wurde das Wort »aliis« vor »ministris« (Dienern, Diakonen) gestrichen (DH 1776 u. Anm.).

7 Vgl. J. Lécuyer, Der Diakonat nach den kirchlichen Lehräußerungen, in: K. Rahner / H. Vorgrimler (Hgg.), Diaconia in Christo (QD 15/16). Freiburg 1962, 205-219, bes. 207-213.

8 Can. 132 CIC/1917.

9 Can. 135 CIC/1917.

10 Predigt (can. 1342 § 1), außerordentlicher Spender der feierlichen Taufe (can. 741) und der Kommunion (can. 845 § 2), Vollmacht zur Aussetzung des Allerheiligsten ohne eucharistischen Segen (can. 1274 § 2), bestimmte Segnungen (can. 1147 § 4); alle Zitate aus CIC/1917.

11 Johannes Paul II., Geschenk und Geheimnis. Zum 50. Jahr meiner Priesterweihe. Graz 1996, 49.

12 H. Waldmann, Vom Ursprung des Diakonenamtes und seiner Geschichte, in: ders., Aufsätze zu Religionsgeschichte und Theologie. Tübingen 1996, 7-26, hier 26.

13 »In diaconia liturgiae, verbi et caritatis Populo Dei ... inserviunt« (LG 29).

14 Beschluß: Ämter und Dienste, in: Gemeinsame Synode der Bistümer in der Bundesrepublik Deutschland. Offizielle Gesamtausgabe I. Freiburg 1976, 597-636, hier 615.

15 Die Stichwörter ›Diakonie‹ oder ›Caritas‹ finden sich weder im Verzeichnis des »Direktoriums für Dienst und Leben der Priester« (Kongregation für den Klerus 1994) noch im Katechismus der Katholischen Kirche (»Weltkatechismus«). München 1993.

16 Direktorium für den Dienst und das Leben der Ständigen Diakone (1998), Art. 37.

17 Ebd., Art. 13.

18 Das Direktorium Art. 13 bezieht sich ausdrücklich auf can. 287 § 1 CIC, der diesen Dienst von allen Klerikern erwartet.

19 Vgl. den Verweis auf H. J. Fabry, Der altorientalische Hintergrund des urchristlichen Diakonats, in: J. G. Plöger / H. J. Weber (Hgg.), Der Diakonat. Freiburg 1980, 15-26.

20 Vgl. Waldmann (s. Anm. 12) 14.

21 Vgl. Fabry (s. Anm. 19) 21.

22 Belege bei Waldmann (s. Anm. 12) 20.

23 »Die Diakone wählen aus ihren Reihen den, den sie als eifrig erkannt haben, und nennen ihn Archidiakon.« Hieronymus, Ep. 46 (al. 85) ad Evangelium; zit. nach: Waldmann (s. Anm. 12) 22, Anm. 45.

24 Waldmann (s. Anm. 12) 25.

25 Von Barnabas und Paulus wird berichtet: »In jeder Gemeinde bestellten sie durch Handauflegung Presbyter und empfahlen sie mit Gebet und Fasten dem Herrn« (Apg 14, 23). – In der Didaché 15, 1 (2. Jh.) heißt es schlicht: »Wählt euch Bischöfe und Diakone.« Priester sind dort nicht erwähnt.

26 Vgl. P. Hoffmann, Studien zur Frühgeschichte der Jesus-Bewegung. Stuttgart 1994, 291.

27 Ebd. 299.

28 Hier ist also nicht von einem Amt die Rede, sondern von einer Aufgabe ($\chi\rho\epsilon\iota\alpha$), deren Erfüllung sich ergeben und als notwendig ($\chi\rho\eta$ = man braucht's) herausgestellt hat.

29 Wörtlich: »Die Frau eines einziges Mannes«. Vgl. die Parallele in 1 Tim 3, 2: Der Bischof sei »der Mann einer einzigen Frau«, nach traditioneller Auslegung: Er darf nach dem Tod seiner Frau nicht mehr heiraten.

30 In deutschen Übersetzungen werden zwei griechische Begriffe gleicherweise mit »dienen« übersetzt: Mt 6, 24 »niemand kann zwei Herren dienen« = $\delta o \upsilon \lambda \epsilon \upsilon \epsilon \iota \nu$; Lk 22, 27 »ich bin in eurer Mitte wie einer, der dient« = $\delta \iota \alpha \kappa o \nu \hat{\omega} \nu$ (»geschäftig sein«); davon $\delta \iota \alpha \kappa o \nu \epsilon \hat{\iota} \nu$ = »zwischen (den Tischen) hin- und hereilen«.

31 Das Wort aus dem Hebräerbrief über Jesus Christus »Wir haben einen Hohenpriester, der sich zur Rechten des Thrones der Majestät im Himmel gesetzt hat« (Hebr 8, 1) ordnet weder den irdischen Jesus noch den auferstandenen Herrn einem kirchlichen Amt zu. ›Hoherpriester‹ ist vielmehr im Sinn von »Mittler eines besseren Bundes« (Hebr 8, 6) bzw. von »Ein(zigartiger) Mittler zwischen Gott und den Menschen« (1 Tim 2, 5) zu verstehen.

32 Die Regelungen und Gesetze für kirchliche Amtsträger sollen sich daher nicht an dem orientieren, was sich aus der Einzigartigkeit der Person und Berufung Jesu ergibt, sondern an dem, was Jesus den durch ihn berufenen Männern und Frauen auferlegt hat.

33 Daher steht bei Lk 22, 27 das Verbum und nicht das Substantivum: ὡς ὁ διακονῶν und nicht ὡς ὁ διάκονος.

34 P. Neuner, Art. Charisma / Amt, in: NHThG. Bd. 1. München 1991, 239-244.

35 Die Hälfte lebt in den USA, in Europa liegt Deutschland mit 2000 Diakonen an der Spitze. Nur etwa drei Prozent wirken in den klassischen Missionsgebieten in Afrika und Asien (vgl. Kathpress, 6. 2. 2000 u. 10. 4. 2001).

36 Johannes Paul II., Die Schwelle der Hoffnung überschreiten. Hamburg 1994, 42.

37 Der Diakon sei weder ein »erhöhter Laie« noch ein »halber Priester«, sondern zum Diakonat gehöre eine eigene Spiritualität, eine besondere kirchenrechtliche Stellung und ein spezifischer Dienst, erklärte der Präfekt der Kleruskongregation, Kardinal Dario Castrillon-Hoyos, bei der Vorstellung des neuen »Direktoriums für das Amt und das Leben der Ständigen Diakone« (Kathpress, 12. 3. 1998, 8-9).

KLAUS EGGER

Nur für heute

Gedanken zur priesterlichen Identität im pastoralen Lebensalltag

Als ich von Bischof Reinhold Stecher 1989 zum Generalvikar ernannt wurde, gab er mir zwei Wünsche mit auf den Weg. Der eine betraf die Organisationsstruktur des Bischöflichen Ordinariats, der andere die Sorge um die Mitbrüder im priesterlichen Dienst. Vor allem der zweite Wunsch betraf ein ganz persönliches Anliegen von ihm. So manchem seiner ehemaligen Studenten aus dem Paulinum war er auch später geistlicher Begleiter, fünf Jahre lang war er Spiritual im Priesterseminar, und vor allem als Bischof wußte er um die Situation der Priester Bescheid. Jahr für Jahr gab es bei der Chrisam-Messe am Gründonnerstag, wie auch bei so manch anderen Begegnungen mit Mitbrüdern, ermutigende Worte.

Ohne Beschönigung sprach er die oft so belastende Realität des priesterlichen Alltags nüchtern an, um in eben diese Situation Worte der Zuversicht hineinzusagen. Manchmal konnte man sich geradezu an die Rede Esras vor den aus der Babylonischen Gefangenschaft heimgekehrten Juden erinnern: »Macht euch keine Sorgen; denn die Freude am Herrn ist eure Stärke« (Neh 8, 10) oder auch an das Wort Jesu: »Macht euch also keine Sorgen und fragt nicht: Was sollen wir essen? Was sollen wir trinken? Was sollen wir anziehen? Denn um all das geht es den Heiden. Euer himmlischer Vater weiß, daß ihr das alles braucht. Euch aber muß es zuerst um sein Reich und seine Gerechtigkeit gehen; dann wird euch alles andere dazugegeben werden« (Mt 6, 31-33).

»Dienen und vertrauen«, der Wahlspruch von Reinhold Stecher als Bischof von Innsbruck, war kein leeres Wort. Immer wieder einmal konnte man erahnen, daß hinter allem Vertrauen, das er seinen Mitarbeitern geschenkt, und hinter seinem Vertrauen auf die »unterirdischen Ströme des Guten« auch in unserer Zeit ein tiefes Gottvertrauen stand.

Neben der im Generalvikariat anfallenden Arbeit habe ich mir schon bald die Frage gestellt, wie ich dieser Aufgabe, mich der Mitbrüder anzunehmen, gerecht werden könnte. Da kam mir eine langjährige Erfahrung in zwei Praxisbegleitungsgruppen für Verantwortliche in der Priester- und Ordensausbildung sowie für eine Priestergruppe aus Innsbruck zu Hilfe. Ich lud also zehnmal jährlich einen oder mehrere Weihejahrgänge – pro Treffen etwa zwölf Mitbrüder – zu einem Begegnungstreffen mit Übernachtung ins Notburgaheim in Eben am Achensee ein. Breiten Raum nahm dabei die »Wie geht es mir-Runde« ein. Jeder war eingeladen zu erzählen, was ihn als Priester trägt, aber auch, was ihn belastet. Neben sehr erfreulichen Erfahrungen kam dabei auch die ganze Not priesterlicher Existenz in dieser Zeit zur Sprache: die Belastung durch die Verantwortung für zwei oder drei Gemeinden; der deutliche Schwund an Gottesdienstbesuchern, vor allem im Bereich der Jugend; innerkirchliche Spannungen; Unsicherheiten bei der Rollenverteilung unter Priestern, Diakonen und hauptberuflichen Mitarbeiterinnen im pastoralen Dienst und anderes mehr. Immer wieder einmal ist dabei auch ganz offen die Frage ausgesprochen worden: »Wer sind wir nun eigentlich als Priester, was macht unser Priestersein aus, und worin besteht eigentlich unsere Identität?«

Bischof Reinhold Stecher hat bei verschiedensten Gelegenheiten darauf hingewiesen, daß diese Frage im letzten nicht theoretisch, sondern nur durch den konkreten priesterlichen Dienst im Kontext der Gemeinde und all ihrer Mitarbeiterinnen und Mitarbeiter gelöst werden kann. Das war jedoch keine Absage an ernsthafte und dringend notwendige Bemühungen um eine theologische und soziologische Klärung der priesterlichen Rolle in der Kirche von heute und auch keine Rücknahme der vielen, bislang leider ungehörten Appelle an die oberste Kirchenleitung, die Zulassungsbedingungen zum priesterlichen Dienst neu zu überdenken. Was es jedoch für den täglichen priesterlichen Dienst braucht, sind lebendige Quellen, die täglich neue Kraft schenken und in die konkrete Aufgabe des Priesters je neu einweisen.

Von der grundsätzlichen Bedeutung des »Heute« im priesterlichen Lebensalltag

Papst Johannes XXIII., im Jahr 2000 seliggesprochen, hat einmal geschrieben: »Nur für heute werde ich mich bemühen, den Tag zu erleben, ohne das Problem meines Lebens auf einmal lösen zu wollen.« Im Blick auf unsere Problematik mag es erlaubt sein, diesen Satz in folgender Weise abzuändern: »Nur für heute werde ich mich bemühen, den Tag als Priester zu leben, auch wenn für die Gesamtproblematik priesterlicher Existenz weder heute noch morgen eine umfassende Lösung zu erwarten ist.«

Die nachkonziliaren Schreiben des kirchlichen Lehramts allein haben es offensichtlich nicht vermocht, eine befriedigende und lebbare Antwort auf die Frage nach der priesterlichen Identität zu geben. Zu den lehrhaften und dogmatischen Stellungnahmen muß das gelebte »Heute« priesterlicher Existenz als zweiter »locus theologicus« hinzukommen, um einer Antwort näher zu kommen. Dabei bedeutet »Heute« in der gesamten biblischen Tradition weit mehr als bloß den Tag zwischen gestern und morgen. Es geht um das je neue Heilsangebot Gottes. Im Psalm 95 – über Jahrhunderte hinweg als Invitatorium des Stundengebetes gesprochen – heißt es: »Ach, würdet ihr doch heute auf seine Stimme hören« (95, 7). Und von dieser Stimme – dem Wort Gottes – heißt es bei Jesaia: »Denn wie der Regen und der Schnee vom Himmel fällt und nicht dorthin zurückkehrt, sondern die Erde tränkt und sie zum Keimen und Sprossen bringt, wie der Sämann Samen gibt und Brot zum Essen, so ist es auch mit dem Wort, das meinen Mund verläßt: Es kehrt nicht leer zu mir zurück, sondern bewirkt, was ich will, und erreicht all das, wozu ich es ausgesandt habe« (Jes 55, 10.11). Ob es so ein Wort gibt, das uns täglich neu zugesprochen wird, um in uns im Blick auf unseren priesterlichen Dienst wirksam zu werden?

Die Begegnung mit einem Geburtstagslied

Bei den schon genannten Priestertreffen in Eben haben wir als Höhepunkt unseres Morgenlobes jeweils das Benedictus gesungen. Der erste Teil dieses Liedes preist den Gott Israels, der sich immer wieder für sein Volk engagiert hat und jetzt einen mächtigen Retter sendet, um seine Bundeszusage von einst zu erfüllen. Im zweiten Teil spricht Zacharias das neugeborene Kind direkt an und enthüllt (»erfüllt vom Heiligen Geist«) in prophetischer Rede den Berufungsweg seines Sohnes. Genau dieses prophetische Wort hat dem Leben des Täufers Gestalt und Inhalt verliehen.

Als wir dieses Benedictus wieder einmal gesungen haben, wurde mir plötzlich klar, daß die Worte »Und du, Kind, wirst Prophet des Höchsten heißen; denn du wirst dem Herrn vorangehen und ihm den Weg bereiten« (Lk 1, 76) nicht bloß Johannes dem Täufer gelten, sondern auch mir und allen, die diesen Text betend in sich aufnehmen.

Zunächst bin ich darüber fast erschrocken, aber der Gedanke, daß im Morgenlob der Kirche Tag für Tag ein Wort gesagt wird, das auch für mein eigenes Selbstverständnis von grundlegender Bedeutung sein könnte, ließ mich nicht mehr los.

Bestärkt wurde ich in diesem Verständnis des Benedictus durch die Ausführungen von Norbert Lohfink in seinem Buch »Im Schatten deiner Flügel«[1]. Im Abschnitt »Das Alte Testament und der christliche Tageslauf« zeigt er auf, daß die vier Lieder in der lukanischen Kindheitsgeschichte, ganz ähnlich wie Psalmen und Hymnen in alttestamentlichen Erzählungen, den Ablauf der erzählten Geschichte unterbrechen, um deren Bedeutung aus der Sicht Gottes aufleuchten zu lassen. Dabei zeigt sich, daß diese vier Lieder – Magnificat, Benedictus, Gloria und Nunc dimittis – eine Bedeutung haben, die den konkreten Kontext der Geburtsgeschichte bei weitem übersteigen und auch für andere Situationen gültig sind.

Die kirchliche Gebetspraxis hat diesen Schritt der Übertragung getan, indem sie diese vier Hymnen in den christlichen Tagesablauf hineingebettet hat. Das Magnificat bildet den Höhepunkt der Vesper, das Benedictus den der Laudes, das Gloria wird an Sonn- und Feiertagen gesungen, und das Nunc dimittis beschließt den Tag. Genau so, wie in der Kindheitsgeschichte der Ablauf der Ereignisse durch diese Lieder aus göttlicher Perspektive gedeutet und überhöht werden, so soll auch der Ablauf der täglichen Ereignisse im Leben der Gemeinden, ihrer Vorsteher und Mitarbeiterinnen und Mitarbeiter durch diese Lieder gedeutet und überhöht werden. So wird aus dem prophetischen Lied von damals eine Verheißung für das »Hier und Heute«, das dem priesterlichen Alltag Gestalt und Gehalt zu schenken vermag und so einen Beitrag zur vieldiskutierten priesterlichen Identität leisten kann.

Die täglich neue Verheißung

Die Kirche lädt Priester und Ordensleute täglich dazu ein, in den Gesang des Benedictus einzustimmen. Wie verschieden der Lebenskontext der Beterinnen und Beter auch sein mag, allen wird das Benedictus zugemutet, alle dürfen sich durch die Worte dieses Geburtstagslieds Tag für Tag zu ihrem Dienst ermutigen lassen.

Der Satz, mit dem das Benedictus im Lukasevangelium eingeführt wird, lautet: »Sein Vater Zacharias wurde vom Heiligen Geist erfüllt und begann prophetisch zu reden« (Lk 1, 67). Was Zacharias jetzt sagen wird, ist gleichsam von Gott selbst autorisiert. Und das gilt nicht bloß im Blick auf die Sendung des Täufers, sondern auch im Blick auf alle, die ihre Berufung im Dienst Gottes und der Menschen zu leben bereit sind. Geburtstage erinnern aber nicht bloß an den Tag der Geburt eines Menschen, sie sind immer auch Einladung, in die eigene Tiefe hineinzuhören, was da erst noch geboren werden möchte. Wenn daher Priester, Ordensleute oder auch Christen aus der Gemeinde dieses Geburtstagslied täglich beten oder singen, dann ist das nicht bloß Erinnerung an eine große Stunde der Heilsgeschichte, sondern auch eine Verheißung dessen, was im Kontext des Lebensalltags heute geboren werden möchte.

Anmerkungen zum Thema »Priesterliche Identität«

Priesterliche Identität war über Jahrhunderte durch die Zugehörigkeit zum Stand der Kleriker bestimmt und geprägt. Die gesellschaftliche und kirchliche Ständeordnung hat dem Priester eine eindeutige Rolle und einen eindeutigen Platz in der Gesellschaft zugewiesen. Die priesterlichen Aufgaben waren klar umschrieben und auch allgemein anerkannt. Das gab Sicherheit und auch Zufriedenheit.

Weil es aber dieses »früher« nicht mehr oder nur mehr teilweise gibt, gibt es auch das nicht mehr, was dieses »früher« an Identität geschenkt hat. Die Zeit, da sich ein Priester den Spruch erlauben konnte: »Papst, Bischof und Pfarrer von ... bin ich«, ist endgültig vorbei. Es kann in diesem Beitrag nicht darum gehen, auch nur Aspekte der Identitätsproblematik aufzurollen, wie sie heute in der Sozialpsychologie dargelegt und verstanden werden. Nur so viel sei angedeutet: Identität konstituiert sich zunächst auf der gesellschaftlichen Ebene. Jeder hat ein bestimmtes Bild von sich selbst und erlebt gleichzeitig, wie ihn andere wahrnehmen, was sie von ihm erwarten und ihm zuweisen. Indem man diese Zuweisungen wahrnimmt und sich mit ihnen identifiziert, entsteht soziale Identität. Weil die Erwartungen und Zuweisungen an den Priester heute oft recht diffus sind, kann die Entwicklung der sozialen Identität eingeschränkt und auch bedroht sein. Unsicherheiten im kirchlichen Amtsverständnis wirken sich daher negativ auf das Selbstverständnis des Priesters aus. Ebenso wird es als bedrohlich empfunden, wenn das gesellschaftliche Interesse am Tun des Priesters einfach schwindet, wenn er von vielen Menschen kaum noch wahrgenommen wird. Um so bedeutsamer ist daher eine Einbindung des Priesters in den Kreis seiner engsten Mitarbeiterinnen und Mitarbeiter in der Gemeinde, in den Kreis von Mitbrüdern und auch Freunden. Vermutlich hatte die hohe Akzeptanz der »Ebener Treffen« auch darin einen Grund.

Neben diesem »interaktionalen« Aspekt der Identitätsgewinnung gibt es auch einen »lebensgeschichtlichen« Aspekt des Identitätswachstums. Wir durchlaufen nicht bloß verschiedene biologische Lebensphasen, wir durchschreiten auch nicht bloß verschiedene Szenarien persönlicher und beruflicher Beziehungen: Wir sind mit einem gesellschaftlichen und kirchlichen Wandel konfrontiert, der eine ständige Herausforderung für die priesterliche Identität bedeutet. Ältere Priester drücken das gelegentlich so aus: »Ich frage mich manchmal, ob die Kirche, der zu dienen ich mich vor Jahrzehnten entschieden habe, noch dieselbe Kirche ist und auch, ob ich als Priester noch derselbe bin, der ich einmal war.« Mehr denn je sind wir heute herausgefordert, mit Veränderungen zu leben und gleichzeitig Sorge dafür zu tragen, daß wir uns selbst und unserer Berufung treu bleiben. Bei so manchem Treffen von Weihejahrgängen habe ich dazu eingeladen, aus der eigenen Biographie zu erzählen, und konnte dabei beobachten, wie wohltuend sich solche Gespräche erwiesen haben. Ein Austausch dieser Art hat dazu eingeladen, die eigene priesterliche Identität als eine Identität im Prozeß zu verstehen. Wer sich dem Prozeß verweigert, sieht seine Identität rundum bedroht und neigt dazu, Verteidigungspositionen aufzubauen, wer sich jedoch einem solchen Wachstumsprozeß stellt, entdeckt bei aller Bedrohung auch die Chancen, die in jeder Veränderung liegen.

Ein dritter und für die priesterliche Identität entscheidender Aspekt ist der Glaube und das Vertrauen, daß Gott es ist, der uns auf den Weg schickt und sendet. Als Glaubende dürfen wir in der Gewißheit leben, daß wir unsere Mitte nicht nur in uns selbst, im Austausch mit anderen und im ständigen Dialog mit der Welt und unserer eigenen Lebensgeschichte finden, sondern ganz entscheidend auch »jenseits« von uns selbst, in Gott. Gerade als Priester können wir zu unserer letzten Identität nur gelangen, wenn wir uns von Gott her verstehen und uns auf diese Mitte hin verlassen. Jesus hat immer wieder deutlich gemacht, daß er sich alles, all sein Reden und sein Tun, vom Vater geben läßt. Bei seinem ersten öffentlichen Auftritt in der Synagoge von Nazaret läßt er sich die Schriftrolle reichen, liest den Text und vernimmt darin die Wegweisung für seine Sendung (Lk 4, 16-21). Wie sehr er vom Vater her lebt, wird vor allem beim Evangelisten Johannes deutlich. Auf die Bitte des Philippus, daß Jesus ihnen den Vater zeige, antwortet er: »Schon so lange bin ich bei euch, und du hast mich nicht erkannt, Philippus? Wer mich gesehen hat, hat den Vater gesehen. Wie kannst du sagen: Zeig uns den Vater? Glaubst du nicht, daß ich im Vater bin und daß der Vater in mir ist? Die Worte, die ich zu euch sage, habe ich nicht aus mir selbst. Der Vater, der in mir bleibt, vollbringt seine Werke« (Joh 14, 8-10).

Die täglich neue Zusage für den Lebensalltag des Priesters

Nach diesen eher grundsätzlichen Erwägungen zur priesterlichen Identität möchte ich nochmals zum »Geburtstagslied« zurückkehren, das Zacharias einst gesungen hat.

Es beginnt mit der ganz persönlichen Anrede »Du, Kind«. Wenn ich diesen Text Tag für Tag am Morgen bete und auf meinen Lebensalltag beziehe, dann ist mit dieser Anrede eine erste Entlastung im Blick auf alles, was mir heute begegnen wird, ausgesprochen. Ich darf, ja ich soll auch in meinem priesterlichen Dienst »Kind« sein. Ich darf mir auch heute das Entscheidende schenken lassen, wie sich ein Kind beschenken läßt.

Meine Aufgabe für heute: »Prophet des Höchsten« sein. Betroffen von dieser prophetischen Aufgabe schreibt Paulus an die Thessaloniker: »Darum danken wir Gott unablässig dafür, daß ihr das Wort Gottes, das ihr durch unsere Verkündigung empfangen habt, nicht als Menschenwort, sondern – was es in Wahrheit ist – als Gottes Wort angenommen habt; und jetzt ist es in euch, den Gläubigen, wirksam geworden« (1 Thess 2, 13). Darum geht es: die Botschaft vom »Mehrwert des Glaubens« der Welt von heute zu verkünden und zugänglich zu machen.

Im Konzilsdekret über die Hirtenaufgabe der Bischöfe wird das Prophetenamt der Bischöfe immer wieder an erster Stelle genannt[2]. Im Dekret über das Leben und den Dienst der Priester heißt es: »Da niemand ohne Glaube gerettet werden kann, ist die erste Aufgabe der Priester als Mitarbeiter der Bischöfe, allen die frohe Botschaft zu verkünden«[3]. Dabei darf jedoch nicht vergessen werden, daß die Verkündigung von Tod und Auferstehung Jesu in der Eucharistiefeier die höchste und dichteste Gestalt von Verkündigung überhaupt ist.

Konkret geht es darum, »dem Herrn den Weg zu bereiten«. Dom Helder Câmara hat diese Aufgabe einmal so umschrieben: »Ich darf nicht die Tür sein, durch die der Nächste geht, darf ihn nicht zu mir rufen, ihn verpflichten, meine Wege zu gehen, meine Zugänge zu den seinen zu machen, von meinen Schlüsseln abhängig zu sein. Wenn meine Tür Christus ist, kommt es darauf an, einem jeden Menschen zu helfen, daß er den Weg zum Vater findet, auf dem er er selbst bleibt.« Gerade in einer Zeit, die ganz allgemein von »Individualisierung« geprägt ist, erhält die Begleitung von Menschen, daß sie ihren ihnen von Gott zugedachten Weg finden, eine hohe Bedeutung. Denn nur, wer den Weg zum eigenen Herzen findet, wird auch Gott finden. Denn das menschliche Herz ist nach Ignatius von Loyola der Ort, an dem der Schöpfer unverstellt mit seinem Geschöpf kommuniziert. Geistliche Begleitung, Exerzitien im Alltag und auch die verschiedenen Formen von Gemeindeentwicklung und Berufungspastoral sind ganz neu gefragt.

Wie aber sollen wir eine Welt, die sich weithin selbst zu genügen scheint, die Erlebnis und Event zur Religion gemacht hat, »mit der Erfahrung des Heils beschenken«? Vordergründig betrachtet, scheint dies unmöglich zu sein. Jesus selbst aber hat uns gelehrt, die Welt, wie sie nun einmal ist, auf das Heil hin transparent zu machen. In seinen Gleichnissen spricht er die Lebenserfahrungen seiner Zuhörer an, die manchmal um nichts besser sind als das, was uns die Erlebnisgesellschaft von heute zumutet, und gibt diesen Geschichten eine unerwartete Wendung, sodaß aufleuchtet, was es um die »Reichtümer Gottes« (Anbruch des Reiches Gottes) ist. Ob wir nicht ganz neu in die Schule der Gleichnisse gehen müßten, um die Menschen von heute mit Heilserfahrungen zu beschenken?

Im Text selbst gibt es noch einen deutlichen Hinweis, in welcher Richtung diese Heilserfahrung möglich sein sollte: »durch die Vergebung der Sünden«. Ist diese Botschaft einer Welt, die mit Sünde anscheinend nichts mehr anzufangen weiß, noch zu vermitteln? Vielleicht gelingt es, wenn wir zum einen bei der Tatsache ansetzen, daß es in dieser unserer Welt unendlich viel Leben gibt, das unterdrückt und niedergehalten wird, und zum andern bei der Erfahrung, daß neben Erfolg und Erlebnis auch das Versagen und Sinnlosigkeit das alltägliche Leben bestimmen. Welch ein Wunder, daß wir vor Gott auch mit unseren Grenzen und unserem Versagen dasein dürfen! »Nicht die Gesunden brauchen den Arzt, sondern die Kranken« (Mk 2, 17). Dieses Jesuswort ist eine Einladung an alle Seelsorger, Menschen zu ermutigen, sich selbst mit Licht- und Schattenseiten anzunehmen und sich so vor das Geheimnis Gottes zu stellen. Wo das gelingt, beginnt bereits die »Vergebung der Sünden«, indem trotz allem Zukunftsper-spektiven sichtbar werden. Wenn solche Erfahrungen gemacht wer-den, dann wird auch die Bereitschaft wachsen, dem niedergehaltenen Leben aufzuhelfen.

Und dann stimmt das Lied des Zacharias, das auch uns auf die Lippen gelegt ist, in eine Grundmelodie der gesamten Heiligen Schrift ein: Gott hat ein Herz für uns Menschen, ein Herz, das wie das Herz einer Mutter für ihre Kinder schlägt. Das meint die Rede von der »barmherzigen Liebe unseres Gottes«. Heilserfahrungen ereignen sich nicht aufgrund unserer Leistung und unseres Könnens, sondern auf-grund der Barmherzigkeit Gottes, der uns diese lebensrettende Zu-wendung »durch das aufstrahlende Licht aus der Höhe« zuteil werden läßt. Dabei geht es nicht um irgendein Licht, sondern um jenes Licht, das in Jesus, dem ewigen Wort, in unserer Welt aufgestrahlt ist. Von ihm sagt der Prolog des Johannesevangeliums: »Er war das wahre Licht, das erleuchtet jeden Menschen – kommend in die Welt« (Joh 1, 9 in der Übersetzung Fridolin Stiers). Das »innere Licht« mag verdun-kelt, vielleicht auch verschüttet sein, aber es ist da. Unser seelsorgli-ches Tun ist im letzten ein Aufdecken dieses Lichtes, das Gott bereits entzündet hat. Gottes Heiliger Geist ist der eigentliche Seelsorger. Wir sind eingeladen, bei den Menschen die Aufmerksamkeit dafür zu wecken, daß sie einen kostbaren Schatz, eine kostbare Perle in sich tragen. Die Entdeckung der inneren Kostbarkeit aber führt zu einer ganz neuen Selbstachtung und Wertschätzung der anderen. Selbst an-gerührt durch die »barmherzige Liebe Gottes« und das auch in uns »aufstrahlende Licht aus der Höhe«, können wir es wagen, diesen Herzschlag Gottes in unseren Alltag hineinzuspiegeln.

Noch einmal wird unterstrichen, daß dieses Licht all jenen leuch-ten möchte, die »in Finsternis sitzen und im Schatten des Todes«. Kran-ke und Sünder hat man in Israel den gefährlichen und tödlichen Zo-nen des Lebens zugerechnet. Jesus ist gekommen, Kranke zu heilen und Sündern einen neuen Anfang zu schenken. Diese Sendung soll durch all jene, die in seiner Nachfolge leben, weitergeführt werden. So soll auch unser Tun am heutigen Tag den Menschen guttun und Zuversicht schenken. Das gilt für den Umgang mit unseren Mitarbei-terinnen und Mitarbeitern, für Begegnungen mit jungen und alten Menschen, mit »Kranken und Sündern«. Es möchte auch in unserem Lebensalltag diese Vorliebe Gottes für die Zukurzgekommenen er-fahrbar werden.

Ziel des göttlichen Engagements ist es, »unsere Schritte zu lenken auf den Weg des Friedens«. Es ist uns nicht zugedacht, daß wir in dieser Welt Frieden schaffen, wohl aber, daß wir Wege des Friedens beschreiten. Angesichts der vielfältigen Konflikte in unseren Gesellschaften, aber auch im privaten Bereich, hat man in den 60er und 70er Jahren in den USA ein Verfahren zur gewaltfreien Konfliktlösung entwickelt. Im deutschen Sprachraum wurde dies erst in den späten 80er Jahren aufgegriffen. Besondere Verbreitung hat die sogenannte »Mediation« gefunden. Dabei geht es um Vermittlung in Konflikten durch unparteiische Dritte. Was sich heute geradezu als neues Berufsfeld, vor allem im Bereich der Familientherapie anbietet, ist im Grund nichts anderes als eine Aktualisierung des Grundgebots der Nächstenliebe, die bis zur Feindesliebe reicht: »Aber das alles kommt von Gott, der uns durch Christus mit sich versöhnt und uns den Dienst der Versöhnung aufgetragen hat« (2 Kor 5, 18). Lassen wir uns von dem neuen Begriff »Mediation« nicht abschrecken, denn es geht dabei um einen Weg der Versöhnung, der seinerseits in die verschiedenen Formen christlicher Versöhnung, bis hin zur sakramentalen Buße reichen kann.

... ohne alles auf einmal lösen zu wollen

»Nur für heute werde ich mich bemühen, den Tag zu erleben, ohne das Problem meines Lebens auf einmal lösen zu wollen« (Johannes XXIII.). Auch das Problem der priesterlichen Identität können wir nicht auf einmal lösen. Im Vaterunser lehrt uns Jesus, jeweils heute um jenes Brot zu bitten, das wir für diesen Tag zum Leben brauchen. Das Benedictus, täglich gebetet, ist ein solches Brot, das uns je neu für unseren Dienst zu stärken vermag. Es gibt uns eine verbindliche und von Gottes Geist autorisierte Antwort auf die eingangs gestellte Frage, wer wir denn eigentlich sind: »Prophet des Höchsten, um dem Herrn voranzugehen und ihm den Weg zu bereiten«.

ANMERKUNGEN

1 Vgl. N. Lohfink, Im Schatten deiner Flügel. Große Bibeltexte neu erschlossen. Freiburg 1999, 218-236.
2 Vgl. »Christus Dominus«, Nr. 2. 12. 13, in: K. Rahner / H. Vorgrimler, Kleines Konzilskompendium. Freiburg [15]1981, 257. 262-264.
3 »Presbyterium ordinis«, Nr. 4, in: ebd. 565f.

FLORIAN HUBER

Nicht nur den Kübel sehen

Die Weihe von »viri probati«: Lösung des Priestermangels?

Meine Beziehung zu Bischof Reinhold Stecher beginnt mit seiner Bestellung zum Bischof von Innsbruck. Ich gehöre zu den ersten sechs von ihm im Jahre 1981 geweihten Diözesanpriestern. Drei davon, zu denen auch ich zähle, haben auch die Diakonenweihe von ihm empfangen. 1993 wurde ich zum Leiter des Seelsorgeamts bestellt und war Mitglied des Arbeitsausschusses des Diözesanforums. Zu dem dort formulierten Anliegen der Weihe von »viri probati« (bewährte Männer), das Bischof Reinhold persönlich sehr am Herzen lag und liegt, wird im Folgenden ein Brief an einen priesterlichen Freund abgedruckt.

Innsbruck, am 14. 5. 2001

Lieber Anton!

Gern denke ich an unser letztes Treffen zurück. Es hat wieder gutgetan, manches anzuschauen und von verschiedenen Seiten zu beleuchten. Vor dem Abschiednehmen habe ich Dir erzählt, daß ich mir zur Zeit einige Gedanken zur Weihe der »viri probati« mache. Wir hatten keine Zeit mehr, darüber ins Gespräch zu kommen. Mir ist aber Deine spontane Antwort im Gedächtnis geblieben: »Da hast Du Dir aber eine schwere Thematik ausgesucht!« Kannst Du Dich noch daran erinnern?

Ich kann jetzt nur vermuten, was Dich zu dieser Beurteilung geführt hat. Aber ich möchte dem, was Dir da eventuell durch den Kopf gegangen sein könnte, gar nicht nachgehen. Ich schreibe Dir einfach einiges, warum ich zwar nicht glaube, mit der Weihe von »viri probati« ein einfaches Rezept zur Lösung des Priestermangels in der Hand zu haben, warum ich aber trotzdem immer wieder solchen Gedanken nachhänge.

Wir wissen, daß es in den vergangenen Jahrzehnten nicht an intensiven Bemühungen um geistliche Berufe, besonders um zölibatäre

Priesterberufe, gefehlt hat. Der sichtbare Erfolg ist ausgeblieben. Die Statistik unserer Diözesen weist bei den Priestern (auch bei vielen Ordensberufen, aber das ist jetzt nicht Thema) einen katastrophalen Altersdurchschnitt auf. In der Diözese Innsbruck, für die ich gerade die aktuellen Zahlen bei der Hand habe, bietet sich folgendes Bild: Von den insgesamt 192 Diözesanpriestern sind 116 über 60 Jahre alt, das sind 60,4 Prozent. 76 sind unter 60, das sind 39,6 Prozent. Ich erlaube mir, das Wort »katastrophal« in den Mund zu nehmen, weil mit Blick auf diese Statistiken, die in absehbarer Zeit keinen verjüngten Altersdurchschnitt erwarten lassen, die auf uns zukommende Katastrophe des Zusammenbruchs unseres bisherigen Systems immer näher rückt. Die Diözesen leiten ihre Filialen, um mit einem Mann aus der Wirtschaft zu sprechen, altersdurchschnittlich mit Priestern, die nach Maßgabe üblicher wirtschaftlicher Gesetzmäßigkeiten im Pensionsalter sind. Übrigens, das möchte ich Dir auf keinen Fall verschweigen, hat der Betreffende durchaus zugegeben, daß viele davon es gut, ja sehr gut machen. Das ändert aber nichts daran, daß die Diözesen für die Pfarrbesetzungen und für kategoriale Aufgaben immer weniger Priester zur Verfügung haben. Den weniger Werdenden werden dann leicht immer mehr Lasten aufgebürdet.

Aus Gesprächen habe ich oft den Eindruck gewonnen, daß sich gerade solche Befürchtungen hemmend, ja verhindernd in den Gedankengängen junger Menschen, die sich für den Priesterberuf interessieren, auswirken. Sie wollen nicht einem System geopfert werden, das sich zur Aufrechterhaltung möglichst vieler gewachsener Strukturen verpflichtet weiß, das aber mit einem Weniger an zur Verfügung stehenden Priestern tun muß. Einer hat das so auf den Punkt gebracht: »Es ist noch gar nicht so lange her, da hast du als Priester in der Kirche vielleicht erst sehr spät oder überhaupt nicht die Chance bekommen, eine Pfarrei übernehmen zu können. Da warst du ein ›supernumerarius‹ – ein Überzähliger. Heute magst du dich nach der Weihe am besten ziemlich ruhig und unauffällig verhalten. Denn am liebsten würden sie dir gerne gleich die Verantwortung für zwei oder noch besser gleich drei Pfarren aufbürden.«

Ich möchte dem gern hinzufügen, daß inzwischen die Einsicht gewachsen ist, daß niemand gut Pfarrer von zwei oder mehr Gemeinden sein kann. Faktisch machen sich auch sehr viele Diözesanleitungen im Rahmen des kirchenrechtlich Möglichen viele Gedanken – und nicht nur das, sie handeln auch –, um die Last der Verantwortung auf mehrere Schultern zu verteilen. Sie tun das, weil sie der territorialen Struktur unserer Gemeinden nicht den Abschied geben wollen, weil wir nämlich auf weite Strecken hin so lebendige Gemeinden haben wie schon lange nicht mehr in der Kirchengeschichte. Und da wird beileibe nicht nur Aktivismus gelebt. Die Rede von einer Entwicklung unserer Pfarren von versorgten zu sorgenden christlichen Gemeinden, in denen vielfältig gelebte Charismen ein lebendiges und buntes Bild der Kirche ergeben, ist nicht leere Worthülse, sondern vielfach (noch) erfahrbar. Bedrängend deutlich wird aber auch, daß christliche Gemeinden eine Leitung brauchen, und zwar nach unserem Verständnis nicht nur ein gutes Management, das motiviert, das zusammenführt, was auseinanderzubrechen droht, das alles fordert und fördert, was eine christliche Gemeinde braucht, sondern das alles als geistliche Leitung, die in ihrem ganzen Tun und Lassen deutlich macht, daß in allem Er es ist, der uns heraus- und zusammenruft, von dessen Wort und Sakrament wir leben, von dem wir zur Liebe gerufen und in die Welt gesandt sind. Quelle und Höhepunkt solch christlichen Gemeindelebens ist die sonntägliche Eucharistiefeier.

Nun, dazu gibt es eine Unmenge von Literatur. Was mich besonders bedrängt, sind die Erfahrungen mit der sonntäglichen Eucharistie, die heute schon nicht mehr überall möglich ist bzw. durch abenteuerliche Anforderungsprofile an Priester noch möglich gemacht wird.

Die wohl nicht ohne tiefen spirituellen Hintersinn festgehaltene Regel des Kirchlichen Gesetzbuchs von der einmaligen priesterlichen Zelebration an Sonntagen und gebotenen Feiertagen hat sich inzwischen für viele, zu viele, zur selbstverständlichen Normalität des Ausnahmefalls von zwei bis dreimaligen »Einsätzen« (und noch mehr) entwickelt. Kann man da noch von »Feier« sprechen?

Die Legionen von inzwischen ausgebildeten Wortgottesdienstleiterinnen und Wortgottesdienstleitern für sonntägliche Wortgottesdienste ohne Priester (mit und ohne Kommunionfeier) entlasten die Priester. Stimmt, aber es stimmt auch, daß diese Notlösungen zu Lasten des sonst in offiziellen Texten hochgeschätzten Wertes der sonntäglichen Eucharistiefeier für die Gemeinde gehen. Die hohe und stimmige Theologie, wenn sie zu ihrer Realisierung die Veränderung von damit unstimmigen Bestimmungen in der Praxis der Kirche bräuchte, bleibt nur hoch und stimmig, aber ohne Konsequenz.

Wenigstens ein kurzes Wort möchte ich Dir auch zu den Versuchen sagen, die Gemeindeleitungsfrage mit dem Einsatz von damit beauftragten Bezugspersonen, von ehren-, neben- oder hauptamtlich unter unterschiedlichen Bezeichnungen agierenden »Laien« zu lösen. Ich setze, du weißt das ja, »Laien« in Anführungszeichen, weil ich davon überzeugt bin, daß das inzwischen mancherorts ein Ausmaß erreicht hat, daß dringend eine bischöfliche Handauflegung unter Gebet am Platz wäre. Die beschrittenen Wege sind als Übergangslösungen vertretbar und notwendig. Lösungen sind es keine. Gemeindeleitung und Vorsitz bei der Eucharistiefeier gehören zusammen. Auf dem Papier ist es auch so, daß die bestellten Pfarrmoderatoren diese Pfarren leiten. De facto haben aber den Kontakt zu den ihnen Anvertrauten und die tatsächliche Leitung die Pfarrassistenten bzw. Pfarrkuratoren inne. Für die Priester hat das zur Folge, daß sie zunehmend nur mehr als Vorsitzende bei Eucharistiefeiern, und das auch weniger vorsitzend, sondern vielmehr weg-eilend, als auf dem Sprung zur nächsten Befindliche erlebbar werden. Damit wird einer Entwicklung zurück zu einem überwunden geglaubten einseitig verengten, kultisch-sacerdotalen Priesterverständnis der Weg geebnet.

Lieber Anton! Wenn ich mich selbst beobachte, wie ich über diese Frage nachdenke, so sehe ich mich immer wieder im Kreis von vielen anderen, ähnlich Denkenden und Erlebenden. Ich vergesse im besonderen nicht unser von 1993 bis 1995 durchgeführtes Diözesanforum, bei dem den Delegierten die Frage, wie es mit unseren Gemeinden weitergeht, als besonders dringend auf der Basis der Umfrageergebnisse vor dem Start des Diözesanforums ans Herz gelegt wurde. Wir haben damals im Beschluß Nr. 9 den Bischof gebeten, im Anliegen der Weihe von »viri probati« in Rom vorstellig zu werden. Es heißt dort: »Das Diözesanforum ersucht den Bischof von Innsbruck, das Anliegen ›Priesterweihe für viri probati‹ mit einem theologischen Gutachten an die zuständigen Stellen im Vatikan weiterzuleiten. (Wenn von viri probati gesprochen wird, so bezieht sich probatio sowohl auf das persönliche Leben des Betroffenen als auch auf die Bewährung in der christlichen Gemeinde.)

Ich würde mich nicht schwertun aufzulisten, daß Bischof Reinhold Stecher, der sich das im übrigen zu einem Herzensanliegen gemacht hat, nur einer von vielen Bischöfen ist, denen dieses Anliegen mitgegeben worden ist. Ja, selbst Bischofskonferenzen haben aus ihrer Verantwortung heraus den gleichen Appell nach der Weihe von »viri probati« in der gegenwärtigen Situation formuliert.

Bewegt haben diese Bemühungen, jedenfalls was die diesbe-

züglich rechtlich notwendigen Entscheidungen anbelangt, (noch) nichts. Mir scheint es, als ob wir wie gebannt nicht hinschauen sollen, wo es zur Ehe und zum Priestersein Berufene gibt. Ein Bekannter hat einmal unsere Situation wie folgt beschrieben: »Mir scheint es so, als ob man einen leeren Kübel mitten auf ein trockenes Land stellt. Und dann bittet man Gott, er möge es regnen lassen. Aber bitte genau in diesen Kübel hinein. Dabei sieht man aber nicht, daß es zwar dort nicht regnet oder jedenfalls nicht so viel wie erbeten, daß aber ringsum vieles aufblüht.«

So sind es heute nur wenige, die zum Priester geweiht werden. Immer mehr ist deutlich geworden, daß die Wahrnehmung von Leitungsaufgaben in der Kirche im Vergleich zu früher viel schwieriger geworden ist. Die Erwartungen an die künftigen Gemeindeleiter sind hoch, zum Teil auch übertrieben hoch. Es braucht sicher eine ganz ausgeprägte Fähigkeit, mit überzogenen Erwartungen und Ansprüchen umgehen zu können. Aber davon abgesehen bleibt noch genug, und die maßgeblichen römischen Dokumente zur Priesterausbildung sind in ihrem Anforderungsprofil auch keineswegs bescheiden. Ob dem in Zeiten des Mangels, wo es auf jeden einzelnen viel mehr ankommt, als wenn die Zahl der Priester groß ist, auch genügend Rechnung getragen wird?

Noch etwas liegt mir auf der Zunge, was ich unbedingt loswerden muß, wenn es um die Frage nach der Weihe von »viri probati« geht. Ich möchte damit nicht, daß dem zölibatären Priestersein der Abschied gegeben wird. Ich glaube, daß es ein deutliches und vertieftes Ja zum zölibatären Priester braucht, ein sehr ernsthaftes und ehrliches Ringen darum, wie diese Lebensform heute gelingen kann. Ich sage »heute«, weil sich auch hier vieles verändert hat. Denken wir nur an die nicht mehr vorhandenen leiblichen Schwestern und die Verwandten, die als Pfarrhaushälterinnen Heimat geboten haben; da wäre über vieles zu reden und nachzudenken. Es beschäftigt mich immer wieder, daß es so wenige von uns wagen, andere mit Zuversicht zu ermutigen, als Priester in einer zölibatären Lebensform in dieser Kirche und für diese Kirche zu leben. Wobei ich natürlich weiß, daß dabei eine ganze Reihe von Überlegungen zum Stellenwert des Glaubens, der Bedeutung der Kirche wie auch des Priesters in dieser Kirche und in der Welt von heute anzustellen sind. Und doch, warum erleben uns andere als so wenig anziehend, so wenig mit einer positiv ermutigenden Ausstrahlung?

Trotz so vielem, was da offen ist: Ich denke, um der Gemeinden und auch um der Priester willen, die sich in einem zölibatären Lebensentwurf der Kirche zur Verfügung gestellt haben und stellen, ist es notwendig, die Weihe von »viri probati« ganz konkret anzudenken. Als erstes gilt es, die Erfahrungen anderer Kirchen einzuholen. Aber nicht nur dort, sondern auch in die eigenen Reihen gilt es hineinzuschauen. Es gibt ja in der römisch-katholischen Kirche durchaus verheiratete Priester, und zwar nicht nur »Laiisierte« (wie gehen wir mit ihnen in Zukunft um?), sondern solche, die als Verheiratete ihren priesterlichen Dienst tun. Die Unierten treten selten in unser Blickfeld, was auch damit zu tun haben mag, daß deren Lebenskontext so ganz von unserem verschieden ist. Erfahrungen lassen sich nicht so einfach übertragen.

Übrigens: Ähnliches erleben wir ja auch mit den gutgemeinten Versuchen, durch Import von Priestern aus Ländern mit Priesterüberschuß unsere Probleme zu lösen. Die Spannungen durch nicht gelöste und lösbare Inkulturationen führen leider allzuoft dazu, daß mehr Probleme entstehen als gelöst werden. Aber zurück zum Ausgangsgedanken: Es gibt auch einige evangelische Pastoren, die zur katholischen Kirche konvertiert sind, die geweiht worden sind und als Verheiratete Dispens von der Zölibatsverpflichtung erhalten haben. Und wie steht es mit den Anglikanern, die infolge ihrer Schwierigkeiten mit der Zulassung der Frauenpriesterweihe eine neue kirchliche Heimat in der römisch-katholischen Kirche gefunden haben?

Wären nicht einmal bisherige Erfahrungen zu sammeln? Und wäre nicht Abschied zu nehmen, nämlich ein Abschied von der Vorstellung, daß erst dann eine Weihe von »viri probati« in Frage kommt, wenn eine weltkirchliche Lösung möglich ist? Auf Zukunft hin wird es gar nicht anders möglich sein, als daß den Regionen in der Kirche (wieder) mehr Eigengewicht beigemessen wird – und Rom damit die Aufgabe hat, diesen Entwicklungen aufgrund einsichtig zu machender Bedingungen ein Placet zu geben, anderswo aber zu sagen, daß eben aufgrund anderer Bedingungen in Geschichte, Kultur und Mentalität usw. andere Wege möglich sind. Das bedeutet natürlich Unterschiede, und Unterschiede bedeuten natürlich auch ein Spannungspotential, das ein Dienst an der Einheit auszugleichen hat. Aber heißt katholisch Uniformität oder ist Einheit auch in begründeter Vielfalt möglich? Wir werden lernen müssen, Unterschiede auszuhalten, auch innerkirchlich. In den unterschiedlichen Lösungen der Kirche des latei-

nischen Ritus und in den mit Rom unierten östlichen Kirchen prakti-
zieren wir das ja schon. Und Afrika wäre zum Beispiel dankbar, wenn
römisch-katholische Priester überzeugend eine Einehe vorleben würden.

Aber kehren wir wieder zurück zu uns. Mir scheint auch noch
wichtig, daß die Weihe von »viri probati« aus dem Schlagwortstatus
herauskommt, daß sie mit konkretem Inhalt gefüllt wird. Was heißt
genau »bewährt«? Und wie wird es festgestellt? Was heißt es, wenn solche »viri probati« in den Dienst der Kirche treten? Ist das im Sinn einer hauptamtlichen lebenslangen oder möglichst langen Tätigkeit
(Pensionsalter mit 75?) aufzufassen? Oder sind auch Modelle eines eh-
renamtlichen und nebenamtlichen Dienstes, auch auf Zeit befristet,
vorstellbar? Welche Qualifikationen sind unabdingbare Voraussetzungen, und wie lassen sie sich, falls nicht vorhanden, erwerben? Und
wie läßt sich das alles finanzieren? Und finden wir, wenn klarer wird,
wonach wir suchen, genügend »viri probati« und dann auch noch solche, die einen zölibatären Weg gehen?

Lieber Anton! Die Fragezeichen häufen sich. Ich möchte gern
Antworten darauf. Ich erwarte mir baldigst ein grundsätzliches Ja zu
einer Weihe von »viri probati« und die Ausarbeitung eines konkreten
Profils: Und das als Weg, der zusätzlich zum Weg einer zölibatären Lebensform des Priesters eröffnet wird. Was meinst Du dazu?

Auf Deine Antwort sehr neugierig, grüßt Dich herzlich
Dein Florian

JOHANN WEBER

Spurensucher auf dem Bischofsweg

Natürlich haben wir alle einmal Karl May gelesen. Und wie ein Blick in die Regale einer Buchhandlung weist, findet er auch heute seine Anhänger, bei den jungen Leuten. Vielleicht auch bei den Erwachsenen. Und der große Held ist immer auch einer, der sich bei den Spuren auskennt wie niemand sonst: ein paar geknickte Gräser, ein umgedrehtes Blatt, eine angeschürfte Baumrinde – und er weiß schon, wer hier gegangen oder geritten ist. Unsereins bemerkt höchstens im Waldschnee, daß da ein Hase unterwegs war.

Wie das nun mit dem Weg des Bischofs ist, das steht mit ziemlich viel Paragraphen – sie heißen eigentlich Canones – im kirchlichen Gesetzbuch. Sie sind respektheischend und beeindruckend. Und doch: Die Wirklichkeit ist immer anders. Natürlich ist es notwendig, das Gerüst von Ordnungen zusammenzustellen, zusammenzuschrauben und zusammenzuschreiben. Aber dennoch: Bischof sein ist ein Abenteuer, auch wenn besagter Bischof kein Abenteurer sein muß.

Zunächst einmal, weil man dazu berufen wird. Man gibt keine Bewerbungsschreiben ab und wird nicht zu einem Hearing geladen. Andere werden gefragt, einmal viele, einmal wenige, und nebeneinander stehen ihre Meinungen. Dieser oder jener würde schon passen und dieser lieber nicht.

Nebeneinander stehen die Meinungen, habe ich gesagt, und es wäre hoch an der Zeit, eine glaubhafte Widerlegung in Gang zu setzen, daß es nicht doch irgendwo besondere Zugänge gibt und manche Informanten etwas gleicher sind als gleich. Berufung wird verdorben, wenn sie etwas mit Schlauheit und Machtspielchen zu tun hat. Denn die Berufung zielt auf eine Stimme, die zu hören ist, auf eine Gestalt, die zu sehen ist.

An diesem Punkt wäre es besser, keine zuckerfrommen Erwägungen anzustellen, die eine Allwissenheit von denen zur Vermutung bringen will, die dann letzten Endes die letzten Gleise der Entscheidung bringen, die ja nicht das letzte Ende, sondern den Anfang eines Lebens als Bischof für jemanden bereiten.

Ganz dicht müssen vielmehr alle, die nahe oder entfernt damit zu tun haben: »in dieser Diözese ist ein Bischof nötig«, Jesus Christus vor Augen haben, mit ihm umgehen und sich selber an seiner Gestalt prüfen. Bei den Aposteln hat er keine langen Informationsprozesse gemacht, sondern er hat sie angeredet. Und die meisten sind tatsächlich gekommen und mitgegangen. Es wurde ihnen ja in kurzer Zeit schon die große Bewährungsprobe auferlegt, nämlich daß sie einem nachgegangen sind, der zum Gelächter des Volkes vor dem Stadttor am Schandholz des Kreuzes hängt, bespuckt und verspottet.

Und dann noch einmal eine Bewährungsprobe: Es war tatsächlich von ihm ernst gemeint, »bis an die Grenzen der Erde« zu gehen. Sie waren ja biedere Leute, die solche Ausflüge bis in die nächste Stadt oder in den nächsten Kontinent kaum in ihrer Lebensplanung hatten. Sie haben keine Abenteuerromane gelesen und keine Abenteuer gesucht. Doch das Abenteuer hat sie gefunden, weil Jesus ihre Herzen fand. Nun gibt es ein paar tausend lebende Bischöfe und unzählige, die jüngst oder schon längst gestorben sind. Jeder verwirklicht dieses Abenteuer wieder auf seine Art.

An diesem Punkt ist von der Stecherschen Verwirklichung zu reden. Doch jeder Mensch bleibt ein Rätsel, und es sei mir gestattet zu sagen: ein Kreuzworträtsel – in dem das eine Wort das andere aufbaut und ergänzt, aber es gelingt wahrscheinlich nicht, alle Kästchen auszufüllen. Und daß diese Rätselart etwas mit dem Kreuz zu tun hat, das sei nun doch auch der Aufmerksamkeit empfohlen. Deshalb nur ein paar Wörter, seien sie im Leben von Reinhold Stecher waagrecht oder senkrecht einzutragen.

Zunächst einmal: Er war Soldat im Krieg. Wir sind nur mehr wenige Priester in Österreich, die das mitgemacht haben. Ich kann ein wenig dabei mitreden, allerdings weniger als Reinhold Stecher. Was bleibt vom Krieg? Ja nicht Heldengeschichten! Vielmehr der Abgrund des Bösen, vor dem man schweigend, ja mit zusammengepreßten Lippen steht und die Angst auch nach Jahrzehnten herankriecht und in Beschlag nimmt. Und wenn wir noch so viel gesungen, gebrüllt, kommandiert, voll Schmerzen geschrieen haben, heute ist das Schweigen in der Gewißheit der Sünde angezeigt. Gerade wir haben keine Legitimation, Untergangspredigten ständig zu halten, sondern aus der Erfahrung des Bösen an uns und in uns um so beredter von der Gnade zu reden, weil wir an sie denken und auf die hoffen. Daß sie stärker ist als alles.

Die meisten wissen, daß Reinhold Stecher wunderbare Karikaturen zeichnet. Er hat uns immer etwas zum Schmunzeln und zum lauten Lachen gegeben. Auch im erlesenen Kreis der Bischofskonferenz, wo die einen brav und eifrig mitschreiben, gleitet sein Stift über das Papier und erweckt zunächst die Meinung, er würde noch eifriger Notizen machen. Er macht schon Notizen, er gibt nämlich kund, was man sieht, wenn man genau hinschaut.

Karikaturenzeichner sind nämlich Zukunftszeichner. Wer sich auf diese Kunst wirklich einläßt, der stellt oft genug Gesichter dar, wie Menschen und Zustände einmal aussehen werden. Weil sie aus ihrer Haut nicht herauswollen, zeichnet die Karikatur, was da eben herauskommen wird. Und das ist nicht immer schmeichelhaft.

Die spitze Feder von Reinhold Stecher hat ihm auch die innere Berechtigung gegeben, mitunter eine harte Feder zu führen und Dinge zu nennen, die nicht gern gehört werden. Da ist er kein kleiner Revoluzzer, sondern ein großer Schauender auf das, was kommt, was wir fürchten und was wir hoffen sollen. Damit wird gesagt: »Kirche, paß auf, wohin du gehst!«

Schließlich ist ihm gegeben eine großartige Bilderrede. Vergleiche und Gleichnisse kommen scheinbar aus einem unerschöpflichen Vorrat. Auch hier gibt es vieles zu lachen, der Hintergrund jedoch ist ernst: »Ihr sollt mich doch bitte verstehen – versteht mich um Gottes willen.« Zum Stehen braucht man Boden, dann hat man einen Stand. Und verstehen soll nicht Zwang auslösen, ein Maturazeugnis und ein Doktordiplom vorweisen zu müssen. Jesus hat zu den Großen und zu den Kleinen in den Bildern der Gleichnisse gesprochen. Das ist es. Und das ist es, auch bei Reinhold Stecher.

Es ließe sich noch vieles sagen. Aber eben wie gesagt: einen Menschen zu beschreiben, das bleibt immer unvollendet. Normalerweise dauert es nicht lang: Wenn man Bischof wird, dann wird man gemalt, und ein großes Bild wird irgendwo befestigt, an passender oder unpassender Stelle. Anläßlich eines Bildes sagt man gern, daß jemand vielleicht »bildhübsch« sei. Oder jemand sei ein »Bild von einem Mann«. Ich gönne es einem jeden, wenn solche Urteile laut werden. Doch bei einem Bischofsporträt braucht es schon ein bißchen mehr. Nicht immer kennt man in den künstlerischen Darstellungen auf den ersten Blick, wer hier gemeint sei. Bei einem Bischof muß jedoch zunächst etwas wie eine Botschaft gemeint sein, und dazu braucht es Farben: die Farbe der Fröhlichkeit, des Ernstes, des inneren Wissens und der Demut.

Schließlich entwirft einer durch sein ganzes Leben ein Bild von sich selbst. Letztlich gibt es nur eine Beurteilung, jenseits von aller Kunstkritik, nämlich über das, was wirklich zählt: Da hast du uns ein Stück mehr ahnen lassen, was es um Jesus Christus ist. So ein Mensch ist auch ausgerüstet mit Stab und Mitra, damit er ein Spurensucher sein kann, dem es egal ist, wenn seine Schuhe schmutzig werden – mit meinem Weg, den ich halt gehe, auf der richtigen Spur, auf der Spur des Guten Hirten.

Ja übrigens: Der Nachfolger von Reinhold Stecher ist – oh Schreck – kein Tiroler. Ich bin mir aus Patriotismus unsicher, ob wegen seiner ausgerechnet steirischen Herkunft ein zusätzlicher Schreck eingetroffen ist. Doch ein Bischof ist ja nicht ein Solist, sondern er soll sozusagen das Ganze sein. Er soll sorgen, daß Grenzen, auch innerhalb der Kirche, relativ werden: nicht ein Selbstdarsteller, sondern ein Hingestellter. Im Vertrauen und mit der Mutzusage des Mannes von Nazaret.

Im letzten Verzeichnis der Weltkirche steht, daß es insgesamt 4482 Bischöfe gibt. Reinhold Stecher ist einer von ihnen – ein wichtiger.

4

Kirche und Judentum

Uralte Hypotheken belasten das Verhältnis von Kirche und Judentum. Eine davon war der Anderl-Kult in Judenstein bei Rinn. Ihm hat Reinhold Stecher als Bischof ein Ende gesetzt. Er hat sich damit auf die große Versöhnungsspur begeben, die Papst Johannes Paul II. während seines gesamten Pontifikats konsequent vorgegeben hat. Hinter dem mutigen und längst überfälligen Schritt des Bischofs stehen letztlich Aussagen des Völkerapostels Paulus.

Martin Hasitschka SJ

»Nicht du trägst die Wurzel, sondern die Wurzel trägt dich« (Röm 11, 18)

Juden und Christen verbunden in messianischer Hoffnung

Richtungweisend bleibt mir, was Bischof Reinhold Stecher durch zeichenhafte Handlungen und zahlreiche Ansprachen, die oft persönliches Zeugnis waren, zum jüdisch-christlichen Dialog beigetragen hat. Besonders prägt sich mir die Ansprache ein, die er anläßlich seiner Ehrung durch die Stadt Jerusalem aufgrund seiner Verdienste um das Judentum im März 1999 bei der Pflanzung eines Baumes im Gelände der Hadassa-Klinik gehalten hat. Darin äußert er drei Wünsche. Beim dritten schaut er »auf die Wurzeln des Ölbaums, auf die gemeinsamen Wurzeln von Christen und Juden, die hinunterreichen bis in die Tiefen des Ewigen« und wünscht sich, »daß wir, Juden wie Christen, diese Wurzeln immer besser und lebendiger erfassen mögen, und daß unsere Verankerung im ewigen Gott immer fester und vertrauensvoller werde«. Diesem Wunsch schließt sich der folgende Beitrag an.

»Wiederentdeckt« durch die Erklärung des Zweiten Vatikanischen Konzils über das Verhältnis der Kirche zu den nichtchristlichen Religionen »Nostra aetate« (1965), sind drei Kapitel aus dem Römerbrief (Röm 9-11) wie kein anderer Text des Neuen Testaments wegweisend für den jüdisch-christlichen Dialog. Anlaß dafür, daß Paulus sich in diesen Kapiteln ausführlich mit der Frage nach dem Verhältnis zwischen Synagoge und Kirche beschäftigt, ist die auf seinen Missionsreisen wiederholt gemachte und mit Leid verbundene Erfahrung, daß die Mehrheit des Judentums das Evangelium ablehnt.

Bei der Lektüre von Röm 9-11 spüren wir persönliche Betroffenheit. Paulus spricht von seinen Brüdern, seinen »Volksgenossen«. Ihretwegen ist er in »großer Trauer« und leidet »unablässig Schmerz« (Röm 9, 2). Sein »Herzenswunsch« und Gebetsanliegen ist ihre »Rettung« (Röm 10, 1). Die Kapitel bauen einen Spannungsbogen innerer Stimmungen auf. Er reicht vom Wunsch, selber »verflucht« zu sein und getrennt von Christus um der Brüder willen (Röm 9, 3) bis zum hymnischen Lobpreis auf die unergründlichen Wege Gottes (Röm 11, 33-36).

In Form einer rhetorischen Frage formuliert Paulus in Röm 11, 1 eine Grundthese: »Hat Gott etwa sein Volk verstoßen? Keineswegs!« Mit dieser These steht und fällt auch die Glaubwürdigkeit des Evangeliums, denn dieses wurzelt in den Verheißungen an Israel (vgl. Röm 1,2), und es gilt zuerst den Juden, dann den Griechen und Heiden (Röm 1, 16). Weil Juden und Christen denselben Gott haben, den einerseits souveräne Freiheit und andererseits Treue kennzeichnet, und der sich von seinem auserwählten Volk nicht lossagt, sind Synagoge und Kirche schicksalhaft miteinander verbunden.

Ausführlich wie nirgendwo sonst in seinen Briefen hebt Paulus in Röm 9-11 das »Außergewöhnliche« (vgl. Röm 3, 1) am Judentum hervor. Seine Volksgenossen sind »Israeliten, denen die Annahme an Kindes Statt (*hyiothesia*) und die Herrlichkeit (*doxa*) und die Bundesschlüsse und die Gesetzgebung und der Gottesdienst und die Verheißungen gehören, denen die Väter gehören, und aus denen der Gesalbte (*Christos*) (ist) dem Fleisch nach« (Röm 9, 4-5). Die letzte der acht Aussagen bildet zugleich den Höhepunkt der ganzen Reihe: »Der Gesalbte« kommt aus dem Volk Israel. Vergleichbar damit ist eine Spitzenaussage im Johannesevangelium: »Die Rettung ist aus den Juden. « (Joh 4, 22)

Nichts von dem Außergewöhnlichen wird zurückgenommen. Keiner der Bundesschlüsse wird gekündigt. Begriffe wie »Annahme an Kindes Statt« und »Herrlichkeit« bekommen für Christen zwar neue Bedeutung, sie bezeichnen aber weiterhin auch die Heilswirklichkeit des Judentums. Es ist jedenfalls undenkbar, daß »das Wort (*logos*) Gottes hinfällig geworden« ist (Röm 9, 6). Der Begriff »Wort« umfaßt die vielfältigen Weisen der Kommunikation Gottes mit seinem Volk im Lauf der Geschichte. Trotz aller Untreue und Ungerechtigkeit der Menschen bleibt Gott seinem Wort treu, durch das er im Grunde sich selbst mitteilt.

Rätselhaft bleibt für Paulus die Tatsache, daß viele seiner Brüder Jesus ablehnen, der in einzigartiger Weise Gottes Wort vermittelt, ja verkörpert (vgl. Röm 10, 8). In der Beschäftigung mit dem Rätsel des Neins zur Christusbotschaft ringt sich Paulus jedoch zu einer für Juden und Christen gemeinsamen Hoffnungsperspektive durch, in der die topographische Metapher »Zion« Orientierungsfunktion hat. Daß er diese Metapher zweimal verwendet, und zwar jeweils im Rahmen eines Schriftzitates (Röm 9, 33 u. 11, 26-27), ist sicher kein Zufall.

Der Stein des Anstoßes in Zion

Nach einem Blick in die Vergangenheit (Röm 9, 6-29), der die Zuverlässigkeit des Wortes Gottes an Israel zeigt und veranschaulicht, daß Gott in seinem Handeln frei ist und nicht von Menschen abhängig, lenkt Paulus in Röm 9, 30 bis 10, 21 den Blick in die Gegenwart und stellt fest: Israel verschließt sich der durch Christus vermittelten »Gerechtigkeit Gottes«, einer rechten und heilen Gottesbeziehung, die allen Glaubenden offensteht.

Paulus gelangt aber zur Einsicht, daß das ablehnende Verhalten Israels schriftgemäß ist, also tiefere Bedeutung hat. »Sie (= Israel) sind angestoßen am ›Stein des Antoßes‹, wie geschrieben steht: Siehe, ich lege in Zion einen Stein (des) Anstoßes und einen Felsen (des) Ärgernisses (skandalon); und (nur) der Glaubende an ihn wird nicht zuschanden werden.« (Röm 9, 32b-33)

In diesem Schriftzitat kombiniert Paulus zwei Jesaja-Stellen. Die erste ist Jes 28, 16. Sie bringt das Bild von einem Grundstein, den JHWH in Zion legt, und verbindet es mit der Zusage: »Wer glaubt, der braucht nicht zu fliehen«. Die Übersetzung der Septuaginta, auf die sich Paulus vermutlich stützt, lautet so: »Und der Glaubende an ihn wird nicht zuschanden.« Der »Grundstein«, der zugleich die Funktion eines kostbaren »Ecksteins« bei der Errichtung eines Gebäudes hat, ist Bild für Gott, der für den Glaubenden schützender »Fels« (vgl. Ps 27, 5; 62, 8) und festes Fundament ist, besonders im Heiligtum auf Zion. Die zweite Stelle ist Jes 8, 14. Sie enthält eine Warnung. Gott selber kann auch »ein Stein des Anstoßes und ein Fels des Ärgernisses« für sein Volk werden, wenn dessen Weg zum Ausdruck des Unglaubens und der Untreue wird. Die Kombination geschieht mit besonderer Absicht. Sie nimmt auf Jesus Bezug und auf das »Wort vom Kreuz« (1 Kor 1, 18), das für die Juden ein »Ärgernis« (skandalon) ist (1 Kor 1, 23).

Paulus sieht in Jesus, dem Gekreuzigten verkörpert, was Jesaja im Bild vom Grundstein sagt. Besonders wichtig ist ihm die Schlußaussage des Jesajazitats, die er gleichfalls auf Jesus bezieht. Jeder, der an ihn, nämlich Jesus glaubt, wird nicht zuschanden werden. Paulus zitiert diese Aussage für sich allein noch ein zweites Mal (Röm 10, 11), und zwar im Zusammenhang mit dem Bekenntnis, daß Gott Jesus von den Toten auferweckt hat (Röm 10, 9). »Nicht zuschanden werden« – damit ist die Zuversicht angedeutet, nicht zugrunde zu gehen und sogar aus dem Tod gerettet zu werden, die Gewißheit, am Leben des Auferweckten teilzuhaben.

Schon jetzt drückt Paulus Hoffnung für Israel aus. Auch für die, denen Jesus ein »Ärgernis« ist, steht der Weg zum Glauben offen.

Der eine »Edelölbaum«

Paulus beschreibt die jetzige Situation Israels mit dem Bild vom »Edelölbaum« (Röm 11, 16-24) und dem Gedanken vom »Rest« (Röm 11, 2-10; vgl. auch 9, 27-29). Wie in der früheren Geschichte Israels gibt es auch jetzt einen »Rest« des Volkes, der für Gottes Gnade empfänglich ist. Dabei ist an die Judenchristen zu denken. Sie sind die am Edelölbaum verbliebenen Zweige.

Jene Juden, die Jesus im Unglauben ablehnen, gleichen Zweigen, die vom Edelölbaum ausgehauen sind. Aber nicht für immer. Sie werden – so hofft Paulus – in den ihnen angestammten Ölbaum »wieder eingepfropft werden« (Röm 11, 23-24).

Sinnbild für die Heiden ist der »Wildölbaum«. Heidenchristen gleichen Schößlingen aus dem Wildölbaum, die in den Edelölbaum »eingepfropft« werden (Röm 11, 24). Sie bekommen Anteil an der »Fettigkeit« der Wurzel des Ölbaumes, d. h. an ihrem Saft und ihrer Kraft (Röm 11, 17). Es gibt nur einen einzigen Edelölbaum.

Paulus verwendet das Bild vom Ölbaum zur intensiven Warnung der Heidenchristen vor Hochmut und falscher Selbsteinschätzung. Sie sollen sich nicht rühmen gegenüber den ausgehauenen Zweigen (Röm 11, 18), nicht stolz und überheblich sein (Röm 11, 20) und sich nicht selbst für klug halten (Röm 11, 25). Die Christen werden im Grunde gewarnt vor einem »triumphalistischen« Christusverständnis. Sie müssen das jüdische Nein zu Jesus als bleibende Herausforderung ernst nehmen. Dieses erinnert daran, daß das messianische Heil, wie es das Alte Testament verheißt, noch nicht volle Wirklichkeit geworden ist. Die Erfüllung großer prophetischer Verheißungen, wie etwa jene vom universalen Frieden unter den Menschen, steht noch aus. Der jüdische Einwand gegen die Überzeugung, daß der Messias schon gekommen ist, ist angesichts der von Leid und Gewalt erfüllten Welt berechtigt und fordert die Christen dazu auf, sich Rechenschaft zu geben über das Heil, das tatsächlich mit Jesus schon begonnen hat. Das im Bild der ausgehauenen Zweige dargestellte Nein des Judentums macht dem Christentum jedenfalls bewußt, daß die messianische Gottesherrschaft im Grunde noch zukünftig ist und im vollen Sinn erst bei der Parusie Jesu anbricht.

Der Rettende aus Zion

In Röm 11, 25-32 lenkt Paulus den Blick in die Zukunft und verbindet ihn mit Hoffnung auf die endzeitliche Rettung Israels. Die ausgehauenen Zweige des Edelölbaumes werden »wieder eingepfropft« in ihn (Röm 11, 23-24), und zwar bei der mit der Parusie Jesu verbundenen Rettung ganz Israels. Diese Hoffnung drückt Paulus so aus: »Ich will nämlich nicht, daß ihr nicht wißt, Brüder, dieses Geheimnis, damit ihr nicht bei euch selbst klug seid: Verhärtung ist teilweise Israel (zuteil) geworden, bis die Vollzahl der Heiden hineingekommen ist, und so wird ganz Israel gerettet werden, wie geschrieben ist: Kommen wird aus Zion der Rettende, er wird abwenden (die) Gottlosigkeiten von Jakob. Und dieser (ist) der Bund von mir her (mit) ihnen, wenn ich wegnehme ihre Sünden.« (Röm 11, 25-27)

Der Begriff »Geheimnis« (*mystērion*) bezeichnet den verborgenen Ratschluß Gottes bezüglich der endzeitlichen Zukunft, der seinen Vertrauten bereits jetzt geoffenbart wird. Der Inhalt des Geheimnisses wird in drei ineinandergreifenden Aussagen entfaltet. Erstens: Israel befindet sich »teilweise« in einer »Verhärtung« / »Verstockung« (*pórōsis* – vgl. Röm 11, 7-8). Zweitens: Die Zeit der Verhärtung ist begrenzt. Sie dauert, bis die »Vollzahl« (*plērōma*) der Heiden »hineingekommen« ist, womit sachlich dasselbe gesagt wird wie mit dem Bild vom »Einpfropfen« der Schößlinge aus dem Wildölbaum in den Edelölbaum (Röm 11, 16-24). Hinter der Vorstellung, daß die Heiden Zugang zu dem Israel verheißenen Heil erlangen, steht die uralte Erwartung der »Völkerwallfahrt« (vgl. Jes 2, 1-5; 56, 7; 60, 3; Tob 13, 13; 14, 6-7). Drittens: »So«, d. h. auf die zuvor genannte Weise, wird »ganz Israel« gerettet werden. Dieses Wunder der Rettung wird zugleich als schriftgemäß gesehen. Wieder bringt Paulus eine Kombination von zwei Jesaja-Stellen, die er im wesentlichen aus der Septuaginta zitiert. Er verbindet Jes 59, 20-21 mit Jes 27, 9, um hervorzuheben, daß der auf Gottes Initiative beruhende »Bund« mit Sündenvergebung zusammenhängt.

Der »Rettende« (*rhyomenos*) ist – so dürfen wir annehmen – Jesus bei seiner Parusie (vgl. 1 Thess 1, 10). Sein rettendes Handeln wird in erster Linie darin bestehen, daß er »Gottlosigkeiten« (*asebeia* – vgl. Röm 1, 18) beseitigt, d. h. rechte und heile Gottesbeziehung vermittelt. Mehr noch: Durch ihn, der für Gottlose (*asebēs*) gestorben ist (Röm 5, 6), wird Gott selbst in universaler Weise die Gottlosen rechtfertigen (vgl. Röm 4, 5). Er wird sie in neuer Weise in die Gemeinschaftswirklichkeit des »Bundes« hineinnehmen und damit von der Unheilssituation der Sünde und Gottferne befreien (vgl. auch Jer 31, 31-34).

Jes 50, 20-21 sagt, daß der Retter »wegen« (*heneken*) Zion kommt, d. h. um der Gottesstadt und des Gottesvolkes willen. Paulus setzt einen besonderen Akzent: Der Retter kommt »aus« (*ek*) Zion. Diese Hoffnung ist zu verbinden mit dem Bild vom Stein des Anstoßes in Zion (Röm 9, 33). Der Retter wird kein anderer sein als Jesus, der Gekreuzigte.

Paulus verwendet die Bezeichnung »Zion« nur an diesen beiden Stellen. Im Neuen Testament treffen wir sonst noch auf die Ausdrücke »Tochter Zion« (Mt 21, 5; Joh 12, 15) und »Berg Zion« (Hebr 12, 22; Offb 14, 1). Im Sinne der Bibel ist »Zion« nicht nur ein geographischer, sondern auch und vor allem ein theologischer Topos. Zion ist besonderer Ort der Gegenwart Gottes, seines Wohnens unter den Menschen und der Manifestation seiner Herrlichkeit. Zion ist eine Metapher, die ins Zentrum des Judentums führt.

Gemeinsame messianische Hoffnung heute

Das Christentum löst Israel weder ab, noch bedeutet es einen Weg neben Israel, sondern ist – im Bild vom Ölbaum – nur denkbar als (geschenkhafte) Hineinnahme in das Erbe Israels. Was Juden und Christen miteinander verbindet, ist die Hoffnung auf einen messianischen Heilbringer, der die Welt erneuern wird. Die Christen sind überzeugt, daß der Kommende kein Unbekannter sein wird. Der Retter aus Zion ist kein anderer als jener, der einst Stein des Anstoßes in Zion war, nämlich Jesus von Nazaret. Mit Paulus hoffen die Christen, daß er bei seiner Parusie das Nein des Judentums in ein Ja verwandeln wird.

Die topographische Metapher »Zion« deutet an, daß die schicksalshafte Verbundenheit von Synagoge und Kirche letztlich im Gottesverständnis verankert ist. JHWH, der in seinem Erbarmen unverfügbare und zugleich sich treu bleibende »Heilige Israels«, ist kein anderer als der »Vater« Jesu. Jesus ist nicht denkbar und begreifbar ohne den Gott Israels. In der Hoffnung auf den wiederkommenden Jesus schauen die Christen nach »Zion«. Sie orientieren sich an dem, was die Mitte Israels bedeutet und die Mitte des Alten Testaments. Sie erwarten Jesus von dieser Mitte her, vom »Ort«, an dem JHWH nahe ist. Er kommt als Retter vom lebendigen Gott her und führt die Menschen zu ihm hin und zur Gemeinschaft mit ihm (»Bund«). »Zion« weist auf

die theozentrische Perspektive des Wirkens Jesu hin. Wie sein Erden-
dasein, so wird auch sein Kommen als Retter zur Folge haben, daß
Menschen einstimmen in das Bekenntnis zum einen und einzigen
Gott Israels (vgl. Dtn 6, 4-5).

»Nostra aetate« greift auch die Hoffnungsperspektive von Röm 11,
25-32 auf und verbindet sie mit Zeph 3, 9: Die Kirche erwartet »den
Tag, der nur Gott bekannt ist, an dem alle Völker mit *einer* Stimme
den Herrn anrufen und ihm ›Schulter an Schulter dienen‹« (Nr. 4). Ihn
anrufen »mit *einer* Stimme« – dies wird Ausdruck unserer »Verankerung im ewigen Gott« sein.

ESTHER FRITSCH

Bischof Reinhold Stechers Verhältnis zur Jüdischen Gemeinde in Tirol

Wäre der Lauf der Geschichte lediglich eine Abfolge von Ereignissen, die sich, zwangsweise und unbeirrbar, eines aus dem anderen ergeben, dann hätte es wohl für das Aufblühen der christlich-jüdischen Beziehungen in Tirol in den letzten 15 Jahren wenig Raum gegeben. Denn Tirol war für die jüdische Religion wie für die jüdischen Menschen nie ein besonders fruchtbares Pflaster: Es sei hier an die dunkle Judenfeindschaft des Mittelalters erinnert, deren letzter Ausläufer der Anderl-Kult in Rinn war – die letzte und hartnäckig am Leben erhaltene Ritualmordlegende in Mitteleuropa[1]; an den katholisch geprägten konservativen Antisemitismus des späten 19. und frühen 20. Jahrhunderts; an die besondere Gründlichkeit des November-Pogroms 1938; aber auch daran, daß sich seit den Tagen Maximilians (der eine Gruppe sogenannter »Schutzjuden« hier ansiedelte) ein bedeutsameres kulturelles jüdisches Leben nie entwickeln konnte. Die kleine Gemeinde der ansässigen Juden lebte hier zwar nicht in einem Ghetto, war aber auch nicht in die Gemeinschaft integriert, obwohl sie in Beruf, Sprache und Lebensweise stärker assimiliert war, als es anderswo die Regel war. In diesem Sinn spiegeln die auffälligen hebräischen Buchstaben am Tiroler Nationaldenkmal, dem Goldenen Dachl, eine nichtexistierende Realität vor.

Annäherung und Wertschätzung

Allerdings wird die Geschichte bekanntlich nicht nur durch die übermächtigen unterirdischen Strömungen der gesellschaftlichen Entwicklung geprägt, sondern auch – und oft entscheidend – durch einzelne Persönlichkeiten. Bischof Reinhold Stecher ist für die Angehörigen der Israelitischen Kultusgemeinde für Tirol und Vorarlberg (und wohl nicht nur für diese) eine solche. Ihm in erster Linie verdankt sie eine Periode der Annäherung zwischen Christen und Juden, wie sie in den letzten Jahrhunderten kaum irgendwo existiert hat. Die Tiroler Juden sehen sich, zum ersten Mal seit Menschengedenken, als Objekt freundlicher Wertschätzung vieler Kreise, gepaart mit einem Schuß

Neugier. Durch die Erfahrung der Jahrhunderte wollen wir dies nicht überschätzen, da – gemäß einem Ausspruch des Oberrabbiners von Österreich, Paul Chaim Eisenberg – sich die hebräischen Worte für Küssen und Beißen nur durch ein einziges Schriftzeichen unterscheiden. Aber immerhin: Unsere jüdische Gemeinde hat heute eine sehr schöne Synagoge beim Zentrum der Stadt, die mit großen hebräischen Buchstaben ihre Identität verkündet und die bisher schon von Tausenden nichtjüdischen Gästen besucht worden ist; wir sind in religiösen und anderen Belangen in die öffentliche Diskussion eingebunden, insbesondere durch und seit der Schaffung des christlich-jüdischen Komitees, und wir fühlen uns weitgehend akzeptiert. Dieser Umschwung der Einstellung ist für uns zutiefst mit der Person von Bischof Reinhold Stecher verbunden.

Als Präsidentin dieser Gemeinde empfinde ich es als Geschenk und Vorzug, in den Mittelpunkt dieser Entwicklung gekommen zu sein. Als ich die Aufforderung erhielt, mich im Namen der Gemeinde an der Festgabe anläßlich des 80. Geburtstags von Reinhold Stecher zu beteiligen, sagte ich sofort und mit Freude zu. Ich will diesen Beitrag als mein sehr persönliches Erleben unserer Beziehungen zum ehemaligen Bischof von Innsbruck gestalten; es ist dies für uns die Gelegenheit, ihm unseren Respekt und unsere Dankbarkeit zu zeigen und auch der Öffentlichkeit zu dokumentieren.

Ich selbst lebe seit 1977 in Innsbruck, wohin ich aus beruflichen und familiären Gründen gekommen bin, und bin seit dieser Zeit Mitglied der Israelitischen Kultusgemeinde, die damals von meinem Vorgänger, Ernst Beschinsky, geleitet wurde. Beschinsky war ein liebenswerter und kluger, aber – wie die meisten Mitglieder der Gemeinde – ein gedrückter und entwurzelter Mensch, der über die Schrecken der Zeit des Nationalsozialismus nie hinweggekommen ist. Die Gemeinde lebte ein bewußt unauffälliges Leben. Sie hatte eine behelfsmäßige und ärmliche Synagoge in einer Mietwohnung in der Zollerstraße, die am Haustor lediglich durch ein kleines Schildchen ganz oben in der Ecke, fast außer Sichtweite, gekennzeichnet war. Manche Mitglieder ließen sich ihre Post von der Gemeinde lediglich in Kuverts ohne Absender zusenden. Beziehungen zu Einrichtungen außerhalb der jüdischen Welt oder gar Repräsentanten der Kirche(n) bestanden nicht.

Für mich, die ich meine Jugend in Israel verbracht hatte, war diese versteckte Art jüdischen Lebens fremd und bedrückend. 1986, nach dem Ableben von Ernst Beschinsky, wurde ich von der Gemeinde zu seiner Nachfolgerin gewählt.

Ein neuer Bischof und eine alte Ritualmord-Legende

Wie alle Mitglieder der Gemeinde hatte ich die Ernennung von Reinhold Stecher zum Bischof von Innsbruck 1980 mit Gleichmut zur Kenntnis genommen. Wir kannten ihn damals ja nicht. Erst 1985, als Bischof Reinhold Stecher den Anderl-Kult in Rinn verbot und das schreckliche Fresko, das den Ritualmord darstellte, übermalen ließ, erkannten wir, daß wir Zeugen eines Wandels, ja einer neuen Zeit geworden waren. Ich erinnere mich, als ob es gestern gewesen wäre, an die Fernsehdiskussion, die Bischof Reinhold Stecher mit Kontrahenten und Anhängern des Anderl-Kults abhielt: Wie er gütig, aber fest in der Sache, die Dinge beim Namen nannte und dadurch mein Herz völlig gewann. Um das begreiflich zu machen, muß ich hinzufügen, daß diese beleidigende und blutrünstige Erzählung, die jüdischem Empfinden so sehr widerspricht, stets eine schwere Hypothek und ein Stachel in der Seele für alle in Innsbruck lebenden jüdischen Menschen, besonders die Kinder, gewesen ist. Ehemalige Mitglieder der Gemeinde, die ihrem Schicksal in der Nazizeit entronnen waren und später Innsbruck wieder besuchten, erzählten von demütigenden Begebenheiten bei den damals üblichen Schulexkursionen nach Rinn. Mehrmals hatte es durch die Jahrzehnte Ansätze gegeben, dieses schauerliche Relikt zu entfernen, aber offenbar hatten Zivilcourage und Entschlossenheit vor der Ära Stecher keine Chance gegen die Kräfte der Beharrung gehabt. Meine eigenen Töchter waren verstört und entsetzt, als sie noch in den späten 70er Jahren in den offiziellen Mittelschul-Lesebüchern diese Geschichte lesen mußten.

Es ist klar, daß die Jüdische Gemeinde die Aktivitäten des Bischofs mit großer Freude und Dankbarkeit zur Kenntnis nahm. Eine weitere, nicht ganz erwartete Befriedigung war es zu erleben, daß große Teile des Klerus, insbesondere der Abt von Wilten (Alois Stöger), den Bischof in dieser Sache rückhaltlos unterstützten, und daß auch die Reaktionen der Öffentlichkeit positiv waren. Der Bischof erwies sich als unbestrittene moralische Autorität im Land, der auch der Widerstand einzelner nichts anhaben konnte.

Dies waren meine ersten, noch virtuellen Kontakte mit Bischof Reinhold Stecher. Ich erinnere mich aber auch sehr wohl an meine erste reale, berufsbedingte Begegnung mit ihm, nicht lange danach.

130

Diese ergab sich unter profanen Umständen in der Intensivstation des
Landeskrankenhauses, wo er einige Tage zwischen Leben und Tod
schwebte. Ich war von der mit Händen greifbaren Liebe und Verehrung seitens des Personals höchst beeindruckt, und ich sandte meinem jüdischen Gott manches Gebet für seine Genesung – nicht zuletzt wegen möglicher abergläubischer Interpretationen im Zusammenhang mit seiner Position im Anderl-Kult.

Das christlich-jüdische Komitee

1988 veranstaltete die Israelitische Kultusgemeinde eine Gedenkfeier
zum November-Pogrom 1938. Als Festredner gewann ich, neben hohen Politikern aus Stadt und Land, auch Bischof Reinhold Stecher und
Oberrabbiner Paul Chaim Eisenberg. Der Bischof sagte sofort zu. Seine Rede war von der ihn auszeichnenden Brillanz, Menschlichkeit
und Tiefe[2]. Von diesem Tag an begann sich eine menschliche Verbundenheit zwischen ihm und der Kultusgemeinde einzustellen, die
von Veranstaltung zu Veranstaltung – und es waren nicht wenige –
wuchs. Auch mit Paul Chaim Eisenberg entwickelte Reinhold Stecher
ein nahezu freundschaftliches Verhältnis. Der bekannte Wiener Ju-
daist, Professor Jakob Allerhand, gleichfalls häufiger Gast bei unseren
Veranstaltungen, war seit Jahren mit Reinhold Stecher befreundet.

1989 wurde ich von Prälat Hans Joachim Schramm, damals persönlicher Sekretär des Bischofs, sowie von Paul Gruber, dem leider
unlängst verstorbenen Pressesprecher der Stadt Innsbruck, wegen der
Gründung eines »christlich-jüdischen Komitees« angesprochen. Die
Proponenten dieses Komitees waren Professor Józef Niewiadomski,
der bald vom damaligen Rektor des Jesuitenkollegs, Lothar Lies SJ, ersetzt wurde, Joachim Hawel und der evangelische Pfarrer Peter Ziermann. Anfangs sträubte ich mich ein wenig gegen diese Initiative,
denn ich verstand mein Amt als Präsidentin mehr als Verpflichtung der
Jüdischen Gemeinde gegenüber und nicht zur Initiierung eines Dialogs mit den Christen. Außerdem fürchtete ich, daß ein solcher Dialog
höchst einseitig werden könnte, da unsere kleine Gemeinde von 60
jüdischen Seelen, die meisten davon intensiv im Berufsleben verankert
und die wenigsten theologisch gebildet, nicht genügend Gesprächspartner aufbringen könne. Paul Gruber ließ jedoch nicht locker, und
erst später wurde mir klar, daß die treibende Kraft dahinter der Bischof selbst war. Da ich natürlich Sinn und Bedeutung dieses Unternehmens wohl erkannte, traten ich und der Vizepräsident der Israeli-

tischen Kultusgemeinde, Ber Neuman, dem Gründungskomitee bei und setzten uns in der Folge mit voller Kraft für seine Ziele ein.

Mit dem Zweiten Vatikanischen Konzil, und insbesondere durch den exzeptionellen Papst Johannes XXIII. – ich sage das aus jüdischer Warte und ohne den Wunsch, in innerkirchlichen Angelegenheiten Stellung zu beziehen –, setzte sich bei vielen Christen die Erkenntnis durch, daß die jahrtausendlange Verächtlichmachung der Juden durch die Kirche nicht nur zum christlichen, sondern in wesentlicher Weise auch zum sogenannten »rassischen« Antisemitismus geführt hat, der letztlich im Holocaust endete – eine Erkenntnis, die den Juden stets klar vor Augen gestanden hatte. Auch Bischof Reinhold Stecher hat mehrmals in seinen Ansprachen das diesbezügliche Verschulden der Kirche einbekannt; ein Verschulden, das zum christlichen Gebot der Nächstenliebe in lebhaftem Kontrast steht.

Die Gründung von Komitees zur christlich-jüdischen Zusammenarbeit setzt genau hier ein: den Antisemitismus durch Beispielswirkung an jenem Punkt auszuheben, wo er entstanden ist. An vielen Orten in Österreich und auch im Ausland entstanden derartige Komitees; unser Tiroler Komitee war ein besonders erfolgreiches. Im Lauf der zehn Jahre seiner Existenz haben wir unzählige Veranstaltungen abgehalten, in denen das Verständnis für jüdische Religion, Gebräuche, Sprache, Dichtung, Musik und sogar Witz gefördert wurde. Bischof Reinhold Stecher trat bei all diesen Aktivitäten nie persönlich in Erscheinung, aber sein Wohlwollen war stets präsent. Das Komitee umfaßt derzeit einen Mitgliederstand von 370 Personen, die Veranstaltungen sind außerordentlich gut besucht, zwischen den Organisatoren (von seiten der Ökumene sollen hier J. Niewiadomski, J. Hawel, P. Ziermann und Gerda Patscheider genannt sein) ist persönliche Freundschaft entstanden. Der derzeitige Sekretär des Komitees ist der Bibelwissenschaftler Andreas Vonach.

Als Zeichen der Dankbarkeit gegenüber Bischof Reinhold Stecher gelang es der Kultusgemeinde, für ihn eine Ehrung durch die B'nai B'rith zu erwirken. B'nai B'rith ist eine internationale akademische jüdische Organisation, die Rotary International nachgebildet ist und sich die Pflege der jüdischen Kultur und Wohlfahrt zum Ziel gesetzt hat. Durch diesen Akt, der am 14. Juni 1990 in feierlichem Rahmen in Innsbruck stattfand, wurde Reinhold Stecher erstmals von jüdischen Institutionen für seine Verdienste in der christlich-jüdischen Verständigung geehrt[3].

Die neue Synagoge

Das bedeutsamste Ereignis für die Jüdische Gemeinde in Tirol der letzten Jahrzehnte war der Bau der neuen Synagoge in der Sillgasse, genau am Platz der alten Synagoge, die in der November-Pogromnacht 1938 zerstört worden war. Hier ist nicht der Ort, um die Geschichte der Entstehung dieser Synagoge zu beschreiben, insbesondere da Bischof Reinhold Stecher daran nicht unmittelbar beteiligt war. Als bekannt wurde, daß die Stadt Innsbruck auf diesem Grundstück, das seit den Kriegstagen brachstand und als Parkplatz genutzt wurde (lediglich eine versteckte Gedenktafel zeigte an, daß es sich um den Platz der ehemaligen Synagoge handelte), ein Haus bauen wolle, bat ich um einen Termin beim damaligen Bürgermeister Romuald Niescher und trug ihm die Bitte um Unterstützung der Einrichtung einer würdigen Synagoge am historischen Platz vor. Niescher reagierte sofort positiv und setzte sich später, gemeinsam mit dem damaligen Landeshauptmann Alois Partl, höchst energisch und wirkungsvoll für unsere Sache ein. Die Israelitische Kultusgemeinde und ich als Person werden den beiden Herren ihre Bemühungen nie vergessen. Wenn auch damals die Hinwendung zu den Juden generell in Österreich begann, Thema zu werden, so war doch die Tatkraft der beiden weit höher und freundlicher, als man sich bei der Erfüllung einer Pflichtschuld hätte erwarten müssen. Meine Interpretation ist die, daß der Stimmungsumschwung in Tirol, und damit indirekt wieder Bischof Reinhold Stecher, aus dieser Entwicklung nicht wegzudenken ist.

Der Bau der Synagoge wurde in die Tat umgesetzt, der Architekt Michael Prachensky als Planer bestellt. Zur Grundsteinlegung lud der Bürgermeister 30 ehemalige Innsbrucker Juden, die der Judenverfolgung entkommen waren und in Israel leben, in ihre alte Vaterstadt ein. Die Grundsteinlegung fand 1991 in feierlicher Weise statt. In den Grundstein wurde ein Dokument eingemauert, das von allen ehemaligen Innsbrucker Juden unterschrieben war und wie folgt lautete: »WIR SIND IN INNSBRUCK GEBORENE JUDEN, MUSSTEN VOR DEN NATIONALSOZIALISTEN FLIEHEN UND BEGANNEN IN ISRAEL EIN NEUES LEBEN. 1988 KEHRTEN WIR ZU EINEM BESUCH IN UNSERE EHEMALIGE VATERSTADT ZURÜCK UND SAHEN MIT FREUDE, DASS AM ORT UNSERER ALTEN SYNAGOGE EINE NEUE ENTSTEHT.«

Am Vorabend der Grundsteinlegung hatten wir Juden ein im höchsten Maß berührendes Erlebnis. Die Jüdische Gemeinde hatte die

israelischen Gäste zu einem Abendessen in den Gasthof Sailer eingeladen als, schon zu etwas vorgerückter Stunde, Bischof Reinhold Stecher unangemeldet und bescheiden mitten unter uns stand und uns
begrüßte. Er sprach alle an und entdeckte unter den Gästen einige
ehemalige Schulkameraden, mit denen er herzlich Wiedersehen feierte. Dadurch nahm das ursprünglich ernste Gespräch eine unerwartete Wendung in die fast fröhliche Aufbereitung alter Schulerinnerun-
gen, die durch das schulkollegiale Du erleichtert wurde.

Die Synagoge wurde 1993 feierlich von Oberrabbiner Eisenberg
eingeweiht. Der darauffolgende Festakt, der (symbolischerweise) in
den beiden großen Sälen der Theologischen Fakultät stattfand, war
wohl die größte Veranstaltung, die die Jüdische Gemeinde in Tirol jemals durchgeführt hatte. Mehr als 700 Besucher stellten sich ein. Bischof Reinhold Stecher war sowohl bei der Einweihung in der Synagoge als auch beim Festakt anwesend, bei dem er – wie gewöhnlich
– die wohl eindrucksvollste und tiefgehendste der Ansprachen hielt.
Als symbolisches Geschenk überreichte er mir am Schluß seiner Ansprache ein altes, beschädigtes hebräisches Gebetbuch, das ihm in
den Tagen nach dem November-Pogrom überbracht worden war, und
von dem er annahm, daß es wohl zum Bestand der alten Synagoge
gehört haben müsse. Diesem symbolischen Geschenk fügte er einige
Monate später ein höchst reales hinzu: einen großen achtarmigen Silberleuchter (Chanukkiah), den er eigens (aus seinen persönlichen
Mitteln) über seinen Freund Jakob Allerhand in Israel hatte anfertigen
lassen. Dieser silberne Leuchter wurde in der Synagoge aufgestellt
und ist einer ihrer eindrucksvollsten Blickpunkte. Die Innsbrucker Synagoge ist wohl die einzige in der Welt, die einen Silberleuchter eines
katholischen Bischofs ihr eigen nennt.

Eine Reise nach Israel

Im April 1999 konnte ein von mir lang erwünschtes Projekt realisiert
werden: eine Einladung für Bischof Reinhold Stecher nach Jerusalem
zu erlangen. Es war gar nicht so leicht, ihn für den Gedanken einer
solchen Reise zu gewinnen, da er, wie er sagte, grundsätzlich nicht
reiste und auch sonst seelsorgerisch zu viel zu tun hätte, um für längere Zeit wegzufahren. Ich erinnere mich noch sehr gut, als ich ihn
das erste Mal darauf ansprach, es war unmittelbar nach einer Vor-
tragsveranstaltung an der Universität. Die freundliche, aber doch ablehnende Antwort stand ihm sozusagen vorbereitet im Gesicht. Aber

als er »Jerusalem« hörte, zögerte er ein wenig und meinte, das sei vielleicht doch etwas anderes, und das müsse er noch überlegen. Über Vermittlung der ehemaligen Vizebürgermeisterin von Jerusalem, Judith Hübner, und Freunden in Israel wurde Bischof Reinhold Stecher schließlich offiziell zu einem Besuch des Bürgermeisters von Jerusalem, Ehud Olmert, und des Oberrabbiners von Israel, Israel Lau, eingeladen. Es war das erste Mal, daß ein deutschsprachiger katholischer Bischof zu einer solchen Visite in Israel eingeladen wurde. Die Reise fand in Begleitung von P. Ch. Eisenberg, J. Allerhand, A. Vonach sowie mir selbst und meinem Ehemann statt.

Die Reise war ein großes Erlebnis. Sowohl für Bischof Reinhold Stecher, der noch nie in Israel gewesen war, als auch für uns, seine Begleitung, da wir die Stätten der christlichen Heilsgeschichte besuchten, die wir klarerweise vorher nicht oder nur flüchtig gekannt hatten. Man sagt zu Recht, daß man auf Reisen die Weggefährten in neuem Licht kennenlernt. Bischof Reinhold Stecher sog die Eindrücke der Heiligen Stätten förmlich in sich auf, bewies aber gleichzeitig eine unglaubliche Vorkenntnis der Örtlichkeiten, da er sich offensichtlich in seinem Leben sehr intensiv mit dem Heiligen Land beschäftigt hatte. Er setzte uns mehrmals in Erstaunen, wenn er schon vorher zu sagen wußte, wohin Straßen in Jerusalem, auf denen wir gerade fuhren, führten, ohne daß er vorher jemals dort gewesen wäre. Der erste Teil der Reise führte uns durch Galiläa, den See Gennesaret, das Jordantal, in nahezu professioneller Weise geführt von A. Vonach, der ja auch tatsächlich nebenberuflich als Führer durch Israel tätig ist. Obwohl stets freundlich und kommunikativ, zog sich Bischof Reinhold Stecher immer wieder kurz zu stiller Meditation zurück, etwa beim Kloster bei Kafarnaum oder bei Tabgha am Ufer des Sees Gennesaret, wo sich der Legende nach die wunderbare Brotvermehrung ereignet hatte. Immer wieder zog er Papier und Kohlestift hervor, um für ihn besonders eindrucksvolle Ansichten festzuhalten.

Der Rest der Reise war voll von offiziellen Terminen. Neben den Visiten beim Bürgermeister von Jerusalem, dem österreichischen Botschafter in Israel, Wolfgang Paul, und dem Oberrabbiner von Israel standen die Besichtigung der Knesseth, des israelischen Parlaments, offizielle Abendessen, die Pflanzung eines Ölbaums im Wald von Jerusalem, und mehrere Termine mit Presse und Rundfunk bzw. Fernsehen auf dem Programm. Ein besonderes Anliegen war Reinhold Stecher die Feier der Messe sowohl in der Grabeskirche in Jerusalem als auch in der Geburtskirche in Betlehem, wobei ihm A. Vonach ministrierte. Die Besichtigung der Altertümer von Jerusalem, insbesondere der Ausgrabungen am Tempelberg, rundete die Eindrücke ab. Als Bischof Reinhold Stecher am letzten Tag der Reise auf der Anhöhe des Tempelberges gerade die Besichtigung der Omar- und der Al-Aqsa-Moschee abgeschlossen hatte und wieder in die Menschenmenge tauchte, wurde er von einer Gruppe Tiroler Pilger umringt, die ihn freudig begrüßten; wenig später stieß er auf den jüngst zum Kardinal kreierten Bischof von Mainz, Karl Lehmann, der gleichfalls den Tempelberg besuchte.

Bei all den offiziellen Gelegenheiten hielt Bischof Reinhold Stecher zu unserem Erstaunen immer wieder in Inhalt und Form brillante Reden. Wie er denn das mache, daß er diese Ansprachen förmlich aus dem Ärmel schüttle? Seine Antwort war bescheiden: Er stehe immer schon sehr zeitig auf, aus Gewohnheit, und da sei Zeit genug, sich vorzubereiten.

Ein Denkmal der Jugend

Die bisher letzte große Unternehmung, die die Israelitische Kultusgemeinde zusammen mit Bischof Reinhold Stecher in Angriff genommen hat, war eigentlich weder sein noch unser Werk, sondern die Folge der neuen Stimmung im Land. Der Landtag der Jugend hatte eine Initiative im Landtag eingebracht, die vier beim November-Pogrom ermordeten Juden durch Aufstellung eines Mahnmals am Landhausplatz zu ehren. Was man wohl noch wenige Jahre zuvor für unmöglich gehalten hätte, wurde Tatsache. Der Landtag stimmte zu, es wurde ein Wettbewerb für die Gestaltung des Denkmals ausgeschrieben und eine Jury eingerichtet, der neben Bischof Reinhold Stecher und Landesrätin Elisabeth Zanon, unter deren wohlwollender Leitung dieses Projekt gestanden hatte, auch ich angehörte. Wir wählten aus zahlreichen Einsendungen das Projekt des 18jährigen Schülers der HTL Fulpmes, Mario Jörg, aus, das eine stilisierte Menorah (den siebenarmigen Leuchter) darstellt. Das Mahnmal wurde gebaut und am 8. Juni 1997 in einer großen Feier seiner Bestimmung übergeben[4]. Zu dieser Feier hatten wir die Freude, daß ein Nachkomme eines der vier Opfer, Ingenieur Richard Berger, der seit seiner Flucht in London lebt und den Namen Benson angenommen hat, nach Innsbruck anreiste, das erste Mal seit diesen dunklen Tagen, und am Einweihungsakt teilnahm. Der alte Mann war sichtlich von der Bemühung der Jugend,

aber auch von den Taten der Tiroler Politiker beeindruckt. Seither
werden an jedem Jahrestag des Pogroms am Mahnmal die Lichter entzündet, und eine Gruppe der Israelitischen Kultusgemeinde betet dort
das Kaddisch (Totengebet)[5].

Zuletzt nahm Reinhold Stecher unsere Einladung an, mit uns das
Pessachfest 2001 zu verbringen.

Spürbare Veränderung in Tirol

In respektvoller Freundschaft mit Bischof Reinhold Stecher betrachte
ich es nicht als mir zustehend zu analysieren, auf welche Wurzeln der
tiefe Humanismus und die Menschenliebe in ihm sowie – daraus re-
sultierend – seine freundschaftliche Hinwendung zum Judentum
zurückgeht. Ich vermute, daß die tiefe Religiosität seiner Familie (sein
Bruder wurde am selben Tag wie er zum Priester geweiht), der Einfluß des 1996 seliggesprochenen, 1940 im KZ Buchenwald hingerich-
teten Pfarrers Otto Neururer, der sein Lehrer war und als Märtyrer
starb, und die Prägung durch den großen Theologen Karl Rahner SJ
alle ihren Anteil dazu beigetragen haben. Ein weiterer wichtiger Fak-
tor war wohl das persönliche Erleben des totalitären Regimes des Nationalsozialismus und der Brutalität der Judenverfolgung. Unverges-
sen wird mir bleiben, wie Reinhold Stecher in mehreren Ansprachen
in seiner Heimatstadt Innsbruck als junger Mensch selbst beobachte-
te Szenen beschrieb. Ich vermute, daß das Miterleben des Unrechts in
ihm den tiefen Wunsch auslöste, diesem entgegenzuwirken. Und was
er zuvor lediglich als Seelsorger und Pädagoge im kleinen Rahmen
bewirken konnte, setzte er nach seiner Berufung zum Bischof in
großem Maßstab, in weitertragenden Zusammenhängen, und mit Entschlossenheit und ohne Zögern in die Tat um.

Als wir ihn kennenlernten und etwas näher an sein Ich heran-
gelassen wurden, waren seine Meinungen, Urteile und Einstellungen
längst geformt und gefestigt und seine für uns wesentlichste Leistung,
die Abschaffung des Anderl-Kults, bereits vollzogen. Es gab nie Gespräche, in denen wir versuchen hätten müssen, dem Bischof unsere
divergierenden Meinungen nahezubringen, wie es auch nie Versuche
von seiner Seite gab, uns Juden zu vereinnahmen. Sein Verhältnis zu
uns war stets von wahrhafter Toleranz und Zuneigung, unter Aus-
klammerung des Trennenden, getragen. Durch diese Grundeinstellung entfaltete Bischof Reinhold Stecher eine enorm wirksame Bei-
spielhaftigkeit, die im Land Tirol eine spürbare Veränderung hervor-

gerufen hat. Dafür danken wir ihm. Das Symbol seines Wirkens ist der von ihm gespendete silberne Leuchter in der Synagoge, der von dieser seiner tätigen Nächstenliebe Zeugnis ablegen wird, solange die Synagoge besteht.

ANMERKUNGEN

1   Vgl. die umfassende Darstellung von B. Fresacher, Anderl von Rinn. Ritualmordkult und Neuorientierung in Judenstein 1945–1995. Mit einem Nachwort von Altbischof Reinhold Stecher. Innsbruck 1998.

2   Vgl. R. Stecher, »Denke an die Tage der Vergangenheit, lerne aus den Jahren der Geschichte!«, in: das fenster. Tiroler Kulturzeitschrift 22 (1988) H. 43, 4234-4239.

3   Die Dankesrede des Bischofs wurde u. a. abgedruckt in: Kathpress, 15. 6. 1990.

4   Vgl. R. Stecher, »Es ist ein Denkmal der Jugend«, in: das fenster 31 (1997) H. 64, 6099-6100; W. Pfaundler, Wie es dazu kam: »Schon wieder ein Denkmal«, in: ebd. 6098-6099.

5   Auszüge aus den beiden Ansprachen von E. Fritsch und R. Stecher während der Gedenkfeier an die Pogrome gegen Juden in Innsbruck in der sogenannten »Reichskristallnacht« 1938 wurden unter dem Titel »Dein Herz gedenkt der Schrecken« abgedruckt in: das fenster 32 (1998) H. 44, 4351-4352

5

Verkündigung und Seelsorge

Von vielen Menschen wegen seiner ebenso geistvollen wie treffsicheren Sprache bewundert, steht diese einzig und allein im Dienst von Verkündigung und Seelsorge. Reinhold Stecher war in erster Linie Seelsorger. Seine Sprache war gedeckt durch sein Tun. Davon wissen ehemalige Schülerinnen und Schüler, aber auch Journalisten, Professoren, Mitarbeiterinnen und Mitarbeiter im kirchlichen Leitungsdienst wie auch Seelsorger an der Basis zu erzählen.

GILBERT ROSENKRANZ

Den Glauben buchstabieren

Wie ein kirchlicher Mitarbeiter den Bischof erlebt –
dargestellt anhand von Predigten, Vorträgen und persönlichen
Erfahrungen (1992–2000)

Himmlisch predigen ist gefährlich. Denn die Rede über den Himmel birgt die Versuchung, vom Leben abzuheben. Wer aber Theologie ohne Bodenhaftung betreibt, entfernt sich von sich selbst. Die Folge davon: Die Sprache wird blutleer. Bischof Reinhold Stecher weist für mich einen Weg: Auch wenn er von den heiligsten Dingen spricht, bleibt er als Mensch spürbar – selbst wenn er durch seine Redeweise beim Zuhörer »nur« das Gefühl auslöst, als sei er zuinnerst vom Geheimnis Gottes ergriffen. Ich habe viele seiner Predigten vergessen. Nicht vergessen aber habe ich den Ausdruck seiner Sprache. Sie hat mir eindeutig vermittelt: Er glaubt, was er redet. Das ist keine Maske. Er zeigt sein wahres Gesicht.

Reinhold Stechers Sprechweise ist originell. Ich erlebe sie immer wieder als Teil eines Ringens, zur Sprache zu bringen, was letztlich unbeschreiblich ist[1]. In der 17. Predigt (Vers 25) schreibt Meister Eckhart unter Hinweis auf Papst Gregor den Großen: »Was wir von göttlichen Dingen reden, das müssen wir stammeln, denn man muß es mit Worten ausdrücken.« So erkläre ich mir auch, daß Reinhold Stecher Bilder und Geschichten Begriffen vorzieht. Darin zeigt sich übrigens eine Verwandtschaft zur jüdischen Rede- und Erzählweise. Eine weitere Verwandtschaft ist nach meinen Erfahrungen die gesunde Distanz, mit der er von Gott spricht. Er spricht nicht so, als könnte er Gott in Besitz nehmen: eine Haltung, die an Mose erinnert, der zwar das verheißene Land sieht, dem aber nicht gegeben ist, es zu betreten. Ob zur Gottesbegegnung auch gehört, auf Distanz zu Gott zu gehen? Reinhold Stechers Rede ist die eines Menschen, der – in Abwandlung eines Wortes des österreichischen Schriftstellers Heimito von Doderer (1896-1966) – einen Schritt zurücktritt, um Gott in seiner Ganzheit zu betrachten. Reinhold Stechers Zurücktreten ist für mich glaubwürdige Annäherung an Gott.

1. Die Bilder

In seinem Vortrag über »Kirche und Sprache«[2] erklärt Bischof Reinhold Stecher, weshalb er so gern zu der für ihn typischen Bildersprache greift: »Nur das Bild fängt das Mysterium ein, auch in der Epoche der ›Weltformeln‹. Nur das Bild freundet sich mit dem Gedächtnis an.« Reinhold Stecher ist mit der Bildersprache so vertraut, daß er sie bei Predigten ebenso souverän gebraucht wie bei Präsentationen, Vorträgen, Schulbesuchen oder Statements für das Fernsehen. – In der Silvesterpredigt 1994 meint er: »Der Silvesterabend ist für besinnliche Menschen so etwas Ähnliches wie ein Flußrechen bei einem Kraftwerk, den man abgeht, um zu schauen, ob etwas im Strom der Zeit hängengeblieben ist, was des Bergens wert wäre.« Seine Wortlandschaften tauchen die Zuhörer in eine Welt, die sie aus ihrer eigenen Erleben kennen.

Bilder verwendet er auch, wenn er aus seinem Leben erzählt. Was erstaunt: Will er Botschaften verdeutlichen, hält er mit sehr persönlichen Geschichten aus Kindheit und Jugend, Verfolgung und Krieg, inneren Kämpfen und äußeren Verstrickungen nicht hinter dem Berg[3].

Ist kein inneres Bild zur Hand, greift Reinhold Stecher gerne zu Symbolen. Bei der Präsentation einer Dokumentation über Pfarrer Otto Neururer[4] bringt er die Brille des Seligen und läßt sie sprechen, was sie in ihrem Leben gesehen hat. Bei Schulbesuchen nimmt er seine bischöflichen Insignien mit. Er setzt Knirpsen die Mitra auf, läßt sie den Hirtenstab halten und versucht so, die Schüler mit dem Bild vom Guten Hirten vertraut zu machen. Und als sich Bischof Reinhold Stecher nach einer Welle von Briefbombenattentaten in Österreich zu einer öffentlichen Stellungnahme entschließt, bringt er seine Betroffenheit in einem Bild zum Ausdruck: »Wer Fremdenhaß schürt, schüttet Benzin aus«[5].

Einen Sinn für Bilder zeigt Bischof Reinhold Stecher, wenn er von Menschen spricht, deren Leben sich in sein Herz eingeprägt haben: Immer wieder spricht er von Vor-Bildern.

2. Die Quellen

– *Die Bibel*: In seinem Vortrag »Kirche und Sprache« meint Reinhold Stecher: »Ich muß gestehen, daß es für mich ein Erlebnis war, nach vielen Jahren eingeübten scholastischen Denkens und Sprechens die Sprache des Konzils zu lesen: Da war dieser Bezug zum Ewigen Wort viel deutlicher«. Dieser Bezug zur Bibel ist auch in seinen Predigten offenkundig. So als fragte er sich beim Schreiben: »Und was sagt die Bibel dazu?« Er kreist um biblische Themen[6], nimmt einzelne Wörter und deutet sie aus[7], zitiert Sätze oder versucht jene Stimmung einer biblischen Szene einzufangen, die manchmal nur zaghaft angedeutet ist[8]. Im Umgang mit der Bibel ist er virtuos wie ein Musiker auf einem Instrument. Er beherrscht mühelos verschiedene Tonlagen und macht auf diese Weise seine Zuhörer mit der Bibel vertraut. Mehrfach bewiesen hat er dies auch im Zusammenhang seines zweiteiligen Vortrags »Die Leidensgeschichte Jesu einmal anders«. Er ist damit in vielen Pfarrgemeinden aufgetreten und hat damit Tausende Menschen in den Bann gezogen.

Während seines Doktoratsstudiums hat sich Reinhold Stecher grundlegende Kenntnisse über das Leben und das Land der Bibel erworben: Kenntnisse, die immer wieder zum Thema von Predigten werden. So etwa sprach er in seiner Silvesteransprache 1996 über die Glaubensvorstellungen der Nomaden und ihre Wirkungsgeschichte bis heute.

Wenn sich in den Jahren seiner Amtszeit als Bischof von Innsbruck die Gelegenheit einer Begegnung mit der Israelitischen Kultusgemeinde bot, bediente sich Reinhold Stecher gerne der hebräischen Sprache – etwa am 8. Juni 1997 bei der Einweihung des Denkmals für die ermordeten Juden am Innsbrucker Landhausplatz. Für ihn waren solche Gelegenheiten mehr als eine Aufwärmübung seiner Fremdsprachenkenntnisse. Wenn ich ihn Hebräisch reden hörte, war mir manchmal, als würden in ihm Erinnerungen wach, die zum Innersten seiner Seele gehörten.

Aus dem Hebräischen heraus formuliert er auch Grundsätze seiner Theologie; so etwa aus dem hebräischen Wort »rachám« (»barmherzig«) ein Plädoyer für die Botschaft vom bergenden Gott. Denn der Hintergrund für dieses Wort bilde »rechém«, was »Mutterschoß« heißt – für Reinhold Stecher ein Hinweis auf die weiblichen Züge Gottes[9].

– *Die Geschichte(n)*: Bischof Reinhold Stecher ist ein begeisternder Erzähler von Geschichten und Anekdoten. Im Rahmen eines Festvortrags erzählte er vor hunderten Zuhörern folgende Geschichte: »Neulich erzählte mir eine Bekannte, die beim Bügeln einer ermüdenden Warum-Frage-Kette ihres Zöglings zuhörte, und schließlich bei der soundsovielten Frage in ihrer Verzweiflung antwortete: ›Das weiß ich nicht, das mußt du den Papa fragen...‹. Nach einer kleinen

Pause kam dann die Frage: ›Mama, warum bist du eigentlich dümmer als der Papa?‹«[10]

So wie er die Bibel zu Rate zieht, um eine Aussage zu verdeutlichen, macht er es auch mit Erlebnissen und Erfahrungen. Durch solche Geschichten werden schwierige Zusammenhänge oft erst nachvollziehbar. Die Geschichte von der ermüdenden Warum-Frage-Kette etwa entstammt einem Vortrag zum Thema »Kirche und Dialog«. Bischof Reinhold Stecher wollte damit erklären, daß das Fragen eine »menschliche Urform der Bewußtseinserweiterung« ist.

Geschichten und die Geschichte sind für ihn Lehrmeister. Mehrmals verweist er darauf, daß er in seinem Leben mit 1200 Jugendlichen in 60 Alpinkursen unterwegs war, rund 40.000 Beichten gehört und als Bischof 1400 Schulklassen, 350 Kindergärten und 6000 Kranke besucht hat. Aus diesen Begegnungen erwächst eine Autorität, die seine theologischen Aussagen und pastoralen Forderungen wesentlich begründet. Ausdrücklich darauf Bezug nimmt er in seinem »Versuch einer Antwort auf die im Zusammenhang mit meinem Statement von österreichischen Bischöfen und anderen verbreitete Vorwürfe«[11]. Darin argumentiert er seine Forderung nach einer Änderung der derzeitigen Handhabung einer Dispens für verheiratete Priester mit Erfahrungen in der Seelsorge.

Persönliche Erfahrungen prägen auch Reinhold Stechers Haltung zur Frage des Sakramentenempfangs von wiederverheirateten Geschiedenen. Er wendet sich gegen ein generelles Verbot des Sakramentenempfangs unabhängig von einer Klärung der persönlichen Lebenssituation der Betroffenen. Neben moraltheologischen und biblischen Einwänden begründet Reinhold Stecher seine Haltung in einem Interview so: »Ich habe in meiner Diözese Zehntausende von Beichten gehört, und ich weiß daher, daß das Leben Geschichten schreibt, die man nicht einfach mit einem nur die äußere Situation beurteilenden Paragraphen abtun kann.«[12]

Die persönliche Lebensgeschichte war prägend für den Stil der Amtsführung von Bischof Reinhold Stecher. So hatte er im Jahr 1944 in Skandinavien auf einer Strecke von 3600 Kilometern jede Nacht auf dem Boden verbracht, nicht wenige davon in klirrender Kälte. Wie von allein erklärt sich auf diesem Hintergrund sein leidenschaftlicher Ruf nach einer bergenden Seelsorge.

– *Die Vorbilder.* Bischof Reinhold Stechers Predigten und Vorträge weisen ihn als Fan von Vorbildern aus. Auf meinem Streifzug durch seine Schriften zwischen 1992 und 2000 habe ich folgende Personen gefunden: Jakob Huter[13], Professor Adam Tanner SJ[14], Sebastian Ruf[15], Anna Dengel[16], Notburga von Eben[17], Theresia von Lisieux[18], Pfarrer Otto Neururer und P. Jakob Gapp[19], Bischof Georg Golser[20] und Pierre Teilhard de Chardin SJ[21]. Interessant ist neben dem Blick auf die Auswahl der zitierten Persönlichkeiten der Blick auf die Anlässe. Über Jakob Huter redet er anläßlich eines Vortrags »500 Jahre Goldenes Dachl« in Anwesenheit von Bundespräsident Thomas Klestil und der gesamten Tiroler Politprominenz; über Sebastian Ruf bei der 1000-Jahr-Feier von Absam. Reinhold Stecher ruft historische Persönlichkeiten in Erinnerung, als wollte er der gegenwärtigen Generation den Spiegel vorhalten. Die Auswahl der Persönlichkeiten zeigt auch eine Vorliebe für Menschen, die von ihrer Zeit unverstanden blieben und deshalb zu den Randgruppen zählten. Ein Hinweis, die eigene Mitte von den Rändern her zu bestimmen? Eine versteckte Warnung an Gruppen und Gemeinschaften, die Köpfe zusammenzustecken und dabei den Blick für alles rundherum zu verlieren?

In seinem letzten Antrittsgottesdienst für die Universität Innsbruck[22] als amtierender Bischof von Innsbruck geht Reinhold Stecher noch weiter. Unter Bezugnahme auf Laotse (6. Jh. v. Chr.) und Sokrates (5. Jh. v. Chr.) warnt er vor einer Überakzentuierung des Lebens im Bereich des Rationalen. Auch wenn er sich in seiner Predigt nicht näher mit den Lehren der beiden Philosophen auseinandersetzt und sie nicht als Vorbilder im engeren Sinn des Wortes vorstellt: Festzuhalten bleibt, daß ein römisch-katholischer Bischof ausdrücklich auf »nicht-katholische« Denker Bezug nimmt, um seine eigene Lehre auszuloten. Er lädt zu einer Auseinandersetzung mit weitem geistigem Umfang ein[23] und pflegt damit eine frühe christliche Tradition, die etwa griechische Philosophen in eine Reihe mit jüdischen Propheten stellt.

Bischof Reinhold Stecher ist selbst immer um einen geistigen Horizont bemüht, der weiter reicht als bis zur nächsten Talseite. Hinweise darauf finden sich auch in anderen Predigten und Ansprachen. Zwischen 1992 und 2000 leiht er noch folgenden Persönlichkeiten aus der Geistesgeschichte das Wort: Carl Gustav Jung (Schweizer Tiefenpsychologe), Joachim Illies (Biologe und Anthropologe), Jeanne Hersch (Schweizer Philosophin), Konrad Lorenz (österreichischer Verhaltensforscher und Nobelpreisträger) und Karl Steinbuch (deutscher Nachrichtentechniker), Henri Bergson (französischer Philosoph) und Konfutse (chinesischer Philosoph), Reinhard und Anne-

marie Tausch (deutsche Pädagogen). Wie er ihre Lehren und Anschauungen kennengelernt hat, verrät er 1999 in einem kleinen Kreis
von Journalisten[24].

– *Die Bildung.* Bischof Reinhold Stecher ist ein neugieriger
Mensch. Nicht im Sinn eines Menschen, der überall seine Augen und
Ohren hineinsteckt. Was hinter verschlossenen Türen gesprochen
wird, trägt er nicht auf die Straße. Aber er will wissen, was sich auf
den Straßen dieser Erde tut. Ich erinnere mich, wie er nach einer
sonntäglichen Tagung ganz selbstverständlich an einem Zeitungsstän-
der stehenblieb und die neuesten Tageszeitungen kaufte. Reinhold
Stecher fühlt die Notwendigkeit eines »gründlichen Hintergrundwis-
sens auf Breitwand«[25]. Er will mit den Menschen unterwegs sein und
erfährt dabei die Notwendigkeit, sich umfassend zu bilden. Zu diesem
Zweck verordnet er sich jahrelang ein Jahresthema zum weiterbilden-
den Lesen und erstellt einen dazugehörigen Sachkatalog.

Seine Allgemeinbildung macht seine Wortmeldungen so wohltuend. Denn in diesem weiten Horizont bewertet er auch theologische
Fragen, lernt er neben der Innen- auch die Außensicht des Glaubens
kennen. Wie ein Baupolier und Architekt arbeitet er an dessen Fun-
damentierung und Erneuerung. Und weil er um das Haus des Glaubens weiß, weiß er auch, welche Wände tragend sind und im Fall einer Entfernung oder Erschütterung das gemeinsame Ganze zum Einsturz bringen. Beispielgebend dafür ist seine »Erklärung zur Frage der
Wiederverheiratet-Geschiedenen«[26]. Darin hält Bischof Reinhold Stecher zunächst seine persönliche Haltung in dieser Frage fest. Zum
Schluß verweist er auf Grundsätze, die ihn mit den Bischöfen trotz aller Meinungsverschiedenheiten verbinden.

Ein Haus bewahren heißt für Bischof Reinhold Stecher, daß es
bewohnbar bleiben muß. Denn was nützt ein Haus, wenn es zwar alle Auflagen der Denkmalpflege erfüllt, aber kein Mensch mehr darin
wohnen will? In diesem Sinn hat er sich auch mehrfach für Veränderungen in der Kirche ausgesprochen. Er weiß, daß nicht jede Ver-
schalung schon ein Betonpfeiler ist. In diesem Sinn äußert er sich in
seiner Festrede beim Martinsfest 1994 in Eisenstadt. Als Bischof könne er nur dann »Haltesignale« ausgeben, wenn direkt Glaubenswahrheiten auf dem Spiel stünden: »Es ist nicht notwendig, jeden Tag drei
Irrlehren zu verurteilen.«[27]

– *Das Gebet.* Wallfahrten haben in Tirol eine lange Tradition. Im
Leben von Reinhold Stecher ist das nicht anders. Als 19jähriger Ju-

gendlicher kommt er in Folge einer Wallfahrt nach Maria Waldrast in Konflikt mit der Gestapo. Als Bischof ist er regelmäßig geistlicher Leiter der Nachtwallfahrten nach St. Georgenberg (Bezirk Schwaz). Anläßlich der feierlichen Altarweihe sprach Bischof Reinhold Stecher von den Geheimnissen, die die Wallfahrt zur Pietà von Georgenberg umgeben[28]. Er ruft die Gläubigen auf: »Knien wir also hin, wie Hunderttausende hier schon gekniet sind, und erfahren die Milde der Mutter.« Das sind Worte, die sich für jene fremd anhören, die Reinhold Stecher nur als wortgewaltigen Bischof kennen, der sich für Reformen in der Kirche[29] oder gegen Sparmaßnahmen der Regierung auf dem Rücken der Familien[30] ausspricht, Wortmeldungen, die ihm in der Öffentlichkeit den Ruf eines »liberalen« Bischofs verschafft haben.

Bischof Reinhold Stecher ist ein frommer Mensch. Er stellt seine Frömmigkeit nie demonstrativ zur Schau, sondern lebt sie im stillen. Im stillen ist er auch immer wieder in die Wallfahrtskirche nach Götzens gepilgert, um Pfarrer Otto Neururer als Fürsprecher für einen guten Nachfolger als Bischof von Innsbruck anzurufen. Im Gebet kommt Bischof Reinhold Stecher auch zur Sprache. Es ist kein Zufall, daß er katholischen Journalisten rät: »Man muß um den Geist beten. Das Beten um den Geist ist selbst schon eine Gabe des Geistes.«[31]

3. Der Stil

Bischof Reinhold Stecher hat einen auffallenden Zug zum Einfachen. Bei Visitationen nahm er sich viel Zeit, um alle Kranken einer Pfarrgemeinde zu besuchen. Und auch im bischöflichen Alltag hatten sie Platz. Der Bischof wertete Menschen nicht nach ihrer Stellung, sondern aufgrund ihrer Würde. Deutlich wird dies unter anderem in seinem umfangreichen Briefverkehr. Einem meiner Freunde hat Bischof Reinhold Stecher auf sieben Seiten Fragen über die grundsätzliche Vereinbarkeit des Militärdienstes mit dem Glauben beantwortet. Um Antworten läßt er nicht lange bitten. Briefe werden in der Regel innerhalb einer Woche beantwortet – nicht nur aus arbeitstechnischen Gründen. Dahinter verbirgt sich ein Respekt vor dem Fragenden und das Selbstverständnis einer Kirche, die sich den Fragen gewissenhaft stellt. Dahinter verbirgt sich auch eine klare Stellungnahme gegen ein Taktieren im Sinne des »Zeit-Gewinnens« durch das Aussitzen von unangenehmen Fragen.

Wie ich aus meinem Freundes- und Bekanntenkreis weiß, reichen die Themen der an Bischof Reinhold Stecher gerichteten Fragen von der Berufswahl über private Sorgen, finanzielle Probleme bis hin zu schwerwiegenden Glaubensgeschichten. An den Bischof werden solche Fragen herangetragen, weil sie ihn als echten Menschenfreund erleben – bei Besuchen in den Pfarreien ebenso wie in seinen Hirtenbriefen, Vorträgen und öffentlichen Stellungnahmen.

– *Das Vorwort.* Tritt Bischof Reinhold Stecher vor ein Auditorium, stellt er an den Anfang seines Vortrags gerne ein Vorwort. Darin drückt er seine Hemmungen aus, das Podium zu betreten. So meinte er etwa bei seinem Festvortrag bei der 50-Jahr-Feier der »Van-Swieten-Gesellschaft«: »Die Einladung, vor einer so qualifizierten Versammlung zu sprechen, habe ich, wie der Herr Präsident weiß, mit einigen Hemmungen angenommen, weil ich dem hier vertretenen Horizont des Wissens und der Erfahrung kaum gewachsen bin.« Und er fährt fort: »Ich habe sie nur angenommen, weil ich mich damit im Dienst einer Begegnung fühle – der vom Arzt und Seelsorger, von Heilkunst und Pastoral, von Medizin und Theologie.«[32] Diese einleitenden Worte haben programmatischen Charakter für die rege Vortragstätigkeit von Reinhold Stecher. Vor Musikerziehern, Literaten, Politikern oder Brauchtumspflegern sprach er zunächst immer von seiner mangelnden Qualifikation, überhaupt das Wort zu ergreifen. Tat er es dennoch, dann um das Verbindende zu suchen und Erfahrungen aus dem eigenen Leben mitzugeben, die vielleicht weiterhelfen. Dieses Understatement steht in wohltuendem Gegensatz zu Äußerungen höchster kirchlicher Verantwortungsträger, die Stellungnahmen von vornherein durch den Anspruch auf Unfehlbarkeit vor Kritik in Schutz nehmen wollen.

Die Kraft des Arguments. Bischof Reinhold Stecher ist mit Leib und Seele Lehrer. Aus seiner jahrelangen Tätigkeit als Professor an der Pädagogischen Akademie des Bundes in Tirol weiß er, daß nur der Lehrer ein »Leiberl hat«, der auch argumentieren kann. Im Rahmen einer persönlichen Begegnung erzählte er einmal von einer Vorlesung, bei der unter Studenten heftig darüber diskutiert wurde, ob es angemessen sei, daß der Bürgermeister von Innsbruck mit seinem Dienstwagen unmittelbar vor seinen Amtssitz fahren darf. Reinhold Stechers Antwort kam aus dem Tierreich. Da er einige Bücher über die Verhaltensforschung gelesen hatte, wußte er über die Rangordnung bei Pavianen Bescheid. Und er wußte, daß der Anführer eines Rudels jederzeit Zugriff zu Beutestücken hat: ein Privileg, das nur dem zusteht, der die Letztverantwortung über eine ganze Gemeinschaft trägt. Man mag über die Angemessenheit dieses Vergleichs unterschiedlicher Meinung sein. Offensichtlich ist: Für Reinhold Stecher zählt die Autorität des Arguments. Ein bloßer Hinweis auf die Autorität von Amts wegen ist für ihn der Beweis, daß sie nicht vorhanden ist. Entsprechend hartnäckig weigerte er sich auch, öffentliche Erklärungen zu kirchlichen Entscheidungen abzugeben, wenn er sie selbst nur schwer oder gar nicht mittragen konnte. Besonders schmerzlich erleben mußte er dies während der Auseinandersetzungen rund um den Wiener Erzbischof, Kardinal Hans Hermann Groër OSB.

Ohne Zitate. Predigten oder Ansprachen aus der Feder von Bischof Reinhold Stecher kommen fast immer ohne Zitate aus. Wenn er Bezüge herstellt, dann zur Bibel, zu Heiligen oder zu Persönlichkeiten, für die er Bewunderung hegt. Und selbst dann verabreicht er solche Zitate in sehr geringer Dosierung.

Das sind einige Lichter auf Bischof Reinhold Stecher – vom Schreibtisch des Pressereferenten der Diözese Innsbruck aus betrachtet. Es sind Lichter aus jener Jahreszeit, da die Sonne im Zenit steht. Im Sinn eines kritischen Journalismus gehörten sicher auch Geschichten erzählt, die zu Schwierigkeiten in der Zusammenarbeit geführt haben. Doch das lag nicht in dieser Absicht meines Beitrags. Bischof Reinhold Stecher hat mich zu journalistischer Arbeit in der Kirche motiviert: durch seine Öffentlichkeitsarbeit, die er als Person pflegt, und durch seinen Glauben, den er lebt. Dieses Zeugnis wirkt weiter – bis heute.

ANMERKUNGEN

1   Im Rahmen meiner Tätigkeit als Pressereferent habe ich mehrmals Entwürfe von Ansprachen oder Predigten gesehen. Sie haben mich immer an Skizzen von Autoren erinnert. Viele Sätze waren durchgestrichen. Zwischen den Zeilen oder am Seitenrand – kaum lesbar – notierte der Bischof neue Formulierungen. Für eine öffentliche Stellungnahme oder Predigt erarbeitete er bis zu 20 Versionen, bis er sich zufriedengab. Die dafür nötige Zeit »holte« er sich meist in der Nacht.
2   Vortrag am 21. 1. 1993 im »Haus der Begegnung«, dem Bildungshaus der Diözese Innsbruck.
3   So etwa erzählt er am 10. 11. 1992 vor der Hospizgemeinschaft von seinen Erfahrungen mit Sterbenden in der eigenen Familie und einer akuten Krankheit, die ihn an die Schwelle des Todes brachte.
4   Diözese Innsbruck (Hg.), Pfarrer Otto Neururer – Ein Seliger aus dem KZ. Innsbruck ²1997.
5   Öffentliche Erklärung am 7. 10. 1994.
6   Gründonnerstag-Predigt zur Chrisammesse 1992 über »Das dienende Amt« in der Innsbrucker Jesuitenkirche.

7 Predigt für Anna Dengel, die Gründerin der Missionsärztlichen Schwestern, am 14. 3. 1992 in der Innsbrucker Jesuitenkirche.

8 Predigt beim Eröffnungsgottesdienst für das Diözesanforum am 15. 10. 1993 im Canisianum (»Emmaus ist immer wieder«).

9 »Entbergung und Geborgenheit. Gedanken zur Seelsorge am Ende dieses Jahrhunderts« – veröffentlicht am 23. 11. 1995 in der Tageszeitung »Die Presse«, Wien.

10 Vortrag am 14. 5. 1995 im Theater am Kornmarkt, Bregenz.

11 Veröffentlicht am 25. 1. 1998 im schriftlichen Dienst der Kathpress.

12 »Kirche intern«. Forum für eine offene Kirche, für Gesellschaft, Politik und Kultur 8 (1994) Nr. 12, 11.

13 Ansprache am 15. 6. 1996 in der Innsbrucker Hofburg »500 Jahre Goldenes Dachl«; Bischof Reinhold Stecher über Jakob Huter: Seine Ansichten »sind höchst ehrenwert und tieffromm«.

14 Ansprache anläßlich des 50-Jahr-Jubiläums der Wiedererrichtung der Kath.-Theologischen Fakultät Innsbruck; Reinhold Stecher über Tanner: »Der bedeutendste Vorkämpfer gegen den Hexenwahn auf dem Boden der Universität«.

15 Ansprache anläßlich 1000 Jahre Absam am 17. 1. 1995; Reinhold Stecher über Sebastian Ruf: »Ein stiller, gescheiter, fröhlicher, bescheidener Mensch, der innerhalb der Kirche wohl eher ein Außenseiter war«. Ruf (1802–1877) war 35 Jahre lang Kaplan am damaligen Irrenhaus. Er verfaßte bahnbrechende Studien über psychische Erkrankungen und forderte die Abschaffung der Todesstrafe.

16 Gedenkgottesdienst am 14. 3. 1992 anläßlich des 100. Geburtstags der Gründerin der Missionsärztlichen Schwestern; Reinhold Stecher über Anna Dengel: »Sie war eine Geistträgerin«.

17 Gottesdienst zur Wiedereröffnung der renovierten Wallfahrtskirche in Eben am 22. 9. 1992; Reinhold Stecher über Notburga: »Durch ihr Leben ziehen Küchendunst und Stallgeruch, Arbeitsschweiß und Spüleimer«.

18 Predigt bei einem Gottesdienst des Theresienwerks am 26. 9. 1993; Reinhold Stecher: »Sie hat ein Ideal der Heiligkeit vertreten, das weitab von einer übermenschlichen hochstilisierten Bravheit liegt«.

19 Vortrag in den Innsbrucker Stadtsälen »Märtyrer ziehen Kreise« am 17. 12. 1996.

20 Interview mit dem österreichischen Nachrichtenmagazin »profil«, 26. 1. 1998.

21 Predigt in der Klosterkirche zur Ewigen Anbetung, 19. 3. 1995.

22 Gottesdienst in der Jesuitenkirche am 12. 10. 1997.

23 Mit Laotses Schrift »Taoteking« setzte sich auch die erstmals im Jahr 1910 in Innsbruck erscheinende Monatszeitschrift »Der Brenner« auseinander. Tragende Säule dieser halbmonatlich erscheinenden Publikation war Ludwig von Ficker (1880–1967), der im Innsbrucker Stadtteil Mühlau wohnte. Auch Reinhold Stechers Familie lebte viele Jahre in diesem Stadtteil. Es drängt sich die Vermutung auf, daß es zumindest geistige Verbindungen der Familie Stecher zum Kreis rund um Ludwig von Ficker gab. »Der Brenner« wollte zu einer Erneuerung des katholischen Glaubens von innen her beitragen. Die letzte Nummer erschien 1954.

24 Anlaß war ein Treffen der »Arbeitsgemeinschaft der diözesanen Pressereferenten« im Herbst 1999 in Innsbruck. Bei dieser Gelegenheit formulierte Bischof Reinhold Stecher zum Thema »Marschgepäck eines Pressereferenten« einige Grundanliegen journalistischer Arbeit.

25 Siehe Anm. 23.

26 Bischof Reinhold Stecher veröffentlichte diese Erklärung am 15. 11. 1994, wenige Tage nach der Vollversammlung der Österreichischen Bischofskonferenz in Wien. Dabei behandelten die Bischöfe auch ein von der Kongregation für die Glaubenslehre vorgelegtes Dokument, in dem wiederverheirateten Geschiedenen der Kommunionempfang verboten wird. In der Vollversammlung dürfte es darüber zu heftigen Auseinandersetzungen gekommen sein. Reinhold Stecher antwortet mit seiner Erklärung auf Interviews, in denen der Eindruck erweckt wird, als seien die österr. Bischöfe vorbehaltlos mit dem vatikanischen Dokument einverstanden.

27 Schriftlicher Dienst der Kathpress vom 15. 11. 1994.

28 Altarweihe am 10. 7. 1993.

29 Interview mit dem österr. Nachrichtenmagazin »profil«, 23. 1. 1995.

30 Interview mit der Tiroler Tageszeitung vom 14. 1. 1995.

31 Vgl. Anm. 27.

32 Vortrag am 23. 10. 1996 in der Neuen Hofburg, Wien.

HELMUT KRÄTZL

Kirchliche Erwachsenenbildung für den Menschen von heute

Kirchliche Erwachsenenbildung steht heute vor ganz neuen Herausforderungen, hat aber auch viel umfassendere Möglichkeiten. Sie hat sich in den letzten Jahren in der Konzeption und Methode »professionalisiert« und spielt im großen Konzert der Erwachsenenbildung in Österreich eine sehr anerkannte und unverzichtbare Rolle. Es ist damit eine Saat aufgegangen, die gerade in Innsbruck seinerzeit von Ignaz Zangerle (1905–1987) gesät worden ist.

Die katholische Kirche hat inzwischen ein sehr dichtes Netz von Bildungseinrichtungen geflochten. Es reicht von den diözesanen Bildungswerken über sehr gut ausgestattete Bildungshäuser in allen Diözesen bis zu den weitverzweigten Bildungswerken oft sogar in den kleinsten Pfarreien. Im »Forum katholischer Erwachsenenbildung in Österreich«, einem Dachverband, sind 60 Bildungsorganisationen der Kirche vertreten. Eine erstaunlich große Zahl von Frauen und Männern engagiert sich in diesen Einrichtungen, insgesamt ca. 19.000 in Österreich, wobei nur 570 für ihre Tätigkeit bezahlt werden. In mehr als 2000 Orten finden jährlich etwa 39.000 Veranstaltungen statt. Dabei wächst auch immer mehr die Zusammenarbeit mit Bildungseinrichtungen anderer christlicher Kirchen.

Kirchliche Erwachsenenbildung ist damit ein ganz bestimmter, unverzichtbarer Teil kirchlichen Wirkens geworden, jedoch in abgegrenzter Eigenständigkeit. Sie ist nicht gleichzusetzen mit Verkündigung im engen Sinn oder nur deren Verlängerung. Sie ist auch nicht eine bestimmte Art von Katechese, sondern sie will jener Ort sein, wo Menschen über ihr Leben und auch ihren Glauben reflektieren können und wo sie dazu in aller Selbständigkeit angeleitet werden. Bei allem Angebot, das sich zunächst vom Thema her oft gar nicht von »weltlichen« Bildungsstätten unterscheidet, bleibt dennoch klar und deutlich, daß hinter kirchlicher Erwachsenenbildung der Schatz und Reichtum christlichen Glaubens und Tuns stehen. Eine Besonderheit liegt noch darin, daß kirchliche Erwachsenenbildung in ihren Einrichtungen gleichsam dem Intensivsegment der Kirche »vorgelagert«

ist, wo die Schwellenangst zu »Kirche« gleichsam niedriger ist. Gleichzeitig bietet diese Form der Erwachsenenbildung aber auch der Kirche die Chance, gerade durch die Begegnung mit Menschen »von außen« für ihre Erneuerung wertvolle, auch kritische Impulse zu erhalten.

Erwachsenenbildung angesichts einer sich ändernden Gesellschaft und Kirche

Analysen der Gesellschaft gibt es heute viele. Zukunftsprognosen sind unterschiedlich und können nur kurzfristig sein. Sicher aber hat sich in der Gesellschaft in den letzten 50 Jahren folgendes verändert.

– *Vieles ist unüberschaubar geworden.* Das zeigen die Entwicklungen in der Technik, eine hochtechnisierte Medizin, die weltweiten – heute sagt man: globalen – Zusammenhänge in der Wirtschaft, der Ökologie, die Flut von Informationen, eine Spezialisierung der Wissenschaften, die jeweils nur mehr bruchstückhafte Einsichten gewährt.

– *Der Mensch fühlt sich vielfach bedroht* von der Gefahr der Vermassung und hat gleichzeitig Angst vor Isolation. Die sozialen Stützen einer wenigstens nach außen hin geschlossenen Gesellschaft sind gefallen. Die vielen Wahlmöglichkeiten hinsichtlich seines Lebenskonzeptes, des Wertesystems, der Formen der Beziehung, überfordern ihn. Vermeintliche Freiheit ist ihm zur Last geworden, vor der er wieder gern in geschützte Kreise oder Abhängigkeiten flieht, die ihm Entscheidungen abnehmen.

– *Die Zukunft ist nicht voraussehbar:* nicht die eigene im Hinblick auf Beruf und Gelingen von Partnerschaften, nicht die gemeinschaftliche angesichts der wachsenden Probleme der Wirtschaft und des Sozialsystems. Entwicklungen und Dynamik der Geld- und Produktionsmärkte werden immer eigenständiger, die Politik hinkt nach und bekommt diese Märkte nicht in den Griff. Das Wachstum der technischen Möglichkeiten, des »Machbaren« ist schneller als das Reifen von Ethik und Verantwortung vor einer letzten Instanz.

– *Der Einfluß der Kirche nimmt erschreckend ab.* Kirche hat in dieser sich verändernden Gesellschaft noch nicht ihren Platz gefunden. Nach außen hat sie stark an Prestige verloren, nach innen nehmen die Mitgliederzahl, die Beteiligung an den Gottesdiensten und die Zahl der Priester ab. Zu all dem geht ein Riß durch die Kirche, von der Basis (den Pfarreien) bis hinauf in die höchsten Leitungsämter. Die Gründe dafür sieht man unterschiedlich. Für die einen ist das Konzil schuld, das alles in Unordnung gebracht habe; für die andern, daß die Kirche nicht mutig genug die vom Konzil vorgezeigten neuen Wege weitergegangen sei[1]. Die Polarisierung geht nicht zuletzt auf verschiedene theologische Positionen zurück, sogar zwischen Lehramt und theologischer Forschung.

    – *Die Kirche schwankt zwischen Erneuerung und Restauration.* Der Mut zur Erneuerung, der so viele nach dem Konzil erfüllte und innerlich befreite, ist leider, gerade auch bei vielen Verantwortlichen in der Kirche, gesunken. Negative Auswirkungen für die Kirche in der säkular gewordenen Gesellschaft nähren die Hoffnung, durch Restauration den früheren Stand der Kirche wieder zu erreichen. Dabei übersieht man, daß sich die Kirche durch Restauration immer weiter ins Out begibt und zu einem historischen Relikt zu werden droht, mit nur mehr musealer, folkloristischer Bedeutung.

    – *Die Kirche gibt auf die brennenden Lebensfragen von heute unzureichende Antworten.* Aus Sorge um eine vermeintliche Kontinuität der Lehre gibt man auf ganz neu aufgetretene Probleme Antworten von gestern, wagt nicht weiterzudenken und Neuland zu betreten. Das gilt vor allem für Fragen der Ehemoral, der Beurteilung der verschiedenen Phasen der Partnerfindung, der Pastoral an solchen, deren Ehen leidvoll gescheitert sind. Neue Erkenntnisse der Humanwissenschaft, die Natur und Befindlichkeit des Menschen betreffend, werden eher als »weltlich« und nicht durch kirchliche Lehre gedeckt geringgeachtet. Ängstlich konservative Haltung hemmt auch die so notwendigen Schritte zu tieferer, christlicher Ökumene. Kritische Stimmen innerhalb der Kirche selbst werden gern damit abgetan, es gehe dem Menschen letztlich um die Gottesfrage, nicht um Strukturfragen. Man übersieht aber dabei, daß das Gottesbild immer durch jemand und durch etwas vermittelt oder entstellt wird, auch in einem sehr hohen Maß durch Strukturen der Kirche.

    In einer solchen Umbruchsphase von Gesellschaft und Kirche stellen sich für die kirchliche Erwachsenenbildung ganz neue Probleme, aber auch neue Chancen. Gerade diese Krisenzeit läßt uns überlegen, was sie allgemein, aber im besonderen auch in der Kirche sein soll. Ich möchte kirchliche Erwachsenenbildung abgrenzen und zeigen, womit sie nicht verwechselt werden soll, sie aber auch entgrenzen, also für eine Weite plädieren, die nicht eingeengt werden darf.

Schwerpunkte heutiger Erwachsenenbildung

Kirchliche Erwachsenenbildung muß sich an den Bedürfnissen der Menschen ausrichten, nicht um populistisch zu sein, sondern um dort den Dienst anzubieten, wo er am notwendigsten ist. Dazu soll sie folgendes leisten:

– *Vom »Viel-wissen« zur Fähigkeit der Unterscheidung.* Kirchliche Erwachsenenbildung hat nicht in erster Linie Informationen zu vermehren oder systematisch darzubieten, sondern den Menschen zu befähigen, aus der Flut der Informationen auszuwählen, diese kritisch zu beurteilen. Sie soll helfen, Wichtiges vom Unwichtigen unterscheiden zu können, durch die breite Oberfläche hindurch zur Tiefe mancher Fragen vorzustoßen, Zusammenhänge überschaubar und Vorgänge durchschaubar zu machen; das heißt also zu lernen, wie man mit Informationen nützlich umgeht, wie man sie beherrscht und sich nicht von ihnen überfluten läßt. Natürlich setzt das ein Grundwissen voraus; aber ein Wissen, das man sich kritisch aneignet, also wirklich »zu eigen« macht, das man im Vergleich abwägt und in seinem Kontext sieht, das neben aller Kurzsichtigkeit auch Langzeitfolgen abschätzen kann.

In der Flut der Informationen gibt es heute zahllose Deutungsmöglichkeiten von Welt und Mensch, die wie auf einem Markt gleichwertig (gleich-gültig?) angeboten werden. Nach welchen Gesichtspunkten wählt man aus? Was ist für das Leben wirklich wert-voll? Kirchliche Erwachsenenbildung bekennt sich dazu, die Welt, den Menschen, sein Woher und Wohin aus der Bibel und der Glaubenserfahrung heraus zu deuten. Sie maßt sich dabei aber nicht an, damit die einzig mögliche »Weltsicht« zu geben, bietet aber eine Sicht, die im Leben und in der Geschichte glaubender Christen erprobt ist. Sie wird ihre Glaubwürdigkeit daran zu erweisen haben, daß sie weitab von Indoktrination zu kritischem Denken, und damit erst zu Unterscheidungs- und Entscheidungsmöglichkeiten verhilft.

– *Statt »verzweckter« Ausbildung Hilfe zur Selbständigkeit.* Heutige Bildungseinrichtungen sind oft in Gefahr, zu Trainingstätten zu werden und zu glauben, vor allem Fähigkeiten vermitteln zu müssen, die unmittelbar im Wirtschafts- und Erwerbsprozeß zu verwerten sind. Die Versuchung wird noch größer, weil Subventionen und Sponsoring oft an solchen »Erfolgen« gemessen werden. Die kirchliche Erwachsenenbildung hat die große Chance und daher auch die Aufgabe, der Versuchung solcher »Verzweckung« zu widerstehen. Sie hat weder einem System noch einer Institution zu dienen, sondern allein dem Menschen, und zwar dergestalt, daß er zur Selbstfindung kommt, sich seiner Eigenständigkeit bewußt wird. Das gilt auch für den kirchlichen Bereich. In der Gefahr der Vermassung muß der Mensch seinen eigenen Standpunkt finden, in der Furcht vor Isolation sein Selbst, sein Ich entdecken. Kirchliche Erwachsenenbildung wird ihm dazu noch entdecken helfen, wem er sich verdankt und was er für andere unersetzbar bedeutet.

– *Schlüsselqualifikationen, die verschlossene Tore öffnen.* Das Leben ist heute komplex geworden. Es gibt viel mehr Freiheiten, damit aber auch die Notwendigkeit, sich viel öfter zu entscheiden. Immer mehr werden im Lauf des Lebens ihren Beruf wechseln (müssen), sich neuen Herausforderungen zu stellen haben. Selbst die Wirtschaft schätzt heute nicht zuerst den »einseitigen Fachmann«, sondern den kreativen, innovativen Menschen.

Erwachsenenbildung will helfen, die eigenen Begabungen und Fähigkeiten zu entdecken und zu entfalten. Das setzt voraus, sich selbst kennen und erproben zu lernen und Freude am eigenen Wachsen und Tun zu finden. Unter sehr vielen heute gefragten »Schlüsselqualifikationen« scheinen besonders wichtig zu sein: Mut *zu* und Freude *an* Kreativität, Offenheit für Neues, Anpassungsvermögen an sehr unterschiedliche Gegebenheiten und Herausforderungen, eine reflektierte Mobilität, also eine, die bei aller notwendigen Beweglichkeit einen nicht die eigenen Identität verlieren läßt, und schließlich eine »lebenslängliche« Lernbereitschaft. Es ist bedauerlich, daß gerade Bildung dieser Art noch immer in der Öffentlichkeit zu wenig geschätzt und deshalb auch viel zu wenig »subventioniert« wird, obwohl sie für die Lebensqualität des einzelnen so bedeutsam ist, ihn aber auch erst für den so mobil gewordenen Arbeitsmarkt vielfältiger einsatzfähig macht.

– *Gemeinschaftssinn und Freude am sozialen Tun inmitten einer entsolidarisierten Gesellschaft.* Ein zu eng gefaßter Bildungsbegriff zielt zu bald auf Beruf und Professionalität. Gerade der hochentwickelte Sozialstaat ist in Versuchung, Dienstleistungen bis hin zu zwischenmenschlicher Hilfe zu institutionalisieren. Das führt auf lange Sicht zum Verlust der so notwendigen persönlichen, menschlichen Kontakte, ist aber auch, wie heutige Diskussionen bereits zeigen, auf Dauer nicht mehr finanzierbar. Es entsteht aber auch ein Verlust an Solidarisierung, gerade mit den Schwachen und Hilfsbedürftigen. Allenthalben wird der Ruf laut nach mehr persönlichem Engagement, nach ehrenamtlichem Einsatz, nach einer »Bürgergesellschaft«, in der gerade im sozialen Bereich Staat und Institutionen nur subsidiär wirken.

Eine ganz neue Herausforderung kirchlicher Erwachsenenbildung wäre, auch hier die Grundvoraussetzungen im menschlichen, aber auch im operativen Bereich zu schaffen. Ein Grundprinzip moderner Erwachsenenbildung wäre überhaupt, vieles gemeinsam zu erarbeiten und damit auch die Fähigkeit zu mehr Gemeinsamkeit, zu sozialer Haltung zu fördern.

 – *Selbständig feiern statt Freizeitanimation.* Wir werden immer mehr zu einer »Unterhaltungsgesellschaft«, gleichzeitig nimmt die Fähigkeit zum Feiern ab. Partys laufen nach bestimmten Schemata ab. Feiern läßt man von »Profis« organisieren, Urlaub mit Unterhaltungswert wird von Freizeitanimateuren gestaltet. Der Reiz nach immer Auffälligerem und Ausgefallenem steigt, Teilnahme und Stimmung werden gelenkt, innere Freude wird von künstlich erzeugter »Fröhlichkeit« abgelöst. Dabei ist ein so wichtiger Bereich der Kultur, wie es das Feiern darstellt, in Gefahr.

Kirchliche Erwachsenenbildung soll nun nicht die Zahl fertiger Rezepte für alle möglichen Arten von Feiern vermehren. Sie soll vielmehr Grundvoraussetzungen für das »Feiern-Können« schaffen. Dazu gehört das Innehalten und Innewerden: die Kunst, sich zu besinnen und sensibel zu werden für Anlässe, Menschen, Höhepunkte und Krisen im menschlichen Leben. Weiters soll Mut gemacht werden, selbst zu gestalten und viele mit hineinzunehmen in das feiernde Geschehen. Freilich gehört dazu eine Reihe von kreativen und musischen Fähigkeiten. Aber auch, alle Sinne mit einzubeziehen in das, was man feiern und ausdrücken will. Nur wer selbst berührende Feiern erlebt hat, wird solche auch zu gestalten versuchen. Wenn das schon für alle »weltlichen« Feiern gilt, ist es gleichzeitig aber auch eine unerläßliche Voraussetzung, Liturgie »feiern« zu können. Gerade hier ist wiederum kirchliche Erwachsenenbildung im Vorfeld des oft als eigentlich verstandenen kirchlichen Tuns, ist aber nicht verzichtbare Zugabe, sondern notwendig Ein- und Vorübung, schließlich auch die Höhepunkte der Liturgie, den ganzen Menschen berührend, feiern zu können.

Schwerpunkte kirchlicher Erwachsenenbildung

Kirchliche Erwachsenenbildung ist nicht Seelsorge, sondern soll den Menschen »erwecken«. Ignaz Zangerle hat das Wort von der »men-

schenerweckenden Erwachsenenbildung« geprägt. Das heißt wohl, das »Selbstbewußtsein« im Menschen zu wecken, ihn seine Fähigkeiten entdecken zu lehren, ihm Mut und Freude zu machen, sie zu entfalten und damit immer mehr er selbst zu werden. Es ist ein Dienst am Menschen, der über landläufige Seelsorge hinausgeht. Persönlichkeitsbildung, Selbsterfahrung – sowohl was die inneren Kräfte als auch was den Körper anlangt –, Ansporn zu Kreativität, das Pflegen und Verfeinern der Sinne, das alles ist also nicht nur »marktgerechtes« Angebot, sondern eine Hilfe, sich in seiner Einmaligkeit zu entdecken und mehr Mensch zu werden. Erwachsenenbildung heißt also nicht, wie man Erwachsene bildet«, sondern wie man zum »Erwachsensein« gebildet wird und damit reifer, mehr Mensch wird.

Dieses Angebot sind wir jedem Menschen, der es sucht und gerade kirchlicher Erwachsenenbildung Vertrauen schenkt, schuldig, ohne – nochmals gesagt – vordergründige oder auch nur verdeckte Absicht, ihn gleich zu einem »besseren« Kirchenmitglied machen zu wollen. Gleichzeitig aber schafft diese Art von Bildung Voraussetzungen, die Grundfunktionen der Kirche besser verwirklichen zu können. So ist kirchliche Erwachsenenbildung zum Beispiel nicht Verkündigung im eigentlichen Sinn. Aber gerade sie wird über den Menschen in all seinen Bezügen reflektieren und ihn damit wohl auch für die notwendige, geistige Offenheit für den Anruf Gottes vorbereiten. Kirchliche Erwachsenenbildung ist nicht Einübung in die Liturgie, legt aber Grundlagen, ohne die Liturgie nicht recht gefeiert werden kann. Dazu gehören die Kunst des Feierns, das Verständnis für Symbole und Zeichen, die Fähigkeit zur Gemeinschaft, das Bejahen und Entfalten der eigenen Sinne und der persönlichen Kreativität. Kirchliche Erwachsenenbildung ist schließlich kein Schulungsort für Caritashelfer, hat aber ihren letzten Zweck im Dienste an den Menschen, ist also »diakonal«. Kirchliche Erwachsenenbildung ist offen für alle, die sich von Christen helfen lassen wollen, ihr Leben und die Welt zu deuten, ohne gleich Angst haben zu müssen, vereinnahmt zu werden. Sie ist somit ein Tor hinaus aus dem sonst oft abgeschlossenen, gemeindlichen »engen Kreis« zu denen, die auf der Suche nach Lebensantworten sind. Anderseits ist sie aber doch auch notwendige Hilfe, als Christ das »Menschliche« nicht zu vergessen und besser leben zu können.

– *Kirchliche Erwachsenenbildung: ein Dienst an der Gesellschaft.* Ein großer Themenbereich kirchlicher Erwachsenenbildung wird auch die Gesellschaftspolititk sein. Erstes Ziel ist wohl, dem modernen

Menschen inmitten aggressiver politischer Werbung den Blick zu schärfen für Zusammenhänge, für eigennützige Parteiinteressen, längerfristige Folgen populärer Versprechungen und für die stillen oder auch sehr deutlichen Formen der Verpolitisierung des gesellschaftlichen Lebens. Kirchliche Erwachsenenbildung wird aus dem Geist des Evangeliums heraus die Vorgänge in der Gesellschaft zu deuten versuchen. Aber nicht im Sinn eines uniformen, »wehrhaften« oder militanten »Katholizismus«, sondern im Bewußtsein – und das hat das Konzil, insbesondere in seiner Pastoralkonstitution »Die Kirche in der Welt von heute«, ausdrücklich unterstrichen –, daß man zu gewissen gesellschaftspolitischen Fragen auch als Christ unterschiedlicher Meinung sein kann[2]. Anderseits aber wird man auch klarmachen müssen, welche Optionen aus dem Evangelium heraus unaufgebbar sind und daß daher der, der diese vernachlässigt, eigentlich nicht mehr »christlich« genannt werden kann. Das betrifft heute konkret den Einsatz für die Armen, die Ausländerfrage, den umfassenden Schutz des Lebens, die Bewahrung der Schöpfung und andere Themen. Freilich wird Erwachsenenbildung auch Lernort für Verständigungsfähigkeit in der Gesellschaft sein und für echten Dialog, d. h. wie man in Konflikten miteinander umgeht, andere Meinungen aushält und wie man selbst bei nötigen Protesten die Würde des Andersdenkenden nicht verletzt.

– *Kirchliche Erwachsenenbildung als Schule für »kritische Theologie«.* Die theologische Bildung ist nur eine Sparte der Erwachsenenbildung. Sie wird sich heute vor allem dem Anspruch stellen müssen, innerhalb der innerkirchlichen, oft heftigen Diskussion in theologischen Fragen zur Unterscheidungsfähigkeit zu verhelfen. Dem wird man nicht genügen durch einen systematischen »Nachhilfeunterricht« in theologischen Fragen im Sinn einer Katechismuslehre. Dazu gehört, Theologie nicht »von oben herab«, sondern von den Fragen des Menschen ausgehend darzubieten, aber auch zu lernen, wie sich Theologie nach dem Konzil ganz legitim und meist in großem Konsens (wenn auch nicht immer im Einklang mit lehramtlichen Äußerungen) weiterentwickelt hat. Dazu verhilft, neu oder gar zum ersten Mal die Konzilstexte auf ihre Aussageabsicht hin zu studieren. Dazu gehören die moderne Form der Bibelauslegung, die neuen Ansätze in der Moral, die über eine Normenmoral hinaus die Verantwortung des Menschen vor seinem Gewissen in den Blick nimmt, eine Glaubenslehre, die nicht so viel über Gott zu wissen vorgibt, sondern vielmehr dazu verhilft, wie man dem Geheimnis »Gott« in Ehrfurcht begegnen kann, und daß man tröstlich zu erahnen beginnt, was Erlösung und Vollendung bedeuten; eine Theologie schließlich, die die Entfaltung der Kirche und ihrer Lehre aus der Tradition sieht, aber nicht aus einer, die erst im letzten Jahrhundert begann, mit vielerlei Engführungen, sondern einer Tradition von den Anfängen an, einer Tradition aber, die auch darum weiß, wie das äußere Erscheinungsbild der Kirche und ihre Denkweise mit der Entwicklung der Menschheit und der einzelnen Kulturen Schritt halten müssen.

Von der kirchlichen Erwachsenenbildung wird es abhängen, ob man künftig in den Gemeinden sachgerechter miteinander über Theologie reden und diskutieren kann, ob Theologie wieder mehr Bezug zum Leben bekommt, ob Ökumene wieder Fortschritte machen kann. Sie wird auch zeigen, daß selbst in der Theologie Pluralität legitim ist, um gerade so das eine, nie ganz lösbare Mysterium von vielen Seiten her besser erhellen zu können.

– *Kirchliche Erwachsenenbildung als Herausforderung für eine »lernende Kirche«.* Ein Grundprinzip heutiger Bildungspolitik ist »lebenslanges Lernen«. Das klingt zunächst fast angsterregend. Auf kirchliche Erwachsenenbildung bezogen heißt das, nicht nur von der Kirche als »Mater et Magistra« (Johannes XXIII.) lernen, sondern *mit* der Kirche lernen, vielleicht die Kirche insgesamt sogar anzumahnen, anzuspornen, immer wieder dazuzulemen; lernen, die Zeichen der Zeit zu erkennen, lernen auch von der Welt – ja, auch das hat das Konzil eigens gesagt –, von ihrer Erfahrung, von ihrer Sehnsucht und ihren unerfüllten Hoffnungen, von ihrer Kenntnis über den Menschen und seine »Seele«, von den Wissenschaften in ihrer Eigenständigkeit.

Kirche muß auch aus der Geschichte lernen. Der Papst selbst hat sich um die Jahrtausendwende vielfach für Verfehlungen in der katholischen Kirche in der Vergangenheit entschuldigt[3]. Lernen aus der Geschichte aber heißt auch, wachsam dafür zu sein, welche Versuchungen es heute zu Ähnlichem gibt. Es geht schließlich auch um das Lernen in der Theologie selbst. Sie ist längst nicht abgeschlossen. Das Geheimnis Gottes muß durch ständiges Lernen tiefer erfaßt werden, selbst die je zeitbedingte Erklärung der Dogmen bedarf eines Lernprozesses: eine lernende Kirche, in der Theologen von Bischöfen (vom Lehramt) und diese von Theologen zu lernen bereit sind, »Fachleute« von einfachen Gläubigen etwas annehmen, wo Konservative von Progressiven lernen können und umgekehrt, und Katholiken von anderen Christen. Kirche selbst sei ein »organisierter Bildungsprozeß«

oder sollte es sein, hat jemand gesagt. Eine lernende Kirche läßt sich auf offene und verändernde Lernprozesse ein, die so zu einem Prozeß der Kirchenbildung selber werden. Das ist nicht einfach Anpassung an eine sich verändernde Umwelt, sondern Mut zu notwendigen Veränderungen und damit zur Erneuerung. Dazu leitet kirchliche Erwachsenenbildung an. Eine so verstanden »lernende Kirche« würde übrigens in einer neuen, viel überzeugenderen Form auch wieder »lehrende Kirche« werden.

Erwachsenenbildner aus dem Glauben

Reinhold Stecher hat selbst durch Jahrzehnte hindurch in der Lehrerausbildung gearbeitet und dort Bildung in diesem umfassenden Sinn gelernt und gelehrt. Er hat in der Bischofskonferenz jahrelang den Bereich der Erwachsenenbildung verantwortet. Über all das hinaus hat er uns aber durch seine eigene »bildende« Tätigkeit die beste Interpretation dessen gegeben, was »menschenerweckende« Erwachsenenbildung sein kann und sein soll. Es kamen ihm dabei seine vielen bewundernswerten Begabungen zugute. Für ihn wird alles im Leben zum Bild und Symbol, wie die vielen Meditationen über Natur und Mensch in seinen Büchern zeigen. Das Leben wird durch und durch transparent. Er beherrscht die Kunst des Zeichnens und Malens genauso wie die Kunst des geschriebenen und gesprochenen Wortes. Er schöpft eine fast ansteckende Fröhlichkeit und einen tiefsinnigen Humor aus der Freude am Leben und der Festigkeit seines Glaubens. Er hat nicht nur viele Menschen tatsächlich auf die Gipfeln der Alpen geführt, wo man reine Luft atmen und die Welt »überblicken« kann und spürbar Gott näher ist. Er hat noch viel mehr Menschen in die unergründlichen Tiefen des eigenen Selbst geführt und ihnen das Geheimnis Gottes zu deuten versucht.

Für mich ist Bischof Reinhold Stecher in den vielen Jahren, in denen ich ihn kenne, zum leuchtenden, aber doch fast unerreichbaren Vorbild eines Erwachsenenbildners aus dem Glauben geworden. Möge er uns noch viele Jahre in dieser Kunst vorangehen. Mögen aber auch viele, die ihn bewundern, von ihm lernen, die je eigenen Fähigkeiten für den Menschen und die Kirche »lebenserweckend« einzusetzen.

ANMERKUNGEN

1   Vgl. H. Krätzl, Im Sprung gehemmt. Was mir nach dem Konzil noch alles fehlt. Mödling
     [4]1999.

2   Vgl. »Gaudium et spes«, Nr. 75, in: K. Rahner / H. Vorgrimler, Kleines Konzilskompen-
     dium. Freiburg [15]1981, 532-534, hier 533f.: »Berechtigte Meinungsverschiedenheiten sol-
     len sie [i. e. die Christen] anerkennen, und die anderen, die als Einzelne oder kollektiv
     solche Meinungen anständig vertreten, sollen sie achten.«

3   Vgl. L. Accattoli, Wenn der Papst um Vergebung bittet. Alle »mea culpa« von Papst Jo-
     hannes Paul II. Innsbruck 1999; M. Sievernich, Päpstliche Bekenntnisse, in: Stimmen der
     Zeit 218 (2000) 145-146; D. Hercsik, Schuldbekenntnis und Vergebungsbitte des Papstes
     in theologischer Perspektive in: ZKTh 123 (2001) 3-22; A. Batlogg, Wir vergeben und
     bitten um Vergebung. Wenn die Kirche sich entschuldigt, in: »wort auf dem weg«. Die
     Zeitschrift zur biblisch-christlichen Orientierung 46 (2001) Nr. 272, 35-38.

HANS ROTTER SJ

Freimut des Wortes in der Kirche

Was ich an Bischof Reinhold Stecher immer bewundert habe, ist auf der einen Seite sein theologischer Tiefgang und sein Problembewußtsein, auf der andern Seite aber auch seine Fähigkeit zur verständlichen Rede. Oft kann er in einem Bild, das auch seine künstlerische Beobachtungsgabe verrät, einen Gedanken vermitteln, so daß er unmittelbar zu Herzen geht. Diese Einfachheit und Offenheit, Freimut und Wahrhaftigkeit hat viel Anerkennung gefunden und der Kirche trotz mancher Kritiker viel Sympathie erworben. Dafür sind wir ihm zu großem Dank verpflichtet.

Wahrheit besitzen?

Kleine Ursachen haben manchmal eine große Wirkung. Ein bestimmter erkenntnistheoretischer Ansatz kann sich auf eine ganze Philosophie und Ethik auswirken. So definiert Thomas von Aquin die Erkenntnis als »adaequatio intellectus ad rem«. Damit wird die objektive Sacherkenntnis zum Modell des Erkennens überhaupt. Der Verstand bekommt das Objekt in den Griff. Er nimmt somit die Wahrheit in Besitz. Jeder, der diese Sache erkennt, gelangt zur gleichen Wahrheit. Was für mich wahr ist, ist es auch für dich. Die Wahrheit ist universell gültig. Wer die Wahrheit besitzt, kann von andern verlangen, daß sie diese Wahrheit anerkennen. Kritik daran hat keine Berechtigung. Eine solche Erkenntnis ist mehr oder weniger zeitlos. Denn eine Sache, ein Tisch oder ein Stuhl, ändert sich nicht von heute auf morgen. Man wird einem Thomas und seinem Lehrer Aristoteles zugestehen müssen, daß sie diese Auffassung in ihrer weiteren Reflexion durchaus differenzieren können und allzu primitive Folgerungen vermeiden. Aber ihr Ansatz ist verräterisch.

In einem personalen Denken wird man Erkenntnis hingegen zunächst definieren als »adaequatio intellectus ad personam«. Man geht hier aus von der Erkenntnis einer Person im Rahmen einer Ich-Du-Beziehung. Dabei sind zwar auch sachlich-objektive Aspekte eingeschlossen, die dann in einer gewissen eindeutigen Weise umschrieben werden können. Aber auch sie sind Ausdruck, Momente einer Person, ihrer Geschichte und Freiheit. Personale Wahrheit kann man nicht »besitzen« wie eine Sache und über sie verfügen, sondern man kann sie nur ahnen, sich ihr annähern, ihr begegnen, sich für sie öffnen, sie in letztlich ambivalenten Bildern und Gleichnissen zu zeichnen versuchen.

Eine Person erkennt man nicht dadurch, daß man sie in ihrer augenblicklichen Darstellung erfaßt. Wenn man von jemandem sagt, er sei gütig, einfühlend, hilfsbereit, treu usw., dann kann man das nicht aus einer einzelnen gegenwärtigen Handlung entnehmen, sondern dann weiß man das nur, insofern man die Geschichte dieser Person kennt und den andern wiederholt so erfahren hat, oder weil es einem erzählt worden ist. Personale Qualitäten erschließen sich also durch Erzählung (*narratio*) und Gedächtnis (*memoria*) einer Geschichte, nicht durch die Feststellung eines einzelnen objektiven gegenwärtigen Sachverhaltes.

Ein wertendes, ethisches Urteil greift aber immer auch auf die Zukunft vor. Denn wenn ich von jemandem nicht nur sage, er sei gut *gewesen*, sondern er *sei* gut und verläßlich, dann schließt das auch die Überzeugung ein, daß er sich in Zukunft nicht anders verhalten wird. Eine Aussage über das Wesen im Sinn des Gewesenen ist also auch ein Urteil über das, was sein wird und wie sich der andere zeigen wird.

Freilich ist die Zukunft ihrem Wesen nach ungewiß. Auch die menschliche Freiheit ist da immer neu gefordert und muß immer neu nach der Orientierung des Lebens suchen. Man kann deshalb die Entschlüsse und das Verhalten einer Person nicht eindeutig voraussagen. Dennoch muß man sowohl gegenüber der eigenen Zukunft Entscheidungen treffen als auch gegenüber der des andern. Ich muß der Zukunft des andern gegenüber entweder einen Vertrauensvorschuß aufbringen oder ihr mit Mißtrauen begegnen. Weder das eine noch das andere ist von der gegenwärtigen »Sachlage« her zwingend zu begründen. Die Freiheit der Person auf die Zukunft hin verlangt eine kreative Entscheidung des Urteilenden. Erkenntnis der positiven Aspekte einer Person hat wesentlich den Charakter des Vertrauens. Dort, wo sich Erkenntnis auf Gott bezieht, sprechen wir dann von religiösem Glauben.

Zwischen Konflikt und Kompromiß

Natürlich gibt es keine absolute menschliche Freiheit. Menschliche Freiheit ist immer situiert und begrenzt. Deshalb wäre es nicht angebracht, einem Menschen, der in einer bestimmten Sache, z. B. im Umgang mit Geld, immer wieder versagt und große Summen veruntreut hat, nun grundlos ein Vertrauen zu schenken, als ob seine Zuverlässigkeit außer Zweifel stünde. Man kann und soll ihm nur so viel Vertrauen schenken, daß er dadurch nicht überfordert wird. Das Prinzip »Vertrauen ist gut, Kontrolle ist besser« behält seine relative Gültigkeit, wenn es auch nicht verabsolutiert werden darf.

In einer personalen Anthropologie und Ethik spielen nun die Begriffe Konflikt und Kompromiß eine entscheidende Rolle. Mehrere Menschen werden vom gleichen Sachverhalt oft deutlich verschiedene Meinungen haben. Selbst wenn man von einem Konsens spricht, ist er genauer betrachtet nur relativ. Denn jeder nimmt den Sachverhalt im Kontext seiner eigenen Lebenserfahrungen wahr. Das wird z. B. in politischen Fragen oft genug deutlich. Selbst sehr redliche Politiker, die in einer Sache über die gleichen Informationen verfügen, kommen aufgrund ihrer Lebenserfahrung und ihrer ethischen Grundoption zu verschiedenen Meinungen und Urteilen. In solchen Fällen ist es dann nicht hilfreich, für sich eine absolute Wahrheit zu reklamieren. Hier ist es angemessener, davon auszugehen, daß die verschiedenen Seiten berechtigte Anliegen vertreten und daß man deshalb in politischen Entscheidungen, die ja nicht nur für ein Individuum getroffen werden, sondern für viele Menschen Geltung haben sollen, Kompromisse schließen muß.

Natürlich ist bei solchen Überlegungen immer zu bedenken, um welchen Sachverhalt es sich handelt. Wenn es sich um eine personale, um eine soziale oder politische Wirklichkeit dreht, sind Wahrheitsbegriff und ethische Folgerungen anders zu sehen, als wenn es sich um (scheinbar) eindeutig objektive, etwa mathematische, physikalische oder chemische Gegebenheiten handelt. Insofern sollte in den hier angestellten Überlegungen nicht eine Alternative der Urteilsfindung zur neuscholastischen Auffassung vorgestellt werden, sondern es sollte auf verschiedene Möglichkeiten hingewiesen werden, je nachdem um welchen Bezugspunkt der menschlichen Erkenntnis und Stellungnahme es sich handelt.

Beispiel Ökumene

Aus einem personalen Verständnis des menschlichen Erkennens ergibt sich, daß die Erkenntnis des einen nicht einfach ersetzbar ist durch die Erkenntnis des andern. Deshalb braucht es in einer Gemeinschaft das Gespräch, um zu erfahren, wie ein anderer ein Problem sieht. Es braucht die Beratung, um Einseitigkeiten zu vermeiden. Besonders ist ein solcher Austausch dann nötig, wenn zunächst verschiedene Standpunkte bestehen. So wird man z. B. in einem ökumenischen Gespräch nicht erwarten können, daß sich die Vertreter verschiedener Konfessionen von den Mängeln ihrer Lehre einfach dadurch überzeugen lassen, daß jemand aus seiner Sicht besonders exakt und mit einer besonderen Sicherheit argumentiert in der Meinung, anderen im Detail einen Irrtum nachweisen und ihnen die Wahrheit andemonstrieren zu können. Man wird sich vielmehr nur in einem mühsamen Prozeß der Wahrheitssuche und in einem ständigen Austausch von Aspekten allmählich näher kommen.

Ein sehr lehrreiches Modell einer solchen gegenseitigen Annäherung war die Erarbeitung des Dokumentes über die Rechtfertigung, das am 31. Oktober 1999 in Augsburg unterzeichnet wurde. Es konnte hier nicht darum gehen, sich gegenseitig Irrtümer nachzuweisen und sich zum Nachgeben zu zwingen. Vielmehr bemühte man sich schrittweise um ein gegenseitiges tieferes Verstehen, um die Relativierung unterschiedlicher Akzente usw. Das war ein Prozeß, der auch mit der Unterschrift unter das Dokument noch nicht zu Ende war, wohl aber einen wichtigen Schritt darstellte auf einem Weg, der noch weiterzugehen ist. Hier wird man immer weitere Aspekte problematisieren können und sich in ihrer Klärung dann noch näherkommen.

Aber auch innerhalb einer Konfession gibt es verschiedene Denktraditionen: Romanisches Denken unterscheidet sich vom germanischen, ein Spanier wird sich in seiner Religiosität von einem Iren, aber erst recht von einem Afrikaner oder Asiaten unterscheiden. Das bedeutet nicht, daß hier jeweils verschiedene Dogmen geglaubt werden, wohl aber daß es verschiedene Ausdifferenzierungen gibt etwa in der Frage der Marienverehrung, des sozialen Engagements oder in der Frauenfrage und in der Kritik des Patriarchalismus.

Im Ringen um gültige Aussagen

Hier liegt ja auch ein Grund, warum jene Theologen nicht recht bekommen haben, die glaubten, daß es nach dem Ersten Vatikanum (1870/71) kein Konzil mehr zu geben brauche und geben werde, weil ja jetzt der Papst alles allein entscheiden könne. Das Zweite Vatikanum (1962/65) hat bewiesen, welche enorme Fruchtbarkeit das Gespräch der Konzilsväter gebracht hat. Diese Dokumente hätte ein

Papst so nicht schreiben können, auch nicht mit seinen unmittelbaren Mitarbeitern, die ja nicht die gleiche Fülle an Denktraditionen einbringen wie ein Konzil. Deshalb wurden dann die Bischofssynoden als eine Art Weiterführung dieses konziliaren Prozesses geschaffen.

Auch das Prinzip der Inkulturation setzt voraus, daß es verschiedene Konkretisierungen des Katholischen geben kann und geben muß. Anderseits bedeutet das Einbringen der verschiedenen Mentalitäten und Kulturen in das Leben der Gesamtkirche ein große Bereicherung für alle, die jede Uniformierung und Engführung aufbricht. Wiederum kann dieser Reichtum nicht zentral kommandiert und verwaltet werden, sondern setzt das lebendige Mitwirken der Glieder voraus.

Das Bestehen solcher verschiedenen Sichten und Aspekte und ihr Austausch in der Kirche wird freilich nicht völlig konfliktfrei bleiben können. Denn oft genug wird man meinen, daß die eigene Sicht die einzig wahre und mögliche ist, daß deshalb die andern, die das nicht so sehen, einfach irren. Man braucht sich nicht nur längere Zeit in Afrika oder Südamerika aufzuhalten, um diesen Denkfehler zu durchschauen. Es genügt schon, im eigenen Kulturbereich die Entwicklung des kirchlichen Lebens über ein Jahrhundert oder einige Jahrzehnte zu verfolgen und zu vergleichen. Man halte nur einmal die Enzyklika »Casti connubii« (1930) und die Pastoralkonstitution »Gaudium et spes« (1965) nebeneinander, etwa zum Thema Frau. Hier zeigen sich nicht nur große Unterschiede im (polemischen oder gewinnenden) Ton, sondern auch inhaltlich, etwa was die Unterordnung der Frau unter die Leitung des Mannes anbelangt. Wenn man nicht der Meinung ist, daß dabei die früheren Positionen von den späteren her immer wieder verurteilt werden sollten, sondern daß jede Zeit in der Kirche legitim auch eigene Auffassungen vertritt, dann muß man zugeben, daß es in solchen Fragen nicht einfach die eine, unwandelbare Wahrheit gibt, sondern daß hier immer neu um die richtige – nicht ewig unveränderliche, sondern geschichtlich bedingte und der jeweiligen Zeitsituation angemessene – Einsicht gerungen werden muß.

Sehr zu lernen ist hier etwa aus dem letzten Konzil, aber genauso aus früheren! Niemand bestreitet, daß die Konzilsväter alle gut katholisch und kirchlich gesonnen waren. Dennoch haben sie in vielen Einzelfragen unterschiedliche Positionen vertreten. Manchmal hat die eine Seite gemeint, daß die andere gefährliche, mit der eigenen Tradition unvereinbare Auffassungen vertritt. Ganz besonders bezeichnend sind hier die Ausführungen des Konzils über die Religionsfreiheit. Hätte ein Theologe manche von diesen Aussagen zehn Jahre vor dem Konzil publiziert, hätte er sich massive Sanktionen von seiten des kirchlichen Lehramts zuziehen können. Nun war es aber auch nicht so, daß hier die kirchliche Basis einfach passiv gewartet hätte, bis sich die amtliche Lehre gleichsam von selbst weiterentwickelt. Es hat vielmehr ein Ringen gegeben, das längst vor dem Konzil begonnen hatte und dann auf dem Konzil eine dramatische Zuspitzung erfahren hat. »Sowohl in der Vorbereitungsphase des Konzils als auch bei dessen Beginn zeigte sich auf seiten der Konzilstheologen wie der Konzilsväter eine entschiedene Opposition gegen diese [d. h. die von der Theologischen Kommission vorgelegte, H. R.] Lehrauffassung über die Freiheit im religiösen Bereich.«[1] Gegensätzliche Auffassungen prallten aufeinander. Manche meinten, daß hier eine unaufgebbare Tradition verraten würde. Man könnte sich dabei an den »heftigen Streit« erinnert fühlen, der nach Apg 15, 7 auf dem Apostelkonzil in Jerusalem ausgebrochen ist.

Die Wahrheitsfindung geschieht also offenbar auch auf der Ebene des obersten kirchlichen Lehramts nicht so, daß die Verantwortlichen durch eine Art Verbalinspiration die entsprechende Wahrheit vom Geist Gottes empfangen, um sie dann weiterzugeben. Vielmehr kann durchaus in Form eines heftigen Ringens und Streitens nach einer Formel gesucht werden, die dann mindestens den Verantwortlichen als der Glaubenstradition angemessen und mehrheitsfähig erscheint. Offenbar findet es der Verfasser der Apostelgeschichte nicht unpassend und unfromm, wenn die Apostel und die Ältesten auf solche Weise zu einer Übereinstimmung kommen. Dabei hat ja das letzte Konzil – wie frühere Konzilien auch – gezeigt, daß es keine vollständige Einstimmigkeit braucht, sondern daß dazu die – mehr oder weniger deutliche – Mehrheit genügt, um von einer gültigen Entscheidung oder Lehre des Konzils sprechen zu können.

Darüber hinaus stellen wir ja fest, daß die Texte des Konzils im nachhinein nicht immer gleich ausgelegt wurden. Die Kompromisse im Zustandekommen machten es möglich, daß diese Texte mit verschiedener Akzentuierung ausgelegt wurden. Die theologische Wahrheit läßt sich nicht einfach so in den Griff bekommen, daß es da keinerlei Ambivalenz mehr gäbe. Das betrifft aber letztlich nicht nur Konzilsdokumente, sondern die verschiedenen Glaubensinhalte der Kirche überhaupt. Sie weisen in den einzelnen Jahrhunderten unserer Geschichte und in den verschiedenen kulturell unterschiedlich geprägten Kontinenten und Regionen unterschiedliche Färbungen und Nuancen auf.

Gerade weil das so ist, bedarf es in der Kirche des Ringens um gültige Aussagen, mit denen sich dann die große Mehrheit des Gottesvolkes im Glauben zur jeweiligen Zeit und in der jeweiligen Situation identifizieren kann. Es ist sicher besser, sich im voraus vernehmbar an der Wahrheitsfindung zu beteiligen, als im nachhinein aus dem Konsens der Formulierungen zu emigrieren.

Ermutigung zum offenen Wort

Mir scheint, daß wir uns noch viel deutlicher der Aufgabe bewußt werden müßten, die Canon 212 des CIC/1983 formuliert: »Den Gläubigen ist es unbenommen, ihre Anliegen, insbesondere die geistlichen, und ihre Wünsche den Hirten der Kirche zu eröffnen« (Can. 212 § 2). Paragraph 3 konkretisiert noch weiter: »Entsprechend ihrem Wissen, ihrer Zuständigkeit und ihrer hervorragenden Stellung haben sie das Recht und bisweilen sogar die Pflicht, ihre Meinung in dem, was das Wohl der Kirche angeht, den geistlichen Hirten mitzuteilen und sie unter Wahrung der Unversehrtheit des Glaubens und der Sitten und der Ehrfurcht gegenüber den Hirten und unter Beachtung des allgemeinen Nutzens und der Würde der Personen den übrigen Gläubigen kundzutun.« Hier ist offensichtlich nicht nur an eine Mitteilung unter vier Augen gedacht, sondern an eine Meinungsäußerung in der Öffentlichkeit auch der »anderen Gläubigen«. Es gibt demnach ein Recht und bisweilen sogar eine Pflicht, seine Meinung bezüglich des Wohls der Kirche den Hirten mitzuteilen, und zwar auch öffentlich – freilich so, daß man nicht gegen den Glauben und die Sitte oder auch gegen die Ehrfurcht vor den Hirten usw. verstößt.

Natürlich kann man diesen Paragraphen verschieden auslegen. Was verstößt hier gegen die Unversehrtheit des Glaubens und der Sitten oder gegen die Ehrfurcht gegenüber den Hirten? Wer in seinem Denken von einer modernen Demokratie geformt ist, wird hier sicher wesentlich großzügiger empfinden, als wenn jemand in einer Diktatur aufgewachsen ist, wo ein freies Wort sehr rasch als staatsfeindlich oder als Majestätsbeleidigung diskriminiert wurde. Hier gibt es also wieder große kulturelle Unterschiede. Wenn man diesen Paragraphen zu eng auslegt, dann bringt man ihn letztlich um seinen Inhalt, wenn es dann nämlich darauf hinausläuft, daß man nur das in der Öffentlichkeit sagen darf, was die »Hirten« zu hören wünschen und selbst längst wissen. Damit würde sich die Bildung einer öffentlichen Meinung selbst überflüssig machen. Das aber kann in diesem Canon wohl nicht gemeint sein. Es muß wohl um eine Konfrontation verschiedener Meinungen und Standpunkte gehen, etwa in der Art, wie sich das auf den Konzilien zugetragen hat.

Dieser Canon 212 ist eine sehr starke Ermutigung zum »offenen Wort« in der Kirche, wie es ja auch schon Papst Pius XII. in seinen Ansprachen über Journalismus und über Pressefreiheit nahegelegt hatte[2]. Die Diskussion in der Öffentlichkeit, auch wenn sie manchmal die Form eines Streits annimmt, ist für ein Gemeinwesen ein bedeutender Lebensvollzug, weil hier wichtige Entscheidungen vorbereitet werden, die notwendig sind, wenn man sich den Herausforderungen der Gegenwart offen stellen will. Freilich sind dann die Wortmeldungen nicht immer angenehm und erwünscht, so wie das Weinen eines Kindes oft nicht gern gehört wird. Aber ein Kind, das immer nur still bliebe, würde vielleicht dann nicht genügend beachtet und könnte Schaden leiden. So könnte auch in der Kirche da und dort schwerer Schaden entstehen, wenn es nicht unüberhörbare Stimmen gäbe, die rechtzeitig und deutlich genug auf bestehende Probleme aufmerksam machen.

Der moderne Mensch in der westlichen Welt ist gewohnt, öffentliche Kritik am Staat und seinen Institutionen als etwas Alltägliches zu vernehmen. Er ist überzeugt, daß die Möglichkeit einer offenen Kritik eine wichtige, äußerst hilfreiche Korrektur jedes Gemeinwesens darstellt. Er erwartet deshalb weithin diese Möglichkeit auch in der Kirche, weil ja auch sie aus Menschen besteht, die ihre Fehler haben. Unsere Gläubigen mißtrauen vielfach einem Kirchenbild, wo nur die Heiligkeit und nicht auch die Sündhaftigkeit betont wird. Sie vermuten dann, daß die wirklichen Probleme unter den Teppich gekehrt und eben nicht aufgearbeitet oder wenigstens ernsthaft angegangen werden. Ein Schweigen zu Problemen und Fehlern in der Kirche wäre deshalb eher ein Zeichen mangelnder oder nicht wirklich reifer und glaubwürdiger Kirchlichkeit, als es die offene Rede ist.

Dabei sei freilich noch einmal auf die Ambivalenz solcher Kritik hingewiesen. Schon an ihrem Ton und ihrer Wortwahl kann man gewöhnlich unterscheiden, ob sie aus Wohlwollen und in echter Sorge geäußert wird oder in einer destruktiven Weise und in der Absicht, der Kirche zu schaden. Nur sollte man eine solche negative Haltung nicht von vornherein und allzu schnell unterstellen. Auch bei einer negativ motivierten Kritik scheint es jedenfalls sinnvoller, zunächst einmal nach ihrer sachlichen Begründung zu fragen, daraus zu lernen und so der Kritik ihr Fundament zu entziehen. Das wäre sicher hilfreicher, als sich auf den Versuch zu beschränken, die Kritik zum Schweigen zu bringen. Ein solcher Versuch macht oft genug das Problem nur noch schlimmer und die öffentliche Kritik noch lauter. Dann wird um so eher angenommen, daß die Kritik nicht unbegründet war.

Die Kirche braucht die Wahrheit und deshalb auch das offene, wahrhaftige Wort nicht zu fürchten. Deshalb sollte man es immer gern hören, besonders dort, wo es aus Liebe zu ihr und den Menschen gesprochen wird.

Anmerkungen

1   P. Pavan, Einleitung und Kommentar zur »Erklärung über die Religionsfreiheit«, in: LThK.E 2, 704-711, hier 704. Es wird auch der »lange und bewegte Reifungsprozeß« (ebd.) dieses Dokuments bei radikal gegensätzlichen Positionen ausführlich beschrieben: »die vielleicht heftigste Debatte, die je in der Aula stattfand« (ebd. 708).
2   A.-F. Utz / J.-F. Groner (Hgg.), Aufbau und Entfaltung des gesellschaftlichen Lebens. Soziale Summe Pius' XII. Fribourg/Schweiz 1961, 3026-3043 (Nr. 5164-5188).

PAULINE THORER

Das Wesentliche schützen und mitnehmen, das Unwesentliche zurücklassen

Es gibt Menschen, die durch ihr Leben, durch die Art, wie sie sich her-
ausfordern lassen, die Menschen in ihrer Umgebung gleichsam »mit-
reißen«. Reinhold Stecher ist einer von ihnen. Er hat dies – nicht nur
in seiner Amtszeit als Bischof – immer wieder deutlich gemacht. An
seinem Leben wird deutlich, daß der einzelne Mensch etwas machen
kann. Ja, er hat uns gezeigt, daß es auch in der Kirche auf einzelne
Menschen ankommt. So kann man wohl sagen, daß er zum Beispiel
der Kirche von Innsbruck ein neues Gesicht verliehen hat. Mein persönlicher Kontakt mit ihm und mein Kennenlernen seiner Person geht
auf die Zeit zurück, als Reinhold Stecher Bischof von Innsbruck war
und ich im Bischofsrat saß. Die Atmosphäre, die ich dort erlebte, kann
ich mir und uns allen als Vorbild für viele unserer kirchlichen Gremi-
en wünschen.

Es war Reinhold Stecher immer wieder ein Anliegen, die ganze
Ortskirche einzubinden. So war es ihm auch wichtig, eine Ordensfrau
im Bischofsrat zu haben – stellvertretend für die große Gruppe der
Ordensfrauen in unserer Diözese. Er schätzte die Ordensfrauen um
ihrer konkreten Dienste willen. Er nannte die konkreten Einrichtungen der Klöster »so eine Art Bankinstitut Gottes, in dem die großen
papierenen Scheine der Nächstenliebe, mit denen man hier und da
großspurig, aber ineffizient herumfuchtelt, in das Kleingeld der konkreten, täglichen Dienste am Menschen und an der Kirche umge-
wechselt und ausgezahlt werden.« Und weiter: »Angesichts der Inflati-
on der vielen Worte sind diese Wechselstuben, wo man das Hartgeld
der echten Liebe ausgibt, unschätzbar.«[1]

Mit dem Bewußtsein dieser großen Wertschätzung möchte ich
jetzt meine Gedanken über Reinhold Stecher von der Sicht der Ordensfrau aus anstellen. Ich werde dabei drei seiner Haltungen erwähnen – so, wie ich sie erlebt habe. Es handelt sich dabei um Haltungen, die ich als wichtig ansehe – gerade auch im Hinblick auf unser Leben in den Frauenorden. Das heißt: Ich möchte nicht dabei ste-
henbleiben, diese Haltungen, wie ich sie an Reinhold Stecher erlebt

habe und schätze, zu beschreiben, sondern ich möchte diese Haltungen als nachahmenswerte Leitmotive für das Ordensleben heute hinstellen, denn das sind sie in Wahrheit.

Da ist mir einmal seine Entschlossenheit wichtig. »Ihr braucht euch nicht zu wundern, wenn die Situation so ist, wenn ihr nichts dagegen unternehmt.« So ähnlich lautete einmal seine Antwort auf meine Frage, wie ich mich in einer konkreten Situation verhalten solle. Und dabei fallen mir viele Reaktionen von ihm ein, die seinen Mut, seine klare Haltung deutlich machten – auch gegen Widerstände, auch gegen Unverständnis. Er hat sich Entscheidungen nicht leichtgemacht. Er hat sich nicht davor gescheut, für seine Entscheidungen die Verantwortung zu übernehmen, auch wenn das für ihn Nachteile brachte. Weiters: Er hat auch ein neues Denken nicht gescheut.

Mehr denn je kann er uns damit heute in unseren Klöstern Anstoß sein, um nach neuen Wegen zu suchen und nicht zaghaft zu überlegen, warum es wohl so nicht mehr weitergehen kann. Seine Herausforderung würde auch heute lauten: Warum nicht neue Wege versuchen? Was hindert uns daran? Wir wissen alle, daß solche Haltungen in unseren Gemeinschaften nicht gerade gefördert wurden. Und wir erleben es auch heute noch, wie gern wir uns hinter der Meinung eines andern verstecken, wie wir unsere Meinung zwar äußern, aber daß wir uns zurückziehen, wenn dies in der Öffentlichkeit sein soll, wenn es auch Konsequenzen haben kann.

Wenn ich an Reinhold Stecher denke, so ist mir auch sein Lebensstil wichtig. Ich bin mir nicht sicher, ob er jetzt »in der Pension« mehr Zeit und Muße hat, als er es in der Zeit seines Bischofsamts hatte. Ich kenne seinen Lebensstil mehr aus jener Zeit. Und so fand ich es immer großartig, wie sehr er als Bischof mit der Natur verbunden blieb, wie er sie in seinen Malereien »würdigte« und in seinen Büchern und Predigten beschrieb. Welche Nuancen an Licht und Schatten, an Farben zeugen von seiner Liebe zu dem, was er sieht. So kann das nur jemand machen, der einen engen Bezug zur Natur oder sagen wir besser: zur Schöpfung hat, der sie nicht nur gleichsam im Vorübergehen wahrnimmt, sondern sich wirklich auf sie einzulassen versteht. Daß dies ja bei ihm auch auf den Menschen bezogen nicht ein oberflächliches Wahrnehmen war und ist, wissen alle, die mit ihm in Kontakt kamen und kommen. Seine vielen Begegnungen, von denen er in seinen Büchern erzählt, geben davon ein beredtes Zeugnis. Und das hat mit seinem Lebensstil zu tun, mit seiner Weise, das Leben zu

174

sehen. Gerade in einer so herausfordernden Position, wie es die Aufgabe eines Bischofs ist, kann ich mir die Gefahr, einen gesunden Lebensrhythmus und auch den Bezug zur Natur und zu den Menschen zu verlieren, gut vorstellen. Da braucht es ein ständiges Sich-die-Situation-bewußt-Machen, ein ständiges Hören auf das, was mir das, was ich sehe und wahrnehme, in meiner Situation sagen will, wenn wir es vom Religiösen her sehen: Was mir Gott durch dieses und jenes Ereignis, durch diese und jene Begegnung sagen will.

Wir merken auch in unseren Klöstern, wie sehr wir der Gefahr ausgesetzt sind, den Bezug zur Natur und damit die Freude an der Natur, an der Schöpfung zu verlieren, wie sehr wir durch die Situation heute kaum mehr imstande sind, ein ausgewogenes Gleichgewicht herzustellen zwischen unserer Arbeit, dem Gebet und der notwendigen Muße, kurz gesagt: daß wir in Gefahr sind, den notwendigen Rückbezug zu unserem Schöpfer zu verlieren. Vor kurzem las ich von Willi Lambert SJ, dem bekannten Exerzitienbegleiter, daß ihm sein Begleiter geraten habe, auch nein zu sagen, wenn es um das Übernehmen von neuen Aufgaben gehe. In den Ausführungen dazu heißt es dann: Im Ja-Sagen werden meine Möglichkeiten deutlich, im Nein-Sagen meine Geschöpflichkeit.

War es Bischof Paul Rusch, der den Schwestern unserer Gemeinschaft vor einigen Jahrzehnten riet oder auch »verordnete«, am Mittag eine Ruhepause einzulegen, die nach ihm dann auch »Paulinische Ruhe« genannt wurde, so war es Bischof Reinhold Stecher, der durch sein Beispiel zeigte, daß der Mensch nicht ständig nur geben kann, daß er not-wendig einer Regeneration bedarf, um dann wieder mit Freude an seine Arbeit gehen zu können. Sowohl für Bischof Rusch als auch für Bischof Stecher war klar, daß der Mensch – und damit auch der Ordenschrist – nicht in der Arbeit aufgehen dürfe, daß es viele andere Dinge gibt, die den Menschen leben lassen bzw. zum Leben verhelfen.

Die dritte Haltung, die ich an Reinhold Stecher bewundere und die ich mir für unser Leben in unseren Ordensgemeinschaften wünsche, ist seine »gesunde Demut«. Das Wort »gesund« verwende ich bewußt, wenn ich daran denke, was in unserer Geschichte der Spiritualität alles als Demut bezeichnet wurde. Wissend um seine Fähigkeiten, um seine Möglichkeiten macht Reinhold Stecher nie den Eindruck, als ob es allein auf ihn ankäme. Seine Talente, seine Begabungen versteht er als Geschenk, ist sich aber bewußt, daß ein anderer neben ihm eben andere Möglichkeiten hat und anders damit umgeht. Eine solche Sicht machte ihn frei, um ja oder nein zu sagen, frei, um sich auf eine Situation einzulassen oder sich herauszuhalten. »Es kommt auf mich an, aber es hängt nicht von mir ab«, dieser Satz des hl. Ignatius könnte gut für die Sicht Reinholds Stechers gelten.

Wenn ich versuche, diese Sichtweise auf die Situation unserer Ordensgemeinschaften heute zu beziehen, so merke ich, daß es für uns nicht einfach ist, das zu sehen, was wir leisten, was wir getan haben und wofür unsere Werke Zeugnis geben, und zugleich wahrzunehmen, daß wir das nicht mehr weiterführen können. Wir versuchen noch mit aller Kraft, das weiterzuführen, was wir – beziehungsweise Generationen vor uns – aufgebaut haben an Einrichtungen, und wir wollen (noch) nicht wahrhaben, daß unsere Kräfte nicht mehr reichen, um all das weiterzuführen. Irgendwie spüren wir, wie sehr uns bei all dem Festhalten und dem großen Engagement vieles an Substanz im Hinblick auf unsere geistliche Berufung verlorengeht. Und doch hüten wir wie einen Schatz alles, was sich eigentlich immer als eine Folge der jeweiligen Berufung entwickelt hat.

»Ich verstehe und verrichte meine Aufgabe auf diese Weise. Nach mir kommt ein anderer. Er wird die Aufgaben wahrscheinlich anders sehen und wahrscheinlich auch anders ausführen.« So ähnlich könnte man die Ansicht Reinhold Stechers deuten.

Auf unsere Gemeinschaften bezogen: Vieles von dem, was wir bisher getan haben, werden wir in Zukunft nicht mehr tun (können). Es kommt auch nicht darauf an, daß dies genau von uns – und nur von uns – getan wird. Wenn ich nun heute, wo unsere Ordensgemeinschaften an einer Wende stehen, diese Haltungen in den Mittelpunkt stelle, dann meine ich, daß damit richtungweisende Kriterien für die Zukunft unserer Gemeinschaften deutlich werden.

Wir werden uns – als einzelne und als Gemeinschaft – nicht mehr hinter den Meinungen anderer verstecken dürfen, sondern mutig das als richtig Erkannte umsetzen müssen. Dabei wird es notwendig sein, neue Akzente zu setzen, Akzente, die auch ein kritisches Korrektiv für unsere Gesellschaft beinhalten. Gelegenheiten dazu gäbe es viele. Das wird dann auch eine Hinterfragung unseres Lebensstils und unserer Wertordnungen zur Folge haben, um glaubwürdig zu sein in unserer Welt heute.

Das alles wird nicht möglich sein ohne Rückbesinnung auf das, was unser Leben ausmacht, ohne Rückbesinnung auf den, von dem unser Leben und unser Auftrag kommt. Dabei wird es wichtig sein, sensibel und offen zu bleiben bzw. zu werden für die Welt um uns, für die Natur und die Menschen. Und das gegen all das, was uns der Schöpfung »entfremden« möchte.

Was die dritte Haltung, die gesunde Demut anbelangt, so möchte ich diese Haltung im Hinblick auf die sozial-karitativen Frauenorden in Tirol näher anschauen. Übertragungen auf andere Gegenden oder Gebiete sind denkbar. Als diese Gemeinschaften (meist im 19. Jahrhundert) gegründet wurden bzw. in Tirol sich niederzulassen begannen, war die soziale Situation eine andere als zu unserer Zeit. Es gab kein Recht auf Sozialhilfe. Und es gab auch kaum Möglichkeiten für eine junge Frau, Lehrerin oder Krankenschwester zu werden, ohne in einen Orden einzutreten. Daraus haben sich dann in der Folge viele Einrichtungen entwickelt, in denen Schwestern ihre Aufgabe erfüllten, viele Werke wurden von den Orden selber aufgebaut und geführt, viele davon bis heute. Heute stehen wir diesbezüglich vor einer Wende bzw. haben diese Wende zum Teil schon überschritten. Durch die Situation in unseren Gemeinschaften (Überalterung der Mitglieder, kaum Neueintritte in den vergangenen Jahrzehnten, Mangel an Management) und zugleich erhöhte Anforderungen, was die Werke und die Betriebe anbelangt, sind die Gemeinschaften gezwungen, sich der Frage zu stellen, wie es mit unseren Einrichtungen (Schulen, Krankenhäusern, Altenheimen) weitergehen soll und weitergehen wird. Ersatz der Schwestern in Führungspositionen bzw. überhaupt der Schwestern durch sogenannte weltliche (oder freie, wie man sie manchmal nennt) Mitarbeiterinnen und Mitarbeiter allein genügt nicht. Es bedarf grundsätzlicher Überlegungen und Planungen. Dazu ist es aber auch wichtig zu sehen, daß unsere Werke nicht das Wesen unseres Ordenslebens ausmachen, sondern daß sie aus der Hingabe, die dem Ordensleben zugrunde liegt, entstanden sind. Ein guter Umgang mit dieser Situation, mit diesem Übergang wird dann gelingen, wenn wir in einer Haltung der Demut akzeptieren können, daß unsere Kräfte nicht reichen, daß es aber andere Hände gibt, durch die den bedürftigen Menschen, die in unseren Einrichtungen leben, geholfen werden kann und auch geholfen werden wird. Es geht auch heute noch darum, unser Charisma zu leben, aber unsere Aufgabe ist vielleicht nun eine andere. Das wird für uns leichter zu verstehen, zu leben sein, wenn wir nicht unsere ganze Identität auf unserer Aufgabe, auf unserer Arbeit aufgebaut haben, sondern wenn wir schon eingeübt haben, in erster Linie unsere Berufung zu einem geistlichen Leben zu leben, und erst als Konsequenz davon eine spezielle Aufgabe – als Franziskanerin, als Vinzentinerin, als ... – zu erfüllen suchten, zu erfüllen suchen.

Reinhold Stecher würde uns erinnern, daß es zu unterscheiden gilt zwischen dem, was das Wesentliche des Ordenslebens ist, und dem, was sich im Laufe der Geschichte gleichsam »hinzugesellt« hat. Er würde uns aufrufen, den Blick dafür zu schärfen und die Kräfte dann dort einzusetzen, wo es um das Zentrum, um das Wesen des Ordenslebens geht. Sein Beispiel kann und wird uns auf diesem Weg ermutigen: das Wesentliche schützen und mitnehmen, das Unwesentliche zurücklassen.

ANMERKUNG

1   R. Stecher, Vorwort, in: Festschrift der Barmherzigen Schwestern in Innsbruck im Rahmen der 150-Jahr-Feier im Jahre 1989. Innsbruck 1989.

ELISABETH RATHGEB

Leben und Lernen am Berg

Bischof Reinhold Stecher und das Bildungshaus St. Michael

Vor fünf Jahren gab es noch keinen offiziellen »Frauenförderplan« in der Diözese Innsbruck. Es gab auch in ganz Österreich keine weibliche Leiterin eines diözesanen Bildungshauses. Dafür gab es im Bischofsrat die Devise Bischof Reinhold Stechers, bei gleicher Qualifikation eine Frau für die freie Leitungsstelle im Bildungshaus St. Michael auszuwählen.

Von diesen Umständen wußte ich nichts: Ich war einfach fasziniert von dem Mini-Inserat in der Kirchenzeitung, in dem meine Traumstelle ausgeschrieben war. Erst im nachhinein wurde mir meine etwas exotische Rolle im Club der Bildungshaus-Leiter bewußt, als es beim ersten Österreich-Treffen manchen Männern partout nicht in den Kopf wollte, daß ich nicht die Sekretärin oder pädagogische Mitarbeiterin meines Innsbrucker Kollegen war. Und speziell für einige Seminaristen aus Afrika ist es bis heute ein Grund zur Heiterkeit, wenn sie an Stelle des gewohnten priesterlichen Rektors eine Frau vorfinden. Ein zweiseitiges Entschuldigungsschreiben für einen diesbezüglichen intensiven Lachanfall zählt zu den Lieblingsstücken meiner Kuriositätensammlung »Frau und Kirche«, und schon der Gedanke an die Szene bringt mich wieder zum Schmunzeln ... Inzwischen sind fünf Jahre vergangen, und ich muß nur noch selten erklären, daß ich auch keine geistliche Schwester bin, sondern eine ganz gewöhnliche Theologin.

Bischof Reinhold Stecher und der Bischofsrat haben mit der damaligen Entscheidung ein bewußtes Signal der Ermutigung für Frauen in der Kirche gesetzt. Und inzwischen zeigt sich auch schon, daß andere Amtskollegen bereit sind, wenigstens im Bildungsbereich diesem Beispiel zu folgen. Damit ist wieder ein kleiner Schritt in Richtung Gleichstellung von Mann und Frau in der Kirche getan. Denn noch ist der Weg weit.

Daß Bischof Reinhold Stecher eine besondere Beziehung zum Bildungshaus St. Michael hat, entdeckte ich erst im Laufe meiner Tätigkeit: Er hat in der Pension »Kraft«, wie St. Michael in seiner vordiözesanen Geschichte symbolträchtig hieß, als Siebenjähriger die »Sommerfrische« verbracht: Mit Paul Flora, seinem Freund und Spielkameraden, heckte er nach eigenen Erzählungen allerhand Streiche aus, die an dieser Stelle – wenn auch verjährt – nicht preisgegeben werden sollen. Beide unternahmen hier ihre ersten Malversuche, und ein bißchen Taschengeld ließ sich mit Kegel-Aufstellen auch verdienen ...

1939/40 sollte St. Michael noch einmal eine wichtige Rolle im Leben Reinhold Stechers spielen: Für kurze Zeit war hier das Priesterseminar einquartiert, nachdem es durch die Nationalsozialisten in Innsbruck aufgelöst worden war. Als Seminarist studierte er hier, bis die Gestapo erschien und innerhalb von drei Stunden das ganze Haus räumen ließ. Die Seminaristen fanden bei den Bauern der Umgebung Unterschlupf, und die Prüfungen wurden in den Matreier Gasthöfen, wo die Professoren wohnten, abgelegt.

Seither ist Reinhold Stecher die Gegend hier ans Herz gewachsen, und Serles und »Kraftsee« stehen Modell für viele seiner Bilder.

In seiner Zeit als Bischof gelang es ihm, die Wiesen und Felder rund ums Haus zurückzukaufen, die die Diözese zur Finanzierung des Umbaus in den 70er Jahren veräußern mußte. Damit war sein großes Anliegen gesichert, »daß dieses Haus auch in Zukunft sein Flair für das Stille und das Große bewahrt: Der Teich steht für die leisen Spiegelungen des Himmels, die für unser Christsein immer wieder am meisten bedeuten, und der Blick von der Serles bis zur fernen Nordkette steht für die Weite des Geistes, die der Herr seiner Kirche bewahren möge.«[1]

Diese Verbindung von Tiefe und Weite zeichnet Bischof Stecher auch als Mensch und Referenten aus: Als »Erwachsenenbildner« ist Bischof Stecher »ein Hit«: für die Teilnehmerinnen und Teilnehmer ein Magnet, für mich jedes Mal ein Musterbeispiel gelungener Erwachsenenbildung: Seit seiner »Pensionierung« als Bischof veranstalten wir jährlich eine Woche »Bibel und Berg« – für Bischof Reinhold Stecher die Verknüpfung zweier Leidenschaften: Exegese und Bergsteigen. Sein vielzitiertes Motto »Viele Wege führen zu Gott – einer geht über die Berge« dient als Leitmotiv: Untertags wird eine Bergtour unaufdringlich und mit Leichtigkeit zur naturnahen Begegnung mit der Schöpfungstheologie. Die abendliche Bibel-Einführung ist jedes Mal ein Modell-Beispiel preisverdächtiger Erwachsenenbildung: Ein begnadeter Pädagoge kommt zum Vorschein. Da fällt die Einleitung ins

Alte und Neue Testament so spannend und anschaulich aus, daß die Bibel vor den Augen der Teilnehmerinnen und Teilnehmer lebendig wird und man eine Stecknadel fallen hören könnte. Kein Methoden-Schnickschnack verdeckt den Blick auf die Botschaft. Virtuos kommen Sprache und Bilder zum Einsatz, mit schnellen Strichen entsteht eine hilfreiche Skizze oder eine Karikatur, der aktuelle Stand theologischen Wissens ist auch für gelernte Theologinnen und Theologen auf anspruchsvollem Niveau – und trotzdem bleibt der Humor nicht auf der Strecke. So spannend kann Bibel sein, daß nach einem anstrengenden Bergtag und zweistündiger Einführung in die Entstehung des Alten Testaments die Teilnehmerinnen und Teilnehmer nicht genug bekommen können und unbedingt noch eine Fortsetzung wollen ... Da greift Bischof Reinhold Stecher zur Gitarre und singt ein Gstanzl aus dem Vinschgau, das ihm vor Jahrzehnten sein Großvater beigebracht hat (vermutlich nicht ahnend, daß es einmal aus dem Mund eines Bischofs erklingen würde, sonst hätte er vielleicht den Text ein bißchen zensuriert), und der Abend klingt aus in Heiterkeit ...

Das ist Bildung für Leib und Seele, für Hirn und Herz, für alle Sinne – nichts Trockenes, Verstaubtes, sondern frisch und sprudelnd und trotzdem mit Tiefgang. Im erwachsenenbildnerischen Fachjargon würde man von einer idealen Verknüpfung von »kognitiver, sozialer, emotionaler und spiritueller Kompetenz« sprechen. Bischof Reinhold Stecher braucht diese Attribute nicht – er lebt sie. Und deshalb hoffe ich, daß ich noch einige Jahre bei ihm in die Lehre gehen kann.

ANMERKUNG

1   Zit. nach: Festschrift zum 50jährigen Bestandsjubiläum des Bildungshauses St. Michael. Thaur 1995, 5.

OSWALD WÖRLE

Reinhold Stecher und seine Bergwochen

»Kommst du mit?« Diese Frage klingt mir heute noch im Ohr, als 1965 mein Religionsprofessor Reinhold Stecher mich einlud, mit ihm und seiner KSJ-Gruppe eine Bergwoche im Pitztal auf dem Taschachhaus zu verbringen. Diese Woche erhielt den uns sehr beeindruckenden Namen »Eiskurs«. Würde ich als erst 16jähriger es schaffen, die hochalpinen Touren in der Gletscher- und Eisregion rund um die Wildspitze zu bestehen? Diese Zweifel hegte nicht nur ich. Doch vieles, was ich in dieser Woche erlebte, die Erfahrungen, die ich machte, gingen weit über meine damaligen Vorstellungen hinaus. Sie sollten mich für mein weiteres Leben prägen. Aber davon etwas später.

Einige Jahre danach, 1971, als ich die Pädagogische Akademie besuchte, kam einmal Professor Reinhold Stecher zu mir in den Seminarraum mit der Idee: »Was wäre einmal mit einem Eiskurs für unsere Studenten?« Ich sollte ihm dabei helfen, mit meinen Bergfreunden Georg, Anton und Albert, Führungsaufgaben für diese Woche zu übernehmen. Nichtsahnend – aus dieser einen Woche wurden in den folgenden Jahren weitere 20 Bergwochen mit Reinhold Stecher zwischen Wildspitze, Großglockner, Ortler und Marmolata. In manchen Sommern waren zwei Bergwochen angesetzt, eine in den Ötztalern und eine in den Dolomiten.

Was war das Besondere, was strahlte von diesen Wochen aus? Warum war eine angekündigte Woche wieder so schnell »ausgebucht«? Das Äußerliche konnte es nicht sein, und »geschenkt« wurde den Teilnehmern auch nichts. Eine Woche in einer kleinen, engen Hütte ohne jeden Komfort, staubige Matratzenlager, miefende Socken und nasse Anoraks und Hosen über dem Tisch zum Trocknen aufgehängt ... Eine Eintragung in meinem Tourenbuch schildert in knappen Worten den »Höhepunkt« der Woche, die Tour auf die Wildspitze: »3 Uhr Aufbruch von der Hütte bei sternenklarer Nacht, herrlicher Sonnenaufgang am Gletscher, beißende Kälte verschärft durch einen heftigen Südwind, der stechende Eisnadeln ins Gesicht trieb, Rast auf dem Gipfel nur wenige Minuten, zunehmende Wetterverschlechterung treibt uns zu schnellerem Abstieg, Rückkehr auf der Hütte: 15.00 Uhr«.

Dabei muß aber eigens erwähnt werden – und das galt für alle Bergwochen –, daß jeder Teilnehmer, jede Teilnehmerin alle Touren mitgemacht hat. Es gab keine Alleingänge, kein Zurücklassen, kein Aus-
hängen aus dem Seil. Der oder die Schwächste in der Gruppe war das
Maß! Doch das war Äußerliches. Darüber konnte man erzählen.

Viel mehr ereignete sich innerhalb der Gruppe und in jedem einzelnen. Gerade die Begegnungen, das Miteinander am Seil, das Sichern, das Helfen, die Kameradschaft am Berg nahmen die Oberflächlichkeit, die Unverbindlichkeit des Alltags und brachten Tiefen
ans Licht. Reinhold Stecher beschrieb diese in seinem Buch »Botschaft
der Berge«: Eindrücke eines frühen Morgens, das Rauschen eines Gletscherbaches, eine Gipfelmesse, die Stille beim Gehen, die Seilschaft,
das Teilen der Jause bei der Gipfelrast, der Schluck Cognac aus dem
Rucksack von Reinhold Stecher, das Lied am Gipfel oder abends in
der Hütte ... Reinhold Stecher ging es immer um ein persönliches Erleben, Erfahren. Er war ein »stimmiger Wegweiser«, wenn er die Werte der Gemeinschaft, das Erleben der Schönheit der Natur ansprach
und die Liebe zur Heimat in seinen Beschreibungen am Gipfel und in
seinen Liedern anklingen ließ. Er war aber auch einer, der in diesen
Wochen jedes Blödeln in der Gruppe nicht nur mitgemacht hat, sondern auch herrlich die Welt, die Gruppe, die Teilnehmer und auch
sich selbst karikieren konnte. Viele Liedtexte, die aus diesem Blödeln
während der Tour oder am Nachmittag bei der Hütte entstanden sind,
blieben den Teilnehmern bis heute in Erinnerung.

Höhepunkte waren aber immer wieder Bergmessen an einsamen
Plätzen oder auf einem Gipfel. Wenn sich dann »nach altem Taschach-
brauch« nach der Messe jeder allein für eine Viertelstunde ein feines
Plätzchen suchte und nur mehr das Rauschen des Gletscherbaches
oder das Krachen im Eisbruch zu hören war, dann konnte vieles von
all den Erlebnissen der Woche nachschwingen. Reinhold Stecher er-
wähnte manchmal in seiner Ansprache gern den Satz: »Viele Wege
führen zu Gott, einer geht über die Berge.« Ich glaube, daß dieser
Spruch für die jungen Menschen durch ihn zu einer Erfahrung wurde.

Was ist geblieben? Die Art der Bergwochen, wie Reinhold Stecher sie vorgezeichnet hatte, fand Nachahmung und Fortsetzung auf
anderen Ebenen. Es entstanden die Bildungswochen des Katholischen
Tiroler Lehrervereines in Nals in Südtirol. Eine ganze Generation von
Tiroler Lehrerinnen und Lehrern fand in diesen Wochen Zusammen-
halt und Prägung. Es ist nicht vermessen zu sagen, daß Reinhold Ste-

cher mit seinen Vorlesungen im immer vollen Hörsaal der Pädagogischen Akademie und mit seinen Bildungs- und Bergwochen in der Tiroler Lehrerschaft eine Kerngruppe gebildet hat, die heute das Wesen der Tiroler Schule formt.

Erstes Berglager,
das Reinhold Stecher
als Bischof leitete.
(Tourenbucheintragung)

Was ist geblieben in der Jugendarbeit? Auch heute gibt es noch die Bergwochen nach seinem Vorbild. Sie sind nach wie vor noch Glanzpunkte einer pfarrlichen oder Dekanatsjugendarbeit im Jahr und unverwechselbar mit anderen Bergwochen alpiner Organisationen. Reinhold Stecher hat diese Arbeit und auch später als Bischof sehr gefördert. Mit seiner alpinen Ausrüstung, die ein ganzes Kellerabteil füllt, wurden und werden noch Jugendgruppen für die alpinen Wochen in Fels und Eis ausgerüstet. Sicherheit, Vernunft und Besonnenheit waren seine Richtlinien und sein Auftrag.

Wir Teilnehmer von damals sind heute zwischen 40 und 60 Jahre alt. Oft wird noch von den Bergwochen erzählt. Reinhold Stecher hat in unserer Jugendzeit einen funkelnden Bergkristall ins Herz gesetzt und das ermöglicht, wie es Goethe formuliert hat: »Auch das ist Kunst, ist Gottesgabe: aus ein paar sonnenhellen Tagen sich soviel Licht ins Herz zu tragen, daß, wenn der Sommer längst verweht, das Leuchten immer noch besteht.« Danke, Herr Bischof!

JAKOB BÜRGLER

Licht-Zeichen

Für eine Kirche von morgen

Die Gesänge tun wohl. Um mich herum sitzen viele Menschen. Wir sind aufgefangen in einer Atmosphäre der Geborgenheit. Vor uns brennen unzählige Lichter. Still und bescheiden geben sie dem Raum Licht. Es ist die Versöhnungskirche in Taizé, wo wir uns zusammengefunden haben. Unzählige junge Menschen sind es, die da beten. Dunkler, bergender Raum – und hell leuchtendes, flackerndes Licht. Die Ruhe legt einen Frieden in unser Herz. Licht-voller Frieden. Allein die vielen Kerzen sind es, die durch ihr Flackern Bewegung und Spannung vermitteln. Unruhiges Flackern in tiefster Ruhe.

Für mich werden die flackernden Kerzen zum Zeichen. Zum Zeichen dafür, was die Menschen heute brauchen. Einen Ort der stillen Wärme suchen sie, einen Ort tiefer Geborgenheit – und gleichzeitig Lebendigkeit, »Leben in Fülle«, spannende Ausschau in eine bessere Zukunft. Mir fällt meine Pfarrgemeinde St. Martin in Wängle/Außerfern ein, ich denke an meine Heimatdiözese Innsbruck. Und ich spüre die Sehnsucht, daß diese flackernde Licht-Erfahrung vielen geschenkt wird. Licht-Zeichen sind die Kerzen von Taizé für mich, Licht-Zeichen, die in das Morgen einer »neuen« und lebendigen Kirche weisen.

Menschliche Licht-Zeichen

Beheimatung im Glauben lebt – neben einem innigen Angerührt-Sein von Gott – auch von Menschen, die einen Lebens- und Glaubensweg begleiten. Das Vorbild und Zeugnis von Frauen und Männern ist wie ein Orientierungspunkt für den eigenen Glauben, wie ein Licht, das den eigenen Weg erleuchtet. Mir fallen viele Menschen ein, die für mich »Licht« waren und sind. Lebendige Licht-Zeichen sozusagen: meine Eltern, Menschen in meiner Heimatpfarrgemeinde St. Andrä in Lienz, manche Priester, nicht zuletzt Bischof Reinhold Stecher. Er ist es, der meinen Glaubensweg und meinen Weg zum Priester-Sein sehr geprägt hat: über die Medien, über die Begegnungen im Priesterseminar, über den Weg der Verkündigung und Hirtenbriefe, über so

manche tief berührende Begegnung. Einmal habe ich auf einer Fahrt
von Innsbruck nach Wängle mit ihm ein intensives Gespräch führen
dürfen. Bischof Reinhold Stecher – für mich ein menschliches Licht-
Zeichen, das mir hilft, einen guten Weg zu finden. »Flackerndes« Licht-
Zeichen ist er im wahrsten Sinn des Wortes, ein »unruhiger« Mensch,
in dem das Leben pulsiert. Und zugleich ist er einer, in dessen Wort
mir eine Kirche von morgen »aufflackert« und aufleuchtet.

Im folgenden möchte ich versuchen, einige Licht-Zeichen zu beschreiben, die – für mich – fest mit dem Leben von Bischof Reinhold
verbunden sind, Licht-Zeichen auch, die mir einen Weg aufzeigen in
eine Kirche von morgen.

Menschlichkeit

Das hat mich an Reinhold Stecher immer fasziniert: seine ausgeprägte Menschlichkeit. Sein durch und durch menschliches Auftreten. Keine Weihrauchwolken sind vor ihm aufgestiegen, keine roten Teppi-
che haben seine Schuhe verlangt. Er ist gekommen wie ein Mensch
zu Menschen. Ein Mensch wie du und ich. Und deshalb haben sich
auch viele, viele Menschen von ihm angesprochen und in seiner Nähe
wohl gefühlt: der größte Theologe genauso wie der kleinste Bauer im
hintersten Tal, der wichtigste Politiker ebenso wie die Frau in der Fa-
brik, die ihm begegnen durfte. Faszinierende Menschlichkeit. Einfacher Mensch Bischof Reinhold. Mit jedem und jeder konnte er ein
kleines Gespräch führen. Die menschliche Zuwendung war seine
große Gabe. Und weil er ein so menschlicher Priester und Bischof
war, war ihm auch keine menschliche Situation fremd. Meines Wissens hat er sich immer hineingefühlt in die Welt der betroffenen Menschen, hat sich berühren lassen von dem Blickwinkel des andern.
Und aus seinem tief menschlichen Gespür heraus hat er versucht, Antworten zu geben, Fragen zu klären, Worte der Ermutigung zu sprechen. Menschliche Nähe war sein Geschenk. Bischof Reinhold – ein
echter »Volksbischof«.

Darin nun sehe ich das Aufflackern eines Lichtes für die Kirche
der Zukunft. Eine Kirche von morgen muß – so glaube ich – eine
durch und durch menschliche Kirche sein. Eine Kirche der absoluten
Nähe zu den Menschen. Alles, was nur »von oben herab« und in ab-
hebender Überheblichkeit geschieht, stößt ab und entfremdet. Zuwendung ist gefragt. Das ist es, was die vielen heute suchen: menschliche Nähe, »wärmende« Begegnung, Verstehen und Einfühlen, ein

einfaches und menschennahes Miteinander. Menschlichkeit ist zudem grundlegend verankert in der Mitte unseres Glaubens. Gott selber scheut sich nicht, Mensch zu werden, einzutreten in die tiefsten Tiefen eines menschlichen Lebens. Nichts Menschliches ist Gott in Jesus Christus fremd: Armut, bittere Not, Flucht, Versuchung, Sehnsucht, Liebe, tiefes Glück, Hunger nach mehr, Ablehnung, Leid, Krankheit, Tod. Die Menschwerdung Gottes, die Inkarnation, ist Richtschnur für kirchliches Leben und Handeln und muß es bleiben. Nichts, was das Leben ausmacht, was Menschen im Innersten bewegt, darf der Kirche gleichgültig und unwichtig sein. Bis dahin, daß ein menschlicher Umgang manches besser regelt und löst als das beste Gesetz.

Alltag und Sprache

Die meisten Menschen haben an Bischof Reinhold seine Nähe zum alltäglichen Leben und seine Sprache geschätzt, eine Sprache, die alle verstehen konnten. Und sie schätzen das nach wie vor. Keine hochtheologischen Kommentare, keine Lehrbriefe – abgehoben vom alltäglichen Leben –, keine Höhenflüge, bei denen niemand folgen kann. Einfache Worte, schlichte Vergleiche, innige Bilder – und dennoch eine Sprache voller Inhalt, voller angewandter Theologie, ohne Oberflächlichkeit. Die Bücher von Bischof Reinhold Stecher sind »Renner«, seine Geschichten und Gedanken spiegeln das Leben. Eines wird darin ganz deutlich: Hinter dem, was ein Mensch erlebt, hinter den »Geschichten« eines Lebens, unter all den einfachen Alltäglichkeiten versteckt sich mehr. Gottes Geheimnis und Gegenwart pulsiert in allem. Bischof Reinhold hat es verstanden, das sichtbar zu machen. Er hat die Menschen eingeladen zu einer Entdeckungsreise: in allem ein Stück »Tiefe« zu finden, in allem eine »Botschaft« zu erahnen.

Gern habe ich den Predigten von Bischof Reinhold Stecher zugehört. Spannend waren sie, lebensnah, klar und pointiert, spritzig und einfühlsam. Oft konnte ich mein eigenes Leben, die eine oder andere Lebenssituation, wiederentdecken. Das Schauen auf mein Leben als symbolische Wirklichkeit ist mir durch ihn sehr vertraut geworden.

Darin sehe ich ein weiteres Licht-Zeichen für die Kirche von morgen: den Alltag der Menschen gut zu kennen, das, was die einfachsten Lebensvollzüge der Menschen ausmacht, Freude und Leid in seinen kleinsten Formen. Und dann: die Sprache der Menschen zu sprechen. Nicht: ihnen nach dem Mund zu reden. Wohl aber: mit ihren Worten verständlich zu reden. Die Botschaft in die Sprache des Alltags zu übersetzen. Lebensgeschichten zur Sprache kommen zu lassen. Einfache Lebenserfahrungen ernst und wichtig zu nehmen. Geistliche Betrachtung zu lernen: mit geistlichen und glaubenden Augen auf das Leben der Menschen zu schauen. Ein solcher Ansatz wird die Verkündigung und Predigt deutlich verändern: nicht das Verkündigen um des Verkündigens willen ist wichtig, sondern das Verkündigen um eines »geistlichen und geistvollen Alltags« willen. Voraussetzung für die Predigt ist damit unbedingt: ein intensives Den-Menschen-Zuhören, ein Schulen des geistlichen Blicks, ein Berührtwerden vom Alltag des Lebens – bei sich selber und bei anderen –, ein Verbinden von Glaubensbotschaft und alltäglicher Erfahrung. So können die Menschen verstehen und Nahrung bekommen für ihren Alltag.

Innigkeit

Die Kraft seines Glaubens hat mich bei Bischof Reinhold Stecher immer fasziniert. Keine leeren Sprüche sind ihm über die Lippen gekommen, keine Floskeln und Worthülsen. Sein Reden war gekennzeichnet von kraftvoller Innigkeit und berührender Tiefe. Reinhold Stechers Innigkeit hatte ihr Zentrum in der Person Jesu Christi. Christus-Verkündigung war immer der Kern seiner Verkündigung. Nichts sollte im Zentrum stehen – allein Christus. Für mich wurde darin eines ganz deutlich: Mit allen Fasern seines Herzens hat Bischof Reinhold sein Leben und Beten ausgerichtet auf Jesus. Er, der gekommen war, als sich die Zeit er»füllte«; er, der im Zenit der Zeiten Gottes gute Nachricht angreifbar, anschaulich und spürbar werden ließ; er, der durch sein Leben und Sterben, durch seine Verkündigung und sein Handeln, eine ganz neue Gottesbeziehung gestiftet hat – er war die geheime Mitte und die Nabe, an der sich Bischof Reinhold ausgerichtet hat.

Für die Zukunft der Kirche wird diese Ausrichtung auf Jesus Christus ganz entscheidend sein. Er ist der Punkt, von dem her alles andere gesehen, gedeutet und beurteilt werden muß. Er ist die Person, die betend und betrachtend eingewoben werden muß in das eigene Leben. Eine christologische Mystik wird unabdingbar sein für echte Kirchlichkeit. Und das wird Auswirkungen haben: Vorsicht bei der Verurteilung anderer Denkansätze, Offenheit gegenüber getrennten christlichen Konfessionen und Andersgläubigen, menschlicher Umgang mit Frauen und Männern in schwierigen Lebenssituationen (geschiedene Menschen, die wieder geheiratet haben; Priester, die aus dem Amt geschieden sind ...), starkes Augenmerk auf arme und ohnmächtige Menschen, Integration von Frauen in die Leitungsebene der Kirche. Nicht Macht, Amt, Recht oder Rechthaberei werden entscheidend sein, sondern eine intensive Innigkeit, die sich um die Mitte »Jesus Christus« dreht. Es wird unbedingt Aufgabe der Zukunft sein, Menschen zu »wecken«, die diese christologische Innigkeit für sich als Berufung entdecken und sie in Dienst und Amt der Kirche mit der ganzen Kraft ihres Lebens einbringen.

Humor

Bischof Reinhold Stecher ist vielen Menschen – auch mir – in Erinnerung als humorvoller und lachender Mensch. Gern hat er eine nette Episode erzählt. Oft hat er von eigenartigen und witzigen Begebenheiten aus seinem Leben berichtet. Ja, er hatte eine besondere Ader für das Humorvolle und für die Komik des Lebens. Diese Gabe wird ihm wohl sehr geholfen haben, die vielen Mühen und Lasten des Bischofsamts leichter zu tragen. Gut bekannt sind die manchmal recht herben und kritischen Zeichnungen, die er bei Bischofskonferenzen angefertigt hat: voller Ironie des Augenblicks, mit scharfer, humorvoller Feder gezeichnet, Ausdruck eines tief fröhlichen und positiv gestimmten Lebens. Sein feiner Witz und sein Lachen haben oft ganze Säle angesteckt – und seine eigene Stimme war nicht die leiseste.

Humor in der Kirche. Humor im kirchlichen und alltäglich pastoralen Leben: Hat er Platz? Das Licht-Zeichen »Humor« für eine Kirche von morgen ist unersetzbar. Das Lachen und die Fröhlichkeit sind Zeichen der Erlösung, Zeichen des Aufatmens und Trost-Findens. Wir glauben ja nicht an einen Gott, der knechtet und zerstört und Freude unmöglich macht – ganz im Gegenteil! Unser Gott ist ein Gott der Freude, ein Gott, der Leben schenkt, Auf-Leben und Befreiung, Trost. In unserem Herz soll der Friede wohnen. Wie sehr helfen doch ehrliches Lachen und spontane Fröhlichkeit zu einem friedvollen und erlösten Leben! Je mehr unsere Zeit geprägt ist von einer Atmosphäre, die Leichtigkeit und Humor verhindert, um so mehr muß die Kirche Wegbereiterin der Freude und des Lachens sein. Eine humorvolle und fröhliche Kirche befreit. Auch der Humor: »flackerndes« Licht-Zeichen für eine Kirche von morgen.

Sorge

Humor und Fröhlichkeit: zwei kräftige Eigenschaften von Reinhold Stecher. Genauso aber hatte die Sorge ihren Platz in seinem Leben: Sorge um die Menschen mit all ihren Nöten, Sorge um eine ausgewogene Verkündigung der Frohen Botschaft, Sorge um eine Kirche, die sich nicht vor den Fragen der Zeit verschließt. Ganz oben rangiert für ihn stets der »gute Hausverstand«. Eine Wortschöpfung von Bischof Reinhold ist geradezu sprichwörtlich geworden: »Seitenaltarfrömmigkeit«. Das war eine seiner ganz tiefen Sorgen: das Bemühen um ein echtes, unverfälschtes, geerdetes und verständliches christliches Leben. Wenn das in Gefahr war, dann konnte Bischof Reinhold deutlich werden – und entschieden: in der Frage einer unseligen Engelverehrung genauso wie in der Frage eines Kults, der rassistisch motivierte Ursprünge hatte; in der Frage eines überzogenen religiösen Eifers (um nicht zu sagen Fanatismus) genauso wie in der Frage eines unbarmherzigen und unmenschlichen Umgangs in der Kirche. Laut und deutlich erhob Reinhold Stecher da seine Stimme: Ausdruck seiner großen Sorge. Und manchmal wandelte sich seine Sorge in Wut und Zorn. Zutiefst emotional und heftig konnte er reagieren, wenn wesentliche Grundsäulen des Glaubens und der Kirche in Gefahr waren. Heiliger Zorn? Des öfteren durchaus verständlich.

Die Sorge wird immer Wegbegleiterin der Kirche sein. Die Sorge um ein christliches Leben, das mit beiden Beinen in der Welt steht und gleichzeitig seine Verankerung im Wort Christi ernst nimmt. Die Sorge um ein kluges Maß in allen Lebensvollzügen. Die Sorge um eine gesunde (auch psychisch gesunde) Ausrichtung der Seelsorge. Die Sorge um einen guten Umgangston innerhalb der Kirche. Die Sorge um eine weltoffene und menschenfreundliche Prägung der Verkündigung. Licht-Zeichen für eine Kirche von morgen wird die Sorge bleiben. Zugleich ein »flackerndes« Licht-Zeichen: Denn in der Sorge offenbart sich die Lebendigkeit und das kraftvolle Engagement der Kirche. Bis hin zum Sturm des Zorns. Auch der muß manchmal sein. Auch der gehört zur Schubkraft des Glaubens.

Begeisterung

Ein letztes Licht-Zeichen soll noch aufleuchten: die Begeisterung. Sie ist es, die Bischof Reinhold oft geschenkt hat. Bei feierlichen Gottesdiensten wie bei schlichten Begegnungen, bei Vorträgen wie bei Kinderveranstaltungen, bei Fernsehauftritten wie durch seine Bücher. Die

Begeisterung ist es, die viele Menschen gepackt hat, wenn sie Bischof Reinhold begegnet sind. So mancher Lehrer trägt bis heute in sich die Begeisterung, weil er an der Pädagogischen Akademie Reinhold Stecher als Professor gehabt hat. Ja, der Schwung der Begeisterung ist mit ihm durch unser Land gezogen. Interesse wecken für die Auseinandersetzung mit dem Glauben konnte er hervorragend – im großen Auditorium der Universität genauso wie beim Männereinkehrtag in einem Tiroler Seitental. Und nicht wenige Menschen haben durch ihn wieder einen neuen Anlauf in ihrem Glauben genommen. Kraftvolle Begeisterung, die den Glauben nährt.

Vielleicht ist es die Begeisterung, die heute in unserer Kirche so oft fehlt. Sicher, die Zeiten haben sich geändert. Immer schwerer wird es, Menschen zu begeistern. Zu vielfältig sind die Reize und Eindrücke, die Tag für Tag auf uns einprasseln. Dazu kommt eine allgemeine Atmosphäre der Nörgelei und Unzufriedenheit, die alle in ihren Bann zieht. Wirkliche Begeisterung ist selten geworden – besonders auch in der Kirche. Um so wichtiger erscheint es mir, sie neu zu entdecken. Wir brauchen für eine Kirche von morgen Menschen, die Begeisterung schenken können. Begeisterung aus dem guten Geist Gottes heraus. Nicht überpinselte Frustration. Auch nicht weltfremde Seligkeit, verdrehte »Frömmigkeits-Augen«. Nein, wir brauchen echte Begeisterung – durch den Geist Gottes. Tiefes, inniges Ergriffen-Sein, staunendes Berührt-Sein, aufrichtende Kraft. Es wird immens wichtig sein, die Be-Geist-erung durch Taufe und Firmung, die Erfahrung einer Erwählung und Berufung zum christlichen Leben, neu zu entdecken und zu fördern. Ohne Begeisterung überlebt die Kirche nicht. Ohne Begeisterung erlahmt die letzte Kraft. Flackerndes Licht mit dem Namen »Begeisterung« – Lebenselixier für eine Kirche von morgen.

Licht-Zeichen

Meine Gedanken sammeln sich wieder in der Versöhnungskirche in Taizé. Die Kerzen sind es, die immer noch leise vor sich hin flackern. Sie zeigen gleichzeitig Ruhe und Lebendigkeit. Ich betrachte sie lange. Sie rühren an mein Innerstes. Licht-Zeichen sind sie, die in die Zukunft weisen. Licht-Zeichen für eine Kirche von morgen. Ich bin dankbar, daß ich in Leben und Tun von Reinhold Stecher solche Licht-Zeichen entdecken konnte: Menschlichkeit, Alltag und Sprache, Innigkeit, Humor, Sorge, Begeisterung. Möge Gott uns schenken, daß wir in eine lichtvolle Zukunft gehen – in Land und Kirche.

ERNST POHLER

Wegerfahrungen eines Dekans mit dem Bischof

Es war Mitte Dezember des vergangenen Jahres. Ich wollte mich in der Dombuchhandlung in München über Neuerscheinungen auf dem theologischen Buchsektor informieren, restliche Weihnachtsgeschenke kaufen und nach neuen Unterlagen für die Weihnachtsliturgie suchen. In einer Ecke der neu geschaffenen Dombuchhandlung drängten sich besonders viele Leute. Die Neugierde trieb mich in die gleiche Richtung. Ich mußte schmunzeln, als ich vor den »Stecherbüchern« stand. Fleißig wurde in den Bändchen des Innsbrucker Bischofs geblättert und nach einem guten Weihnachtsgeschenk gesucht. Ich entdeckte Kardinal Friedrich Wetter, den Erzbischof von München und Freising, wie er die Lücke in der Menschentraube ausnützte und mit einigen Büchern von Bischof Reinhold durch das Menschengewühl unauffällig zur Kasse schlich. Eine Frau hatte den Kardinal erkannt. In der Hand trug sie zwei Broschüren »Kirche im Vierfarbendruck«. Sie schaute den Oberhirten treuherzig an und bemerkte: »Diese Heftchen von Stecher schenke ich den Schwiegertöchtern; sie haben leider kirchlich nichts am Hut!« Ein Kardinal und eine Oma greifen nach Stechers Büchern…

Warum haben Menschen – über die Grenzen von Tirol hinweg – Bischof Reinhold Stecher so schätzengelernt? Waren es seine Predigten, seine Ansprachen und Vorträge? Seine schriftlichen Elaborate, seine Stellungnahmen und Artikel? Sein Umgang mit der Sprache und Kunst? War es das Herzerwärmende, das Lebendige, das Inhaltliche und das Spirituelle? War es sein Humor und seine gelöste Menschenart? War es seine Orientierung und Richtung, die er uns als Bischof zeigte? War es sein Hirtenstab, den er oft sehr kräftig beim Schlußsegen der Messe in seinen Händen hielt?

Erste Begegnungen im Paulinum

Die Maturatreffen nach 25, 40 oder 45 Jahren Gymnasium haben es in sich, vergangene Erlebnisse aufzuwärmen. Im Licht späterer Lebenserfahrungen werden neue Wertungen der jungen Jahre vorge-

nommen. Einhellig wurde das Paulinum von meinen Mitschülern als
gutes Gymnasium beurteilt. An die Lebensbegleitung, die durch Präfekten im Heim geschehen war, hatten sich viele dankbar erinnert.

Bischof Paulus Rusch sorgte dafür, daß das Paulinum sofort nach
dem Krieg im Herbst seine Tore wieder öffnen konnte. Die Zahl der
Gymnasien war nach dem Krieg in Tirol noch sehr klein. Das Paulinum war eine kirchliche Einrichtung und bot den Jugendlichen ein
Heim und ein gutes Gymnasium. Eine Vielzahl an guten, qualifizierten Präfekten (lauter Priester) wurden ins Paulinum berufen. Ich denke an einen Pfarrer Otto Feuerstein, zu dem viele aus unserer Klasse
bis zum heutigen Tag den Kontakt aufrecht halten. Als ich mit meinen Mitschülern ins Obergymnasium kam, hatten wir das besondere
Glück, in der siebten und achten Klasse Reinhold Stecher als Präfekten zu bekommen. Die Heimordnung war für uns in diesem Alter eher
eng; jedoch war der Präfekt Stecher nicht nur ein Ausgleich, sondern
für die Maturajahrgänge ein großer Segen. Sein Weitblick und seine
Lebenssicht, seine Lebenserfahrung durch die Nazizeit und die Gestapohaft, seine harten Kriegsdienstjahre und das Theologiestudium
formten ihn zu einer Persönlichkeit, die uns beeindruckte und auf
dem Lebensweg bereicherte. Der weite Horizont von Reinhold Stecher, sein reiches Wissen, seine vielen Fähigkeiten, die in ihm
schlummerten, und seine freie, unverkrampfte, menschliche Um-
gangsart, seine Bescheidenheit, sein Witz und Humor, seine schelmi-
schen, pointierten Phantasieausbrüche in gelöster Runde waren für
die junge Generation in den Maturaklassen prägend und von größtem
Gewinn. Am meisten formte Reinhold Stecher unsere christliche Einstellung durch seine persönliche Lebens- und Glaubenshaltung, durch
seinen Umgang mit der Heiligen Schrift, durch seine Ansprachen und
Lebensgespräche und durch das gute christliche Klima, das er als Person ausstrahlte. Berge und Bergerlebnisse mit Reinhold Stecher blieben für viele unvergeßlich.

Viele erinnern sich an die Lectio, die am Beginn des Nachmit-
tagsstudiums um fünf Uhr im Studiersaal auf dem Programm stand.
Auf diese Viertelstunde hatten wir uns immer gefreut. Reinhold Stecher berichtete vom Tagesgeschehen in der Politik, er griff »heiße Eisen« als Themen auf, berichtete von gesellschaftlichen Ereignissen.
Manchmal kamen auch militärische Erlebnisse aus seiner über vier
Jahre harten Kriegszeit im hohen Norden zum Durchbruch. Er half
uns, die Hitlerjahre zu verarbeiten. Reinhold Stecher war kein beleh-

render Mensch, kein Typ des erhobenen Zeigefingers. Er war kein Erzieher, der auf dem Podest stand. Irgendwelche Druckmittel auf die
Jugendlichen waren ihm total fremd. Er begleitete uns ein Stück in unseren jungen Jahren. Er hatt mitgeholfen, die Weichen in jungen Jahren sinnvoll zu stellen.

Der Weg von Bischof Reinhold Stecher mit seinen Dekanen

Als Reinhold Stecher 1980 zum zweiten Bischof der Diözese Innsbruck ernannt und 1981 im Dom zum Bischof geweiht wurde, begann
für mich der Kontakt mit ihm durch meine Aufgabe als Dekan im
Außerfern naturgemäß wieder enger zu werden.

Da ich im Jahr 1967 mit 35 Jahren von Bischof Paul Rusch nach
Breitenwang als Dekan beordert wurde, hielt sich damals meine Begeisterung über die neue Aufgabe zunächst in Grenzen. Ich war als
KAJ-Kaplan nicht auf Pfarre und Dekanat eingestellt. Meine persönlichen Vorstellungen befaßten sich mit der Jugendseelsorge. Als ich damals Reinhold Stecher zufällig in Innsbruck traf und ihm mein Leid
über die Versetzung ins Außerfern klagte, lachte er und sagte: »Auch
ich bin ungern ins Lermooser Moos gegangen zum Reichsarbeitsdienst. Du hast wenigstens eine gute Aufgabe und keinen Spaten in
der Hand!« Diese Bemerkung fällt mir oft bei der Fahrt über den Fern-
paß ein. Neben den Mitgliedern im Bischofsrat und den Führungs-
gremien der Diözese hatten die Dekane zu jenen gehört, auf die Bischof Reinhold Stecher in seinem pastoralen Bemühen besonderen
Wert legte und auf deren Mitarbeit er zählte.

Wie ein Mosaik aus vielen kleinen, verschiedenen Steinchen von
Künstlerhand geschaffen wird, so besteht auch das Bild zwischen
dem Bischof und den Dekanen aus vielen kleinen und größeren
Steinchen von Gesprächen, Begegnungen und Briefen. Jeder Dekan
hatte seine eigenen und persönlich bereichernden Erfahrungen mit
Bischof Reinhold Stecher erlebt. Ich möchte einige gemeinsame Wegerfahrungen der Dekane herausgreifen.

  *– Im Blick auf die Vorgänge in manchen Diözesen Österreichs
bildeten in Tirol die Dekane mit dem Bischof eine geschlossene Gemeinschaft.* Zwischen dem Bischof und den Dekanen herrschte voll-
stes Vertrauen. Als Bischof Reinhold Stecher sterbenskrank in der Intensivstation in der Klinik lag, kam dies sichtbar an den Tag. Angst
und Bedrückung lagen über der Dekanewoche in St. Michael. Wird
Reinhold die schwere Krankheit durchstehen und dem Tod entkom-

men? Dekan Bernhard Praxmarer brachte in einem unvergeßlichen, freien Gebet die Not und die Sorge um das Leben von Bischof Reinhold Stecher in der Wallfahrtskirche zu Trens zum Ausdruck. Wir spürten, daß der Bischof ein unsichtbares, starkes Band war, das die Diözese mit seinen Mitarbeitern zusammenhielt. Alle Dekane atmeten auf, als aus dem Krankenhaus gute Nachrichten kamen.

– *Das pastorale Suchen des Bischofs in Verbindung mit den Dekanen könnte mit einem Satz von Antoine de Saint-Exupéry beschrieben werden:* »*Liebe besteht nicht darin, daß man einander ansieht, sondern daß man in die gleiche Richtung blickt.*« Bischof Reinhold Stecher hatte in seiner Leitungsverantwortung viel Kraft verwendet und auch Zeichen gesetzt, um aufzuzeigen, wohin der Weg der Kirche in Tirol führen soll. Das Blicken in die gleiche Richtung unter den Dekanen mit dem Bischof hatte der Diözese Innsbruck unnötigen Ärger erspart. Keine Menschenteppiche vor dem Domboden brauchten ausgebreitet werden. Natürlich gab es über pastorale Wege zuweilen auch verschiedene Ansichten. Manche pastorale Herausforderungen wie die Versöhnungsfeiern, der Umgang mit Geschiedenen und Wiederverheirateten, die kirchlichen Berufungen, die Frau in der Kirche usw. brachten Spannungen und brauchten einen pastoralen Reifungsprozeß. Ein unkluges und unüberlegtes Vorpreschen in manchen Pastoralfragen, die außerhalb des Kirchenrechts führte, liebte Reinhold Stecher nicht. Er wollte ein gesundes Wachstum der Kirche in Tirol. Vor schnell erleuchteten, unausgereiften Wegen oder Seitenaltarfrömmigkeiten warnte er eher und war vorsichtig.

– *Bischof Reinhold Stecher verstand es, Brücken zu bauen.* Den Bischof in ein Dekanat einzuladen, war immer ein Erfolg. Er konnte mit Menschen verschiedenster Lebenseinstellungen umgehen und hatte ein großes, pastorales Gefühl. Die Dekane schätzten Bischof Reinhold Stecher, weil er Brücken bauen konnte. Er legte ähnlich den Architekten im Brückenbau großen Wert auf feste Ufer, gute Stützpfeiler, tragfähige Straßenteile und schützende Randschienen. »Die Brücke darf keine Materialfehler haben, muß statischen Gesetzen entsprechen und soll belastbar auch für den Schwerverkehr sein!«, meinte Reinhold Stecher im Gespräch. Wir freuten uns als Dekane über die vielen Impulse, die er der Ökumene gab. Seine Begegnungen mit der evangelischen bzw. anderen christlichen Kirchen waren deshalb positiv verlaufen, weil er ein Mann mit reicher Schriftkenntnis ist und sich als Theologe der Jesuitenschule ein fundiertes theologisches Wissen aneignete.

Weil Reinhold Stecher ein Brückenbauer war, konnte er das schwierige Problem des »Anderl von Rinn« so lösen, daß größere Aggressionen ausgeblieben sind, die eventuell auf die ganze Diözese übergreifen konnten. Selbst Rom konnte über sein Vorgehen nur glücklich sein.

Die Brücke zwischen der Israelitischen Kultusgemeinde und der katholischen Kirche hat Reinhold Stecher durch einige positive Akzente festigen können. Aus der Sicht der Dekanate schätzten wir ihn, weil er ein missionarischer und gewinnender Bischof war. Verschiedene Ghettoisierungsbestrebungen sah er als Gefahr. Er sagte öfters: »Das Zurückziehen hinter Kirchenmauern kann nicht vom Heiligen Geist kommen! Neue Denkansätze für eine vielgestaltigere Kirche werden sich entwickeln müssen!« Die jährliche Dekanewoche im November trug viel bei, Sand im kirchlichen Getriebe zu entfernen und den Blick auf die Zukunft der Kirche in Tirol zu richten.

– *Reinhold Stecher und seine seelsorglichen Höhepunkte.* Neben dem Papstbesuch im Innsbrucker Bergiselstadion waren sicher für Bischof Reinhold Stecher die Seligsprechung von Pfarrer Otto Neururer und P. Jakob Gapp sowie die gelungene Domrenovierung persönliche, freudige Höhepunkte. Die Dekane freuten sich über den Einsatz und das zielstrebige Vorgehen des Bischofs. Nun können sich die Blicke der Tiroler mit ein wenig Stolz auf die Hauptkirche in Innsbruck richten.

– *Die Pastoralbriefe von Bischof Reinhold Stecher nach Rom* am Ende seiner Amtszeit hatten weltweit bei offenen Christen und kirchlichen Amtsträgern Anklang gefunden. Bischof Reinhold Stecher zählte zu den wenigen Bischöfen, die sich getrauten, auch Rom gegenüber Kirchenprobleme offen auszusprechen, die uns unter den Nägeln brennen. Seine Argumentation und Sprache waren offen, exakt, ehrlich und verständlich.

Ich hatte oft das Gefühl, daß Reinhold Stecher in das übliche römische Bischofsklischee nicht hineinpaßte. Viele Dekane waren positiv angetan, so einen mutigen Oberhirten an der Spitze zu haben. Die römische Kurie müßte sich doch über diesen Tiroler Oberhirten freuen, der nicht nur ein guter, kirchenrechtlicher Verwalter ist, sondern in den Sorgen und Herausforderungen auf dem Bauplatz »Kirche« Wege suchend und Wege weiterbauend Hand anlegt.

Bischof Reinhold Stecher konnte auch für jene Dekane, die weit weg von Innsbruck sind, überraschende Zeichen des Miteinanders setzen. Ein Telefonanruf: »Hast du Zeit, ich lade dich zum Mittagessen ein.« In seiner Wohnung erzählte er, was ihn momentan bewegte. Er gab Einblicke in neue Zeichnungen und Kunstwerke und berichtete von seinen interessanten Begegnungen mit Persönlichkeiten. Solche menschliche Zeichen des Gedankenaustausches haben viel Mut und Zuversicht gegeben.

– *Das unsichtbare Tauziehen um genügend Priester.* In der Amtszeit von Bischof Reinhold Stecher hatte der Mangel an Priestern für die Pfarreien voll eingesetzt. Wir Dekane waren die erste Anlaufstelle, in der Vertreter aus den Pfarrgemeinden um einen Seelsorger gebettelt hatten. In den Dekanaten mit vielen Kleinpfarreien – wie im Außerfern – wurde das Fehlen der Priester zuerst besonders kraß. Viele Kleingemeinden geben für den Seelsorger mehr Arbeit als eine große Pfarre. Weiters hatte die Kirche nach dem Krieg und vor allem durch das Zweite Vatikanum begonnen, vom mündigen Christen zu sprechen und von den verschiedenen kirchlichen Berufungen zu reden, die Gott schenkt. Es waren deshalb in den Pfarren viele gute und geschulte Christen herangewachsen, die ihre Berufung erkannt haben. Im Religionsunterricht und in den Pfarren gibt es ein Heer von Laien, die an der Verkündigung, in der Liturgie und in der Diakonie teilnehmen.

Für Bischof Reinhold Stecher war die Stellung der Frau in der Kirche ein zentrales, pastorales Anliegen. Er wußte von den Berufungen, die Gott den Frauen in der Kirche geschenkt hatte. Ein wichtiger seelsorglicher Akzent war es für ihn, eine Frau in den Bischofsrat zu berufen.

Ich hatte auch den Eindruck, daß Bischof Reinhold durch seine Seelsorge in der Tiroler Lehrerschaft viele Priesterberufe unter jungen Menschen entdeckt hatte, die jedoch zum Zölibat nicht positiv stehen konnten. Ähnliches dürfte auch für verheiratete Männer gelten, an denen Bischof Reinhold beste Voraussetzungen als Pfarrer einer Gemeinde erlebt hatte. Die Entwicklung in der Kirche scheint jedoch in Bezug Priesterberuf im traditionellen Wasser zu laufen. Der Einfluß des »Opus Dei« unterstreicht nur das Priesterbild im herkömmlichen Sinn. Mit Bischof Reinhold Stecher konnte man über solche Probleme und »viri probati« noch reden. Heutzutage scheint dies in der ganzen Kirche kein überlegenswertes Thema zu sein. Die tapferen Bischöfe sind in diesem Punkt selten geworden. Reinhold Stecher versuchte es wenigstens in Ansätzen! Ob Gebetskreise, enggeführte Spiritualitäten

und das Zitieren von vielen Bibelworten schon genügen, den Priestermangel zu lösen? Ob ein neues Konzil nicht überzeugende Antworten gerade in der Priestertage der Zukunft geben müßte?

– *Was machte Bischof Reinhold Stecher für Dekane so sympathisch?* Sympathisch ist der *bescheidene Lebensstil* von Reinhold Stecher: kein Auto – nur für bischöfliche, dringende Aufgaben –, sonst
fuhr er mit dem Fahrrad; keine großen Reisen, höchstens Rom, wo er
hin mußte, eventuell Assisi und Florenz. In seinen kargen, freien Ver-
schnaufpausen ging er in die Berge. Dort sammelte er Kraft.

Reinhold Stecher beherrscht *die Sprache* und hat in seinen Predigten, Reden, Vorträgen und Büchern die Antenne zu den Menschen
gefunden. An Feiertagen waren die Zeilen des Bischofs auf der ersten
Seite der Tageszeitung. Er fesselte Menschen in seinen Ansprachen.
Seine Bücher sind gesucht und werden gekauft.

Reinhold Stecher hat sich erwiesen als *bester Pädagoge*. Welcher
Firmling hat sich nicht gefreut, von ihm gefirmt zu werden. In allen
Tiroler Kirchen wurde das Lied gesungen: »Gib uns den Glauben so
fest wie die Berge ...!« – ein Text aus der Feder von Reinhold Stecher.

Reinhold Stecher ist auch *künstlerisch* engagiert. Mit seinen ge-
malten Bilder unterstützt er heute noch Sozialprojekte und Missions-
anliegen. Wer ist nicht stolz, ein Original von ihm zu besitzen? Er ist
auch ein Humorist mit spitzer Feder. Seine Karikaturen sind zuweilen
köstlich und deuten viel mehr an, als Worte ausdrücken können. Ob
Reinhold Stecher einmal seine Karikaturen in einem Buch veröffentlicht? Es wäre für die Bevölkerung das schönste Weihnachtsgeschenk.

»Die Frucht des Herrn ist der Weisheit Anfang«

Ich möchte meine Wegerfahrungen mit ihm in folgendem Psalmvers
auf einen Nenner bringen: »Timor Domini initium sapientiae«. In Hohenschwangau bei Füssen, am Fuß des Schlosses Neuschwanstein,
befindet sich das Haus des Tiefenpsychologen und C.-G.-Jung-An-
hängers Karlheinz Röder. In seinem Garten erblickt jeder Passant einen mannshohen Lechstein. In diesen Stein sind die lateinischen Worte von Psalm 111, 10 eingemeißelt: »Timor Domini initium sapientiae
– Die Furcht des Herrn ist der Weisheit Anfang«. Hofrat Theodor
Amann, Bezirkshauptmann und späterer Diakon, zeigte einmal auf
den Stein und bemerkte damals: »So ein Stein mit diesem Psalmvers
wäre ein passendes Geschenk für Bischof Reinhold zu seinem 65. Geburtstag!« Ich würde so einen schönen Lechstein auch passend für den

80. Geburtstag finden. Leider hat Bischof Reinhold keinen privaten Garten, um so einen Stein dorthin zu setzen. Der Lechstein in Hohenschwangau war durch Jahrtausende im Wasser gelegen und abgeschliffen worden, bis er zu jener schönen Form und Aussage geworden ist, die jeder am Stein heute entdecken kann. Der darauf stehende Psalmvers gibt eine uralte, ausgereifte Menschenkenntnis wieder.

Reinhold Stecher hat sich neben dem theologischen Studium und auf Grund seiner Doktorarbeit vor allem mit den Weisheitsbüchern und der Weisheit im Alten Testament beschäftigt. Im Wesen des Bischofs Reinhold ist ein Stück beste »Weisheit« hängengeblieben. Der Psalmvers »Timor Domini initium sapientiae« spiegelt jene Ausstrahlung wider, die wir Dekane an Reinhold Stecher erlebten. Der Lechstein weist auf Bischof Reinhold Stecher hin, der das Gestein in der Seele des Tiroler Volks und das Gestein in der Seele der Kirche bestens kannte. Wie sich der Lechstein auf seinem naturbeeinflußten Weg als kunstvolles Zeichen für Gottes Schöpfung formte, so erlebten in ähnlicher Weise viele Menschen den Hirtenstab von Bischof Reinhold, der getragen wurde von einem Priester, dessen Glaube fest wie die Berge war, der die Glaubenskraft aus dem Erdreich der Bibel schöpfte und dessen Hirtensorge sich um die gute Saat Jesu kümmerte, die im Geröll und Erdreich der Diözese Innsbruck weiterwachsen sollte.

Der Bischof von Limburg, Franz Kamphaus, hat im Hirtenwort für Ostern 2001 von folgender Begebenheit geschrieben: Ein Fischer an der Atlantikküste im Nordosten Brasiliens stellt beim Schriftgespräch die Frage: »Warum berief Jesus Fischer wie Petrus zu seinen Aposteln?« Darauf antworteten andere Fischer: »Wer sich zu Lande bewegt, baut Straßen aus Beton und Asphalt. Und er wird immer wieder diesen Weg benutzen. Ein Fischer aber sucht die Fische dort, wo sie sind. Deshalb sucht er jeden Tag einen neuen Weg, um Fische ausfindig zu machen. Es kann sein, daß der Weg von gestern nicht zu den Fischen von heute führt.«

Reinhold Stecher war für uns Dekane immer ein Mensch und Bischof, der getreu seiner Berufung als Oberhirte zu den Menschen in Tirol aufgebrochen ist. Darum haben wir ihn als Bischof so geschätzt und sind ihm für die Weggemeinschaft dankbar.

KLEMENS SCHAUPP

Exerzitien im Alltag: Eröffnung eines geistlichen Raums

Die Situation im Vorfeld des Diözesanforums in Innsbruck war von Hoffnung, aber auch von vielen Ängsten bezüglich der Bischofsnachfolge geprägt. Bei seiner Eröffnungsansprache sagte Bischof Reinhold Stecher sinngemäß: »In den vergangenen Monaten habe ich gemerkt, wie engagiert und sorgfältig Sie dieses Treffen zusammen mit meinem Generalvikar Klaus Egger vorbereitet haben. So glaube ich auch, daß Sie sich in diesen Tagen gemeinsam bemühen, das herauszufinden, was dem Wohl der Diözese am besten dient. Von daher vertraue ich darauf, daß ich von meinem Veto-Recht nicht Gebrauch machen brauche.« Durch dieses Vertrauen, das der Bischof am Beginn des Diözesanforums den Teilnehmern ausgesprochen hatte, wurde ein Raum eröffnet, in dem ein gemeinsames Ringen und Suchen auch in so schwierigen Fragen wie dem pastoralen Umgang mit geschiedenen Wiederverheirateten, der Frage der Zulassung der »viri probati« oder der Stellung der Kirche zu Homosexualität möglich wurde. Mir wurde damals deutlich, wie viel ein »Vorschußvertrauen« bewirken kann. Das, was dadurch entstanden ist, kann ich am ehesten mit den Begriffen »geistliche Atmosphäre« oder »geistlicher Raum«[1] wiedergeben.

Im folgenden Beitrag möchte ich zunächst einige theologische Überlegungen anstellen, was Raum – gläubig gesehen – bedeutet, um dann einige Kriterien zu nennen, an denen die Qualität eines »geistlichen Raums« abgelesen werden kann. Schließlich möchte ich kurz anhand *eines* zentralen Elementes, der Exerzitien im Alltag, deutlich machen, wie und auf welche Weise sie dazu beitragen können, damit eine Diözese nicht nur eine Verwaltungseinheit ist, sondern mehr und mehr zu einem Raum der Gottsuche und des Gottfindens wird.

1. Raum – gläubig gesehen

Aus gläubiger Sicht[2] ist der Raum das Medium der Beziehung zwischen Gott und Mensch und zwischen den Menschen untereinander. Als geschaffene, endliche Wesen erfahren wir diese Beziehung immer im Wechsel von Nähe und Distanz. Der Abstand, der uns zugleich trennt und verbindet, hat die Gestalt von Zeit und Raum. Daraus ergeben sich einige Gesichtspunkte zu einem vom Glauben geprägten Umgang mit dem Raum.

– *Raum und menschliche Freiheit.* Raum ermöglicht die Annäherung an den andern, aber auch den Rückzug von ihm. Der Raum ist Abstand zum andern, aber er kann auch zur Brücke werden. Als leibliche Wesen brauchen wir Platz zum Leben, einen Raum, in dem wir uns frei bewegen können; so ist er die Voraussetzung dafür, daß wir uns frei bewegen können: In ihm können wir unsere Beziehungen gestalten, in einem Einschwingen zwischen Nähe und Distanz. Aufgrund der Geistigkeit des Menschen ist es uns möglich, die Grenzen des Raums teilweise zu überschreiten: Verbindung ist auch trotz räumlicher Trennung möglich. Darin ist menschliche Beziehung Abbild des dreifaltigen Gottes, in dem sich die drei göttlichen Personen gegenseitig durchdringen.

– *Raum und Einheit.* Als leiblich-geistiges Wesen hat der Mensch nicht nur einen äußeren Lebensraum, er hat zugleich einen inneren Raum, den er *in sich* trägt. Gemeinschaft entsteht dadurch, daß eine Gruppe einen gemeinsamen Ort hat, der für jeden wichtig ist, den jeder in sich trägt. Gäbe es nur einen einzigen Menschen auf der Welt, so hätte der Raum keinen Sinn, er wäre leer. Dies kommt in einer bildhaften, sehr schönen Weise im Schöpfungsbericht zum Ausdruck: Gott führt alle Tiere, die er geschaffen hat, zu Adam hin, der im Paradies noch allein ist. Adam gibt den Tieren Namen. »Aber für einen Menschen fand er nicht die Hilfe, die ihm entsprochen hätte« (Gen 2, 20). Als er dann nach einem Tiefschlaf Eva, seiner Frau begegnet, sprach er: »Das ist endlich Bein von meinem Bein und Fleisch von meinem Fleisch« (Gen 2, 23). Erst als Adam seiner Frau Eva begegnet, ist die Leere des Raums erfüllt. So ist der geographische Ort, an dem ein Mensch lebt, immer auch Beziehungsraum: Er trennt uns und bringt uns zusammen und ermöglicht die Hoffnung auf eine noch größere Nähe.

– *Der unerlöste Raum.* Der Raum kann zu einer quälenden Wirklichkeit werden, wenn er dazu benützt wird, Gemeinschaft zu unterbinden. Es kann sein, daß die Menschen die kleiner gewordenen äußeren Entfernungen und auch die ihnen aufgenötigte Nähe anderer Menschen zu riesigen, unüberbrückbaren inneren Distanzen umkehren. Die gegenwärtige technologische Entwicklung verkürzt zwar immer mehr die *äußeren Entfernungen*, die Menschen voneinander trennen; trotzdem wächst oft eine *innere Entfernung* voneinander. Vor allem in den modernen Industriestaaten vereinsamen Menschen trotz räumlicher Nähe und zahlreicher Kommunikationsmittel mehr und mehr. Die äußere Entfernung zwischen »hier« und »dort« kann minimal sein und sogar aufgehoben werden, und doch kann es zu einer Erstarrung geistiger Art, zu einer inneren Distanz kommen, die es dem Menschen unmöglich macht, noch mit einem anderen Kontakt aufzunehmen. Ein Mensch, der so in sich gefangen ist, hat keine Zeit für andere, er überwindet den Raum nicht, um sich seinen Mitmenschen zuzuwenden, er verspürt auch keine ›Sehnsucht‹ nach anderen, nimmt keine Mühe auf sich, um den Abstand zum anderen zu überwinden. Wenn er ihn überwindet, so nicht, um beim anderen zu sein, sondern um an ihm »vorüberzugleiten«.

C. S. Lewis hat in seinem Roman »Die große Scheidung« ein eindrückliches Bild des unerlösten Raums entworfen. Ein Londoner Bürger steigt in einen Autobus ein, plötzlich geht die Fahrt nach oben, immer höher, über alle Wolken hinaus und schließlich kann er die Erde nur noch als kleinen Punkt wahrnehmen. Er kommt in ein Land, in dem jedesmal, wenn jemand einen Konflikt mit einem anderen hat oder ihn ablehnt oder ihn haßt, ihn »weg haben will«, ein neues Haus entsteht, das um so weiter vom anderen entfernt ist, je tiefer die Ablehnung ist. In diesem Land dauert es Wochen, ja oft Monate, bis er das nächste Haus findet – meist wieder ein alleinstehendes Haus. Die Weite der Landschaft, die ihn zunächst fasziniert hatte, wird immer mehr zur bedrohlich empfundenen Leere. Der Abstand zum andern wird immer größer, immer weniger zu überbrücken. In besonders krasser Weise wird diese Trennung deutlich, wo Menschen sich oder andere gefangensetzen. Durch diese gewaltsame Form der Trennung soll verhindert werden, daß die räumliche Trennung aufgehoben wird und Gemeinschaft entsteht.

– *Der erlöste Raum.* Gott hat die Welt geschaffen als Abbild des »Raums«, der zwischen Vater, Sohn und Geist existiert. Wie dieser innergöttliche »Raum« Gemeinschaft zwischen den göttlichen Personen ermöglicht, so hat Gott die Welt geschaffen als Mittel der Gemeinschaft mit ihm und untereinander. Die physische Welt ermöglicht Abstand zum andern, der aber in Freiheit überschritten werden kann. In seiner Menschwerdung hat Christus den Abstand zwischen Gott und uns überwunden, der auf schuldhafte Weise unüberbrückbar geworden war. Er hat dies getan, indem er uns »entgegengekommen« ist,

202

um uns zur vollkommenen Gemeinschaft mit ihm und untereinander zu führen. Dieses Beziehungsangebot Gottes wird dort angenommen, wo Menschen sich ihm zuwenden, sich zu ihm bekehren. Der Raum ist der Abstand zwischen Seiner Einladung und der Antwort des Menschen. Gott ist die Brücke zueinander, die Kraft, die uns anzieht und aufeinander verweist. Der räumliche Abstand wird überwunden, indem er durch eine lebendige Beziehung verwandelt wird: In der liebenden Beziehung wird er umgewandelt. Von einem liebenden Menschen strahlt gleichsam ein alles verwandelndes Licht durch den »Raum«, das seine Umgebung ganz mit seiner Seele, mit seinem Selbst erfüllt. Die Liebe macht uns fähig, dieses innere Licht wahrzunehmen. Gott hat uns einen Lebensraum geschenkt, den er mit seiner Gegenwart erfüllen möchte; Bekehrung bedeutet, diese Erfüllung zuzulassen. Bekehrung heißt aber vor allem, die besondere Gegenwart Gottes wahrzunehmen, wie sie in Jesus Wirklichkeit geworden ist. In Jesus Christus hat die Allgegenwart Gottes eine andere Form angenommen: Sie ist nicht ständig und überall gleich, sie ist eine Gegenwart, die sich zwischen Menschen ereignet, sie wird als Begegnung mit einer Person erfahren. Weil er uns in allen Menschen begegnen will, ist er auf eine neue Weise allgegenwärtig; diese virtuelle Allgegenwart Gottes wird dort wirksam, wo sich Menschen in der Begegnung für das Geheimnis seiner Gegenwart öffnen.

2. Exerzitien im Alltag als Weg, einen geistlichen Raum zu eröffnen

Anläßlich des 200jährigen Jubiläums des Gelöbnisses zum Herzen Jesu wurden in zahlreichen Pfarreien Exerzitien im Alltag angeboten. Als Vorbereitung darauf fanden sogenannte »Modellexerzitien« statt, die ich zusammen mit Sr. Hildegard Tillmanns begleiten durfte. Dadurch ist an vielen Orten ein geistlicher Raum entstanden oder gefördert worden. Drei Elemente waren dabei wesentlich: die Gruppe derer, die sich gemeinsam auf den Weg machten, das Gebet und schließlich das Gespräch – in der Gruppe oder allein mit der Begleiterin oder dem Begleiter. In der Darstellung beschränke ich mich auf das Element des Gesprächs.

– *Die Gruppe als geistlicher Raum.* Der englische Psychoanalytiker Wilfred R. Bion[3] meint, daß sich die Beziehungen in einer Gruppe nach einem unbewußten Muster ausbilden, das von bestimmten Grundannahmen bestimmt wird. Grundannahmen sind meist stark unbewußte Prinzipien, die die Beziehungsgestaltung in einer Gruppe bestimmen und prägen. Er unterscheidet drei typische Prinzipien: Abhängigkeit, Kampf-Flucht, Paar- oder Cliquenbildung. So ist eine Abhängigkeitsgruppe von der Überzeugung bestimmt, daß die Mitglieder voneinander abhängig sind. Vor allem in kirchlichen Kreisen, in sozialen und karitativen Kreisen ist diese Überzeugung weit verbreitet. Die Kampf-Flucht-Gruppe dagegen ist von der (unbewußten) Überzeugung bestimmt, daß das Leben ein Kampf ist und daß nur der überleben wird, der sich durchsetzt. Diese Grundannahme ist vor allem in vielen Zweigen der Industrie (Wettbewerb bedeutet Kampf!), in militärischen, aber auch in vielen Forschungseinrichtungen vorherrschend. Die klassische Form der »Paarbildungsgruppe« ist die Ehe/Familie. Neben diesen klassischen Grundannahmen gibt es sicher noch viele andere. Diese Grundannahmen führen zu einer bestimmten Sicht der Wirklichkeit, die von ihren Mitgliedern als »völlig normal« erlebt wird. Erst wenn sie sich auf Gruppen mit einer anderen Dynamik einlassen, werden sie entdecken, daß es noch andere Grundannahmen gibt.

Ein »geistlicher Raum« entsteht dort, wo diese Grundannahmen auf eine andere »Grundannahme« hin relativiert werden: auf den Glauben, daß Gott überall gegenwärtig ist, wo Menschen sich in seinem Namen versammeln. Seine Gegenwart und sein verborgenes Wirken schaffen einen Raum, in dem die Beziehungen untereinander nicht mehr primär von den Bedürfnissen nach Angenommensein (Abhängigkeit), nach Aggression (Kampf-Flucht) oder nach sexueller Erfüllung (Paarbildung) bestimmt sind. Damit ist nicht gesagt, daß diese Bedürfnisse nicht wirksam bleiben, aber sie werden relativiert durch eine Haltung gläubig-hoffenden Vertrauens, daß Gott die Erfüllung all unserer Sehnsucht ist.

Ob eine Gruppe von dieser Dynamik des Glaubens bestimmt ist, wird unter anderem an folgenden Kriterien ablesbar:

• Eine wachsende Wertschätzung für den Beitrag jedes einzelnen und ein wachsendes Gespür dafür, daß Vielfalt bereichernd ist, nicht bedrohlich zu sein braucht.
• Die Teilnehmer sprechen mehr und mehr aus ihrer inneren Mitte heraus; sie argumentieren weniger, sind nicht auf die Meinungen anderer fixiert.
• Es entsteht allmählich eine Atmosphäre der Dankbarkeit – aus dem Bewußtsein heraus, daß das Eigentliche im Leben nicht gemacht werden kann.

- Personenkult und äußere Bewunderung anderer nehmen ab, statt dessen entsteht ein zunehmendes Gespür für die unverwechselbare Würde jedes einzelnen.
- Die Abhängigkeit von der Leitung nimmt ab – zugunsten eines gemeinsamen Suchens nach dem Willen Gottes.
- Zunehmend wird von sinnstiftenden Erfahrungen erzählt. Persönliche Erfahrungen werden zunehmend mit dem christlichen Glauben in Zusammenhang gebracht.
- Zunehmend kann auch die »Schattenseite« der Dinge angesprochen werden, es wächst das Gespür für die Ambivalenz der menschlichen Wirklichkeit[4].
- Die Diskussionslust macht allmählich der Bereitschaft Platz, strittige Punkte offenlassen zu können, weil sie als Raum gesehen werden, der neues Suchen ermöglicht.
- Es kann und darf über den persönlichen Glauben in einer persönlichen, oft unbeholfenen, aber nicht schablonenhaften Weise gesprochen werden.
- Abnehmen des wechselseitigen »Helfer-Syndroms« – zugunsten des Vertrauens, daß wir nur »Mitarbeiter und Mitarbeiterinnen« Gottes sind, nicht »Alleinunternehmer und Alleinunternehmerinnen«.
- Es wächst die Bereitschaft, existentielle Angst ansprechen zu können.
- Es wächst ein Gespür für den Geheimnischarakter unseres Lebens – nicht alles braucht analysiert, verstanden oder gedeutet zu werden.
- Erfahrung von nicht-vereinnahmender Nähe, von einem Raum, der Freiheit und Geborgenheit in einem ermöglicht. Die Art von Nähe, die entsteht, ist nicht von der Art eines Strohfeuers, sondern dauerhaft. In ihr bleibt ein Raum offen für das Geheimnis Gottes, der unter uns wirkt, ohne daß wir ihn greifen können. Die Mitglieder einer Gruppe begegnen einander zunehmend in der Haltung einer »ehrfürchtigen Liebe« (Ignatius von Loyola).

– Das Gespräch als Eröffnung eines geistlichen Raums. Im Rahmen von Exerzitien im Alltag spielt das Gespräch – allein oder in Gruppen – eine entscheidende Rolle. Anhand von verschiedenen Autoren möchte ich deutlich machen, was es bedeutet, in einem Gespräch die Tür aufzutun zu einem geistlichen Raum. Im Anschluß daran möchte ich einige konkrete Weisen aufzeigen, wie ein solches Gespräch möglich ist[5].

Verschiedene theologische Zugänge[6]. Anhand einiger ausgewählter Autoren möchte ich auf verschiedene Glaubensbedeutungen des Gesprächs hinweisen.

– *Das Gespräch als Ort religiöser Erfahrung (Friedrich Schleiermacher)*. Schleiermacher betont immer wieder, daß menschliche Begegnungen nicht verzweckt werden dürfen. Das Geschehen von Begegnung und Gespräch ist ein gegenseitiges Genießen, das dem Inneren des anderen Menschen gilt: seinem Gemüt oder Herz. Eine solche Beziehung von Innerem zu Innerem hat eine religiöse Dimension: »Meine Religion ist durch und durch Herzensreligion, daß ich für keine andere Raum habe.« Seine Sicht des Gesprächs begründet er mit einer sehr originellen Deutung des Schöpfungsberichtes: Als der Mensch noch allein war, umgaben ihn zwar schon Welt und Gott, aber er konnte sie noch nicht wahrnehmen. Erst im Du der Frau, die Gott ihm geschaffen hatte, entdeckte er die Menschheit und in der Menschheit die Welt und von diesem Augenblick an wurde er fähig, die Stimme Gottes zu hören und ihr zu antworten. Das Gespräch als Ort der Begegnung ist für ihn »ein Mittelglied zwischen dem einzelnen und dem Einen, ein Ruheplatz auf dem Weg zum Unendlichen«.

Im Gespräch ereignet sich für ihn religiöse Erfahrung in der Weise, daß ich im anderen wie in mir selbst – vermittelt durch die Erfahrung der Menschheit – das Wirken Gottes anschaue. Doch religiöse Erfahrung drängt weiter – sie drängt zur Mitteilung, von daher die Bedeutung kleiner Gruppen oder Gemeinschaften, wo eine solche gegenseitige Mitteilung möglich ist.

– *Türen durchbrechen in die versteinerten Herzen (A. Müller)*. Müller war »Amateurtheologe«, ein denkender Politiker. Von seinen Zeitgenossen wurde er sehr unterschiedlich beurteilt: Schwindler, fauler Geselle, Charismatiker, jemand, dem immer ein Beigeschmack der Scharlatanerie anhaftete. Für ihn war das Gespräch zunächst ein Ort der Weltwahrnehmung – und zwar in einer besonderen Weise: Das Gespräch ist ein reizvolles, unerschöpfliches Spiel mit dem Zufall. Es kann und darf nicht verzweckt werden, weil sich in jedem Menschen eine Welt erschließt; jeder, jede von uns ist »eine Welt im Kleinen«. Ziel des Gesprächs ist deshalb ein möglichst tiefgreifendes Verstehen des andern. Das Gespräch ist aber nicht nur Weltwahrnehmung, sondern auch Wahrnehmung des Göttlichen: »Der Mensch trägt also wirklich ein höheres Gut in sich. Dies anregen, dies entwirren zu können aus den verschlungensten Knoten des Herzens, ist der Vorzug des Redners der neueren Welt, ist seine Bestimmung, ist der Inbegriff seiner Kunst.«

– Den Ebenbildern Gottes den Lichtschein zurückgeben (Bogu-mil Goltz). Goltz war freier Schriftsteller – das Studium der Theologie und Philosophie hatte er abgebrochen und sich dann den Lebensunterhalt durch Vortragstätigkeit und Schriftstellerei verdient. Seine Sicht des Gesprächs ist von einigen zentralen Überzeugungen bestimmt: *Leidenschaft contra Konvention*: Im Gespräch sollen wir nicht als Bildungsphantome und kostümierte Kleiderstöcke zusammenkommen, sondern uns von innen heraus kennenlernen. *Basis des Verstehens ist Beziehung, nicht Inhalt*: Die Beziehungsebene ist primärer Ort des Verstehens. In immer wieder neuen Versuchen formuliert er eine für die moderne Kommunikationstheorie zentrale Einsicht: Sobald es sich um ein Gespräch handelt, das über den reinen Austausch von Informationen hinausgeht, findet das eigentliche Gespräch nicht auf der Inhaltsebene des rationalen, argumentativen Diskurses statt, sondern auf der Beziehungsebene der affektiven Begegnung. *Das Gespräch als Annäherung an ein Geheimnis*: Nichts steht einem geglückten Gespräch mehr entgegen als das »Versteckspiel mit der eigenen Person«. Nur dort, wo der Kern der Person, ihr Geheimnis zur Sprache kommt, dringt das Gespräch unter die Oberfläche der Konversation. *Das Gespräch als »reformatio imaginis«*: Zentraler Deutehorizont für das Gespräch ist die Gottebenbildlichkeit des Menschen. Ziel jedes Gesprächs ist es beizutragen, daß diese Gottebenbildlichkeit wiederhergestellt wird. So ist das Gespräch eine Übung gegen die ständig wiederkehrende Tendenz der Verdunkelung der Gottebenbildlichkeit, ein Ort, an dem das von Gott angebotene Heil Wirklichkeit wird.

Weisen des Begleitgesprächs. Was macht ein Begleitgespräch aus? Worin ist es anderen Formen des Gesprächs gemeinsam, wodurch unterscheidet es sich von ihnen?

– Mit-gehen. Beschreibung: Dies ist die einfachste und vielleicht elementarste Form der Begleitung. Das glaubend-hoffende Vertrauen auf Gott – mit und für den anderen – wird hier durch die Art der Beziehung vermittelt. Durch die Art der Präsenz, des Interesses, des unaufdringlichen Nachfragens eröffnet der Begleiter einen Raum, in dem die Nähe Gottes erfahrbar wird. Durch sein Verhalten läßt er etwas von der Eigenart Gottes sichtbar werden, der »Gott mit uns« ist. Martin Buber sagt von Abraham, daß er »das Handwerk Gottes ergriffen habe« – durch die Art und Weise, wie er sich zu seinen Gefährten verhält. Hier steht der Aspekt der Unterstützung im Vordergrund. In diesem Sinn braucht nichts erklärt, nichts gedeutet werden.

Besonders in Situationen von Leid, Ausweglosigkeit, in krisenhaften Übergangssituationen, in denen ein konkreter Ausweg noch nicht in Sicht ist, ist dies oft die einzige Form, wie Glaube vermittelt werden kann.

Theologische Deutung: Im brennenden Dornbusch offenbart Gott Moses seinen Namen: »Jahwe«, d. h. »ich bin der Ich-bin-da« oder »ich bin der, der (für dich) da sein wird«. In der weiteren Geschichte erweist sich Gott als ein Gott, der alle Wege mit seinem Volk mitgehen wird. Im Neuen Testament (Joh 15) sagt Jesus, daß die entscheidende Frage die ist, ob jemand mit Christus verbunden bleibt, weil nur in Ihm Leben ist. Indem die Begleiterin im Gespräch wirklich beim anderen bleibt, »spiegelt sie das Handeln Gottes« (M. Buber) für den Begleiteten.

– *Bezeugen. Beschreibung*: Vor allem im Gruppenaustausch kommt dem Bezeugen eine besondere Bedeutung zu. Besonders der Kommunitarismus hat erneut auf die grundlegende Bedeutung des Zeugnisses für die Identität einer Glaubensgemeinschaft hingewiesen. Zeugnis besteht darin, daß eine oder mehrere Personen andern daran Anteil geben, wie sie das Wirken Gottes in ihrem Leben erlebt haben. Bei Exerzitien im Alltag geschieht dies gewöhnlich in Austauschgruppen. Es kann aber auch in einem Begleitgespräch Phasen geben, die den Charakter eines Austauschs haben. Aus sozialwissenschaftlicher Perspektive kann die Notwendigkeit dieser Form des Glaubensgesprächs durch den Hinweis auf die Wirksamkeit von Plausibilitätsstrukturen erklärt werden: Damit einzelne Menschen auf Dauer glauben können, brauchen sie gewöhnlich die Vergewisserung durch andere Menschen. Im Blick auf Ehen hat der Paar- und Familientherapeut J. Willi auf die Notwendigkeit hingewiesen, daß Menschen, die zusammenleben, durch Erzählen eine gemeinsame Lebenswelt aufbauen. So sind auch glaubende Menschen darauf angewiesen, eine gemeinsame »Glaubenswelt« aufzubauen. Diese Form ist besonders für junge Menschen von großer Bedeutung. Durch die symmetrische Form der Beziehung, die durch die Kommunikationsform des Austausches gegeben ist, wird das Selbstbewußtsein aller Beteiligten gestärkt.

Theologische Deutung: Im Römerbrief stellt Paulus ganz lapidar fest: »Der Glaube kommt vom Hören« (Röm 10, 17). Mit andern Worten: Jeder von uns ist darauf angewiesen, daß es Menschen gibt, die uns ihren Glauben bezeugen und uns so zum Glauben an Christus hinführen. Eine Aussage von Dietrich Bonhoeffer geht in eine ähnliche Richtung: Wir brauchen einander um Jesu willen. »Der Christus im eigenen Herzen ist schwächer als der Christus im Worte des Bruders; jener ist ungewiß, dieser ist gewiß. Damit ist zugleich das Ziel aller Gemeinschaft der Christen deutlich: sie begegnen einander als Bringer der Heilsbotschaft.«[7]

– *Begleitung der Lebensgeschichte. Beschreibung*: Soziologen sprechen heute aufgrund der zersplitterten Lebenswelten von einer »Patchwork-Identität«. Was ist damit gemeint? Aufgrund der verschiedenen Lebenswelten und Milieus, in denen sich der heutige Durchschnittsbürger bewegt, ist seine Lebensgeschichte (Biographie) nicht mehr einheitlich, sondern sie setzt sich gleichsam zusammen aus verschiedenen Stücken. Jugendliche sprechen gewöhnlich von »meiner …-Phase«, um ein solches Biographiestück zu kennzeichnen. Gerade in Entscheidungssituationen oder Situationen von Veränderungen taucht die Frage auf: Woran kann oder soll ich mich orientieren? An welchem Stück meiner Lebensgeschichte? Geistliche Begleitung kann eine wichtige Hilfe sein, um Menschen zu helfen, in einer schwierigen Lebensgeschichte den »roten Faden« des Mitgehens Gottes zu entdecken.

Theologische Deutung: Das Alte Testament erzählt von verschiedensten Lebensgeschichten, in denen das Mitgehen Gottes sichtbar wird: Abraham, Isaak, Jakob, der »ägyptische Joseph«, Rut, Esther, Tobit, Jonas. Gott erscheint hier als ein »Begleiter von Lebensgeschichten«, als jemand, der ein persönliches Interesse hat, daß das Leben nicht nur des Volkes, sondern auch einzelner Menschen gelingt.

– *Begleitung als Hilfe zur Versöhnung. Beschreibung*: In jedem Leben gibt es Unrecht: erlittenes und begangenes Unrecht. Ich glaube, daß im kirchlichen Bereich – zumindest bisher – die Auseinandersetzung mit begangenem Unrecht (Buße, Umkehr, Beichte) mehr gefördert und kultiviert wurde als diejenige mit erlittenem Unrecht. Als Reaktion darauf ist das starke Interesse an »Heilung« verständlich. Die biblischen Begriffe für diese Auseinandersetzung lauten »Vergebung« und »Versöhnung«.

Die Logik der Botschaft Jesu lautet: »Gott hat euch alle Schuld vergeben – also sollt auch ihr einander vergeben.« Weder erlittenes noch begangenes Unrecht soll zu einem Hindernis für die Begegnung mit Gott werden. Ich möchte kurz einige Beispiele erwähnen, die gewöhnlich eine große Rolle spielen:

- Versöhnung mit den eigenen Eltern.
- Versöhnung mit Menschen (Lehrer, Erzieher, Priester ...), die uns Unrecht zugefügt haben.
- Versöhnung mit Schicksalsschlägen (Behinderung, unheilbare Krankheit, äußeres Aussehen).
- Versöhnung mit Gott als dem Schöpfer einer als ungerecht empfundenen Welt.

Theologische Deutung: Vor allem im Lukasevangelium wird deutlich, daß Jesus, wenn er vom Gebet spricht, immer wieder von der Bereitschaft zur Versöhnung mit dem Mitmenschen spricht (z. B.: Wenn dein Bruder etwas gegen dich hat, dann geh zuerst hin, versöhne dich mit deinem Bruder, dann komm und bringe deine Gaben dar; die Vergebungsbitte im Vaterunser). Für Jesus sind »Hinwendung zu Gott im Gebet« und »Versöhnung mit dem Mitmenschen« untrennbar miteinander verbunden.

– *Begleitung als Hilfe zur Klärung des Gottesbilds. Beschreibung*: Gottesbilder sind Weisen, wie wir uns Gott vorstellen. Sie sind geprägt von Vorerfahrungen mit »signifikant anderen« – mit Menschen, die unser Leben entscheidend geprägt haben.

Jedes Gottesbild ist ambivalent: Einerseits ist es eine Brücke zu Gott, anderseits kann es leicht zu einem Hindernis für die Begegnung mit dem lebendigen Gott werden. Die Ambivalenz solcher Gottesbilder kann an einem Satz Sigmund Freuds deutlich werden, in dem er das Ziel eines therapeutischen Prozesses knapp so umschreibt: »Wo Übertragung war, soll Beziehung werden«. Auf die Beziehung zu Gott übertragen könnte der Satz lauten: »Wo Bilder von Gott waren, soll eine lebendige Beziehung zu Gott wachsen«.

Theologische Deutung: Das Anliegen »Klärung des Gottesbildes« kann vom Sinn des Bilderverbotes im AT verdeutlicht werden: »Du sollst dir kein geschnitztes Bild machen, kein Abbild von dem, was im Himmel droben oder auf der Erde oder im Wasser unter der Erde ist. Du sollst dich nicht vor diesen Bildern niederwerfen und sie verehren« (Ex 20, 4).

Bilder können hilfreich sein – die Propheten vergleichen Gott selbst immer wieder mit einem enttäuschten Liebhaber, mit einem Gärtner usw. Solche Vergleiche werden jedoch dann problematisch, wenn Menschen sie mit Gott selbst verwechseln. Heute scheinen mir solche Tendenzen mehr in der Richtung zu finden zu sein, daß bestimmte Gebetsweisen verabsolutiert werden.

– Das Begleitgespräch als Ort der Eröffnung der Gedanken und inneren Bewegungen. Die monastische Weise: Bei den Wüstenvätern hatte das Begleitgespräch eine feste Bezeichnung: »Exagoreusis«. Wörtlich übersetzt bedeutet dies: »Auf den Marktplatz geführt werden«. Der Begriff schließt also die Dimension der Öffentlichkeit der Kirche mit ein. Gemeint ist: Die inneren Gedanken (*logismoi*) sollen einem erfahrenen Menschen mitgeteilt werden. Diese Gespräche hatten eine ganz einfache Struktur: Freies Aussprechen der Gedanken, meist täglich ca. zehn bis 20 Minuten. Der Begleiter antwortete darauf entweder nur mit einem Segen oder einem kurzen Wort, mit dem er den Übenden wieder allein ließ. Wichtig war dabei, daß dem Wüstenvater möglichst alle Gedanken mitgeteilt wurden (diese Anweisung ist der analytischen Regel ganz ähnlich). Aufgabe des Begleiters war es, dem Übenden unterscheiden zu helfen, welche Gedanken von Gott und welche von den »Dämonen« ausgelöst wurden. Die Dämonen waren für die Wüstenväter personifizierte Formen des Unheils und des Bösen. Durch diese Unterscheidung wollte er dem Übenden helfen in seinem Kampf gegen das Böse (vgl. 1 Kor 9, 25).

Ansatzpunkt der Geistlichen Begleitung ist für sie die Wirklichkeit eines Menschen, wie sie sich in seinen inneren Gedanken und Bildern ausdrückt. Der von ihnen angeleitete Prozeß kommt dem sehr nahe, was unter modernen Bedingungen ein therapeutisch-analytischer Prozeß genannt wird, das Ziel ist jedoch unterschiedlich. Während es für Freud das Ziel war, die Liebes-, Arbeits- und Genußfähigkeit eines Menschen zu fördern, ging es den Wüstenvätern darum, dem Übenden zu helfen, frei zu werden von den Bindungen an das Böse, um in gelöster Freiheit Jesus Christus nachfolgen zu können.

Die ignatianische Variante. Es ist auffallend, daß Ignatius unter ganz anderen historischen Bedingungen und in einem gänzlich anderen Umfeld für die Begleitung wieder eine ähnliche Grundregel eingeführt hat wie die Wüstenväter. Dabei ist jedoch zu bemerken, daß sich diese Hinweise zunächst nur auf die Zeit der Exerzitien beziehen – eine »Wüstenzeit in homöopathischer Dosis«.

Die Grundregel lautet: Der, der die Übungen macht, soll seinem Begleiter all seine inneren Regungen (*mociones*) mitteilen. Der Begriff »mociones« hat eine stärkere affektive Färbung als der Begriff »logismoi«. Aufgabe des Begleiters ist es für Ignatius – wie bei den Wüstenvätern –, dem Übenden zu einer besseren Unterscheidung zu verhelfen.

Ziel dieser Unterscheidung ist für Ignatius jedoch ein Leben in einer apostolischen Form der Nachfolge, nicht des ruhenden Verweilens bei Gott wie bei den Wüstenvätern. Deshalb verbindet sich für ihn die Frage der Unterscheidung der Geister immer mit der Suche nach dem Willen Gottes (Wille Gottes kann wohl zutreffend mit dem Entdecken der eigenen Berufung gleichgesetzt werden). Das Neue bei Ignatius liegt nicht in einer Ausformulierung der Lehre der Unterscheidung der Geister – diese gab es schon bei den Wüstenvätern –, sondern in der Verknüpfung der Unterscheidung.

Mit diesem Beitrag möchte ich meinen Dank zum Ausdruck bringen für das Glaubenszeugnis, das Reinhold Stecher vielen Menschen – auch mir – gegeben, und für den »geistlichen Raum«, den er auf seine Weise eröffnet hat.

Anmerkungen

1   Zum Begriff vgl. H. Andriessen, Sich von Gott berühren lassen. Mainz 1995, 223-236.
2   Vgl. D. Staniloe, Orthodoxe Dogmatik. Einsiedeln 1993, 186-191.
3   W. R. Bion, Erfahrungen mit Gruppen. Frankfurt 1990, 102-137.
4   Auf dem Hintergrund der ignatianischen Spiritualität kann diese Erfahrung als Einübung in die Haltung der »Indifferenz« gedeutet werden.
5   Bei den meisten Autoren handelt es sich um evangelische Theologen.
6   Vgl. M. Nicol, Gespräch als Seelsorge. Göttingen 1990; W. Barry / W. Conolly, The Practice of Spiritual Direction. New York 1982; K. Culligan (Hg.), Spiritual Direction. Contemporary Readings. New York 1983; A. Godin, La structure ternaire de l'accompagnement, in: Christus 133 (1987) 414-428; I. Hausherr, Direction spirituelle en orient autrefois. Rom 1955; K. Kertelge, Suchen, was verloren ist, in: R. Bärenz (Hg.), Gesprächsseelsorge. Regensburg 1980, 49-68; K. Schaupp, Gott im Leben entdecken. Würzburg ³1996; R. Zerfaß, Menschliche Seelsorge. Freiburg 1985, 79-85.
7   D. Bonhoeffer, Gemeinsames Leben. München ²⁴1993, 14.

GERHARD LARCHER

»Kunstraum Kirche« 1990–2001 – eine Zwischenbilanz

Unterstützt von der Diözese Innsbruck und dem Stift Wilten fand im Herbst 1994 ein Gedenksymposium für Monsignore Otto Mauer (1907-1973), den legendären Seelsorger, Intellektuellen und Künstlerfreund der österreichischen Nachkriegsjahrzehnte, statt. Man kann in ihm auch einen der wichtigen geistigen Impulsgeber für die Arbeit von »Kunstraum Kirche« sehen, jener Laieninitiative, welche unter Bischof Reinhold Stecher seit 1990 aufblühen und direkt wie indirekt im Land fruchtbar werden konnte. Von Otto Mauer ist der Stoßseufzer »Christentum muß doch etwas Schöpferisches sein« überliefert; es »kann doch nicht nur in Rechtsverhältnissen bestehen, nicht nur in Untertänigkeit und Oberherrschaft«. Nicht nur in Ängstlichkeit und Biedersinn, möchte man aus Tiroler Sicht hinzufügen, wenn man an die Erregungen um die Egger-Lienz-Kriegergedächtniskapelle, um die Weilerfresken in der Theresienkirche auf der Hungerburg, die Christusskulptur von Ladner in St. Pius X. oder um den für eine Innbrücke geplanten Crucifixus von Rudi Wach denkt.

Für Otto Mauer ging es beim Schöpferischen jedenfalls nicht um wohldosierte Risiken, auch nicht um religiöses oder ästhetisches Schwärmertum, sondern um die heilsgeschichtliche Sendung der Kirche unter dem Antrieb des Geistes, die offene und mutige Schritte für eine Auseinandersetzung mit den vielen spirituellen Zeugnissen und Suchbewegungen unserer Zeit einschließen müßte. Kirche erschien ihm als eine Institution intensiver kultureller Katholizität, die den Kairos der Gegenwart ergreifen und dem Kunstschaffen und -rezipieren auch eine ekklesial aufbauende Bedeutung zumessen sollte. Auch alle Aussagen des Zweiten Vatikanischen Konzils über die Kirche implizieren eine solche solidarische Zeitgenossenschaft in einem lebendigen osmotischen Austausch mit der Welt. Sie zielen auf eine Kirche als Institution des Geistes, die um dessen universale Ausgegossenheit weiß und deshalb fähig ist, auch seine Fremdprophetien in den Künsten wahrzunehmen. Ja, Kirche selbst dürfte in der Konsequenz als ein »offenes Kunstwerk« verstanden werden, als ein endzeitlich erhofftes »Gesamtkunstwerk«, das durch die Zeiten hindurch sich aufbaut und wächst durch das kulturelle, lebenspraktische und liturgische Mittun des ganzen Volkes Gottes. An diesem Ort sollte in Architektur, Ausstattung, Liturgie und pastoraler Praxis vorwegnehmend sichtbar werden können, daß die im Grund auch von allen Künsten erhoffte Kongruenz von ästhetischer Kreativität, kritisch-praktischer Vernunft und religiöser Spiritualität möglich und lebbar ist.

Gastfreundschaft für Kunst aus Geistesverwandtschaft

Zu einer solchen Vermittlung von Lebenswelt, Kunst als öffentlichem kulturellem Ereignis und Kirche als Feier- und Zeugnisraum inmitten der Welt zumindest in kleinen Schritten etwas beizutragen, ist nun auch das Anliegen des offenen Arbeitskreises »Kunstraum Kirche« innerhalb des Katholischen Tiroler Akademikerverbands. Es geht dieser Initiative um eine Förderung kirchlicher Akzeptanz für anspruchsvolle zeitgenössische Kunst durch Ausstellungen in kirchlichen Räumen, durch Kunstgespräche in Pfarren, Symposien, Publikationen und durch ganz persönliche Künstlerkontakte – kurz, um Gastfreundschaft für Kunst aus Geistesverwandtschaft. Die Betonung liegt dabei auf Gastfreundschaft in kleinen, (er-)lebensintensiven Räumen durch Menschen, die vielleicht sonst nie die Hemmschwelle zur Kunstszene überschritten. Wenn auch nicht ausschließlich, so haben hier doch wesentlich die Anregungen Otto Mauers Pate gestanden. Manche Mitglieder des Arbeitskreises hatten ihn als Studentenseelsorger in Wien noch persönlich kennengelernt. Dazu kam die Weitergabe seiner Geisteshaltung durch Männer wie Günter Rombold, Josef Fink oder Friedhelm Mennekes SJ, wobei vor allem der zuletzt Genannte in sehr vielen Aktionen in Deutschland gezeigt hat, wie das Anliegen einer Begegnung von Kunst und Kirche über Otto Mauers Galerietätigkeit hinaus ins kirchliche Leben hinein konkret und praktisch werden kann.

Dabei geht es nicht um fromme Aufdringlichkeit im Sakralraum, sondern um ganz konkrete thematische Bilddialoge mit der christlichen Überlieferung. Seit über zehn Jahren versuchen deshalb zehn bis zwölf Frauen und Männer: Künstlerinnen und Künstler, Seelsorger, Kunstgeschichtler und Theologen – alle auf ehrenamtlicher Basis – ähnliches im Umfeld von Innsbruck zu tun, zwar ohne offiziellen kirchlichen Auftrag, aber mit viel »good will« und finanziellen Zuwendungen für Einzelprojekte, unterstützt von der Diözesanleitung und anderen Sponsoren.

Angefangen hatte alles Anfang März 1990 mit einer relativ bescheidenen Aktion, einer Künstlerpräsentation (Patrizia Karg, Franz

Pöhacker, Hans Dragosits) – damals noch unter der Bezeichnung »Arbeitskreis Kunst und Glaube« in der Kapelle der Innsbrucker Studentengemeinde in der Hirnstraße. In der Folgezeit kam es zu zahlreichen Künstlerkontakten mit Atelierbesuchen. Die einmal realisierte Idee fand viel Zustimmung und stieß bei Künstlern auf ein weit größeres Interesse als ursprünglich erwartet. So lag es nahe, sich gegen Ende 1991 an die Planung einer weiteren, jetzt wesentlich größer angelegten Aktion, zusammen mit dem Verein »Kunst und Religion« zu machen. Diesmal waren zwölf Pfarrzentren bzw. Kirchenräume in und um Innsbruck ins Auge gefaßt. Ein explizites Generalthema gab es außer dem Leitwort »Kunstraum Kirche. Ein Experiment« nicht. Sehr viele der Künstlerkontakte führten jedoch im Blick auf den Ausstellungstermin Osterzeit 1992 zu den Themen Kreuz, Tod, Auferstehung. Die festliche Eröffnung der Aktion mit einem Grundsatzreferat und der Vorstellung der Künstler und ihrer Ausstellungsorte (Lois Anvidalfarei/Haus der Begegnung, Maurizio Bonato/Pfarrzentrum Absam-Eichat, A. Christian/Pfarre Schönegg-Hall, Hans Dragosits/Pfarre »Zum Guten Hirten«, Innsbruck, Hubert Flörl/Haus der Begegnung, R. Heller/Pfarre Rum, Patrizia Karg/Evangelische Auferstehungskirche, Innsbruck, Franz Lettner/Pfarre »St. Norbert«, Innsbruck, Franz Mölk/Stift Wilten, Innsbruck, Gerald Nitsche/Neues Kolpinghaus, Innsbruck, Ilse Abka-Prandstetter/Pfarre Neu-Rum, Johann Weinhart/Pfarre »Allerheiligen«, Innsbruck, Rainer Wölzl/Pfarre Altpradl, Innsbruck) fand am 9. April 1992 im Norbertisaal des Stiftes Wilten statt. In einer sehr dichten Folge gab es vom Palmsonntag an Kunstgespräch um Kunstgespräch mit den jeweiligen Künstlern in den einzelnen Pfarren und abschließend ein Abendgespräch zwischen den beteiligten Künstlern und Bischof Reinhold Stecher. Am 24. April folgte zusammen mit dem Katholischen Bildungswerk eine Kunstfahrt zu fünf ausgewählten Pfarreien. Eine Kunstdisputation zum Thema »Nacktheit in der christlichen Kunst – ein Tabu?« mit Günter Rombold, Rudi Wach, Susanne Loewit u. a. beendete die Aktion 1992, zu der rechtzeitig ein ästhetisch sehr gelungener Katalog erschienen war.

Obwohl eine derart umfängliche Organisationsarbeit an die Grenzen der Leistungsfähigkeit von ein paar Freiwilligen ging, wollte man die Schwungkraft aus der Freude über den Erfolg sogleich auf ein nachfolgendes Projekt übertragen. Vom 5. bis 14. Nobember 1993 kam es deshalb nach fast einjähriger Vorbereitungszeit zur zweiten Aktion »Kunstraum Kirche. Ein Experiment«. Diesmal stand noch stärker die Begegnung mit zeitgenössischen Kunstwerken im Sakralraum selbst im Vordergrund, meist im Anschluß an eigens gestaltete (Wort-) Gottesdienste, beginnend im Dom mit einer eigenen Kunstvesper (musikalische Gestaltung: Galerie St. Barbara; Lichtinstallation: G. Schatz); inhaltlich prägend war z. T. das Christusthema, wie bei Ursula Beiler/Domplatz, Innsbruck, Josef Mikl/St. Pirmin, Innsbruck, Hubert Schmalix/Pfarrkirche Igls und Evangelische Christuskirche. Dazu kam noch eine vermehrte Einbeziehung der Bildhauerei (Peter A. Bär/Pfarre Alt-Pradl, Franz Pöhacker/Jakobi-Saal) und der Gestaltung von Kirchen- bzw. Altarräumen (Georg Malin, Rudi Wach, Franz Pöhacker, Richard Gratl). Auch diesmal gab es intensive Kunstgespräche an den einzelnen Orten, erstmals eine Gemeinschaftsausstellung aller beteiligten Künstler im Jakobisaal am Dom, eine Kunstfahrt nach Eben (Glasfenster von Chryseldis Hofer-Mitterer) und Schwaz (Altarraumgestaltung von Richard Gratl und Franz Pöhacker), eine Kunstexkursion in Innsbruck mit Führungen durch Georg Malin (Dom-Unterkirche) und Rudi Wach (Weiße Kapelle in der Kopfklinik) sowie eine Schlußveranstaltung im Haus der Begegnung. Dokumentiert wurde wiederum alles in einem Katalog. Auch diesmal ermunterte Bischof Reinhold Stecher in einer persönlichen Einladung für die Künstler, »Kunstraum Kirche« fortzuführen.

Das Jahr 1994 brachte zunächst eine größere Einzelausstellung von Hans Dragosits' Bildern zu den sieben letzten Worten Jesu am Kreuz, präsentiert im Norbertisaal des Stiftes Wilten (18. bis 25. März). Desgleichen bestand in der Fastenzeit desselben Jahres eine Kooperation mit der Galerie St. Barbara anläßlich von »Musik der Religionen 1994« in Hall mit Künstlern, die schon im Jahr zuvor bei »Kunstraum Kirche« aktiv waren. Gezeigt wurden in den »Klangräumen« des Festivals, im Kurhaus bzw. in der Salvatorkirche und der evangelischen Johanniskirche in Hall, Ilse Abka-Prandstetter, Maurizio Bonato, Michael Hedwig, Hans Dragosits. Der Herbst 1994 (15. Oktober bis 5. November) schließlich wurde zur ausdrücklichen Hommage an Otto Mauer mit der Innsbrucker Präsentation der internationalen Ausstellung »Kairos. Aus der Sammlung Otto Mauer«. Die vom Wiener Diözesanmuseum zusammengestellte, im Wiltener Norbertisaal gezeigte Auswahl von Bildern von Francisco Goya bis Joseph Beuys sowie die von der Hochschule für angewandte Kunst zur Verfügung gestellte, ausführliche zeitgeschichtliche Dokumentation zogen eine erfreulich hohe Anzahl von Besuchern an. Außerdem gab es eine rege Beteiligung am Symposion des Eröffnungstags, einen Besucherrekord am Eröffnungsabend selbst und eine vielbesuchte Führung mit E. Gerber.

Die gute Zusammenarbeit mit dem Stift Wilten (Abt Raimund Schreier) hat im folgenden Jahr zu einer gemeinsamen liturgisch-musikalisch-künstlerischen Gestaltung der Themen von vier der fünf Fastensonntage unter dem Leitwort »Wasser aus dem Felsen schlagen« geführt (Hans Dragosits: sitio – »Mich dürstet«; Ursula Beiler: Verklärung; Gabriela Nepo-Stieldorf: Totengebeinsvision des Ezechiel; Savio: Leiden-schaft). Von der Stiftskirche Wilten aus, so hoffte man, könnte sich diese Idee später auch in verschiedene Pfarrgemeinden übersetzen lassen. Tatsächlich kam es unseres Wissens nur noch einmal zu einer Gestaltung der Fastensonntage in der Stiftskirche während der Fastenzeit 1997 durch eine Bild-Installation von Maurizio Bonato – von einem Video im Eingangsbereich, über eine Packpapierbahn als Projektionsfläche für ein Gehen in der Wüste, bis hin zu zwölf Bildern auf der Kommunionbank mit spezifisch liturgischen Themen.

Der Kunstpreis

Ein Höhepunkt in diesen gut zehn Jahren »Kunstraum Kirche« war wohl die Vorbereitung, Durchführung und Verleihung eines von Bischof Reinhold Stecher erstmalig gestifteten diözesanen Kunstpreises zum Thema »Herz Jesu« im Tiroler Gedächtnisjahr 1996. Dies war durchaus ein riskantes Experiment, als solches am 20. Mai 1995 im Haus der Begegnung auf einem interdisziplinären Motivationssymposion deutlich angesprochen. Denn an der im österreichischen, besonders im Tiroler Raum geläufigen Herz-Jesu-Frömmigkeit mit den ihr eigenen Bildprogrammen und Geisteshaltungen hängen aus heutiger Sicht einiger kulturpolitischer und theologischer Ballast, aber natürlich auch viele vertraute, tiefgehende Frömmigkeitsformen. Die Frage lautete: Kann man da trotz manchen Kitschs und religiöser Sentimentalität auf eine Erneuerungskraft dieser zentralen christlichen Symbolik in unseren postmodernen Lebenskontexten setzen? Sind künstlerische Spiegelungen der in diesem Symbol imaginierten Einheit von Spiritualität und Leiblichkeit, von Glaube und Leidenschaft, von Gottes- und Nächstenliebe heute noch möglich?

Bei den nach einer offenen Ausschreibung für den Kunstpreis eingereichten Arbeiten (über 100 Objekte) zeigte sich nun tatsächlich, daß gerade geschichtliche Entfernung und Distanz zu einer so ausgeprägten traditionalen Symbolik eine neue fruchtbare Relektüre auslö-

sen können. Es kam durch die Auseinandersetzung mit den Beiträgen zeitgenössischer bildender Kunst zu einem Aufdecken noch unerschlossener Sinngehalte, allerdings über eine gewisse »Schocktherapie« durch das Säurebad neuer Erfahrungskontexte hindurch. Überraschungen, Irritationen, Bereicherungen zeigten sich im Lauf der Jurierung und Ausstellung, vor allem durch das Siegerobjekt »trasporto straordinario« (den berühmten »Esel«) von Erich Kofler Fuchsberg, aber auch durch die der anderen Preisträger und Teilnehmer, etwa Maurizio Bonato (2. Preis) mit seinem Objekt »Herz Jesu – Theologie der Befreiung?«; Ilse Abka-Prandstetter (3. Preis) mit dem Buchobjekt »Öffnen oder schließen?«; Monika Migl Frühling (zweiter 3. Preis) mit ihrem Ensemble aus drei Keramikplastiken »Herzernte«. Aus dieser Provokation war zu lernen, daß man Geduld haben muß mit Kunstwerken, nachdenklich auf deren spezifische Botschaft achten sollte; die fixen Bilderwartungen einiger Theologen oder gar das »gesunde« Volksempfinden sind keineswegs letztgültige Maßstäbe. Vor allem bei letzterem handelt es sich oft um ein durch eine zivilisatorische Bilderflut verdorbenes Empfinden, also eher um etwas »Ungesundes«. Deutlich wurde jedenfalls (dokumentiert in einem umfangreichen Katalog), daß es eben nicht mehr das verbindliche Herz-Jesu-Bild für heute geben kann im Sinn eines bestimmten, symbolisch standardisierten und isolierten Bildtyps, dafür aber vielfältige symbolische Brechungen des einen Geheimnisses der sich verletzen lassenden Liebe Gottes. Daß es da ein großes Interesse für solche neue Bildfindungen gibt, zeigten einige Folgeveranstaltungen zur Kunstpreisaktion (z. B. im Stift Stams, im Canisianum und andernorts).

Ein wichtiger Vordenker und Mittelsmann im Arbeitskreis zwischen Diözese und Stift Wilten war stets Prior Lambert Probst OPraem. Er hat auf unbestechliche und scharfsichtige Weise und dennoch mit viel Humor das Verhältnis von Kunst und Kirche in seinen Defiziten und Chancen gesehen. Leider mußten wir 1997 seinen allzu frühen Tod beklagen. Sein Wirken blieb als Auftrag.

Jenseits des schönen Scheins simulierter Wirklichkeit

Was unter Bischof Reinhold Stecher beispielhaft begonnen wurde, konnte erfreulicherweise unter seinem Nachfolger, Bischof Alois Kothgasser, großzügig gefördert fortgesetzt werden; zunächst mit dem großen zweiten Kunstpreis der Diözese für bildende Kunst zum Themenfeld der Millenniumswende unter dem Schlagwort »ZEITENWENDE

– ZEITENENDE. APOCALYPSE NOW?«. Damit hatte die Diözese die Themenführerschaft zur Jahrtausendwende im Land übernommen. Ein Symposion am 6. März 2000 im Neururerhaus, an dem Bischof Kothgasser selbst zusammen mit zahlreichen Künstlern, Kunstgeschichtlern und Theologen teilnahm, eröffnete nach öffentlicher Ausschreibung den Arbeitsprozeß, dessen Ergebnisse (aus gut 150 Einreichungen) schließlich im November 2000 im Leuthaus des Stiftes Wilten gezeigt werden konnten. Dazwischen lag eine sehr intensive Organisations- und Juryarbeit. Für die Visualisierungsversuche dieser thematischen Herausforderung gab es keine Auflagen bezüglich einer bestimmten inhaltlichen oder formalen Realisierung. Verlangt war nur ein Problembewußtsein, das die vielfältigen thematischen Aspekte der Apokalypse und ihrer dramatischen Wirkungsgeschichte biblisch, theologisch, geschichtstheoretisch meditiert hat ... Als Preisträger wurden Künstler mit Werken unterschiedlichster Techniken ausgewählt, die vor allem auch das Medienthema umkreisen; so Herwig Weiser (1. Preis) mit seinem Video »ENTRÉE«, Marianne Gostner (2. Preis) mit ihren zu einem Kleid verwobenen Tageszeitungsstreifen (»Unüberhörbar«), Hannes Franz (3. Preis) mit seiner Fotoarbeit, Kassian Erhart (4. Preis) mit seiner Klangskulptur »Zeitenlauf« und Erich Kofler Fuchsberg mit seinem Objekt »Stille« (zweiter 4. Preis). Diese und zahlreiche andere Arbeiten der Ausstellung zeigen in ihrer Subtilität, daß nicht das Grellste und Größte, etwa als Unheilsvisionen und Untergangsorgien, das thematisch Eindringlichste verkörpern, sondern subtile Hoffnungsperspektiven gerade in der ästhetischen Auseinandersetzung mit jenen Erfahrungen der Negativität.

Zu den richtungsweisenden Initiativen der letzten Zeit gehörte schließlich wohl auch der Aschermittwoch der Künstler 2001, der erstmals im überfüllten Dom zu St. Jakob in größerem Rahmen durchgeführt wurde, und der den Versuch eines Neuanfangs für diesen an sich traditionellen Veranstaltungstyp bezeichnet. Künstler aus verschiedenen Kunstgattungen sollen in Zukunft stärker eigengestaltend einbezogen werden.

Sicherlich: Alles, was in diesen Jahren unternommen worden ist, kann nur zeichenhaft sein. Aber es fällt positiv auf, wie sehr sich doch in den letzten zehn Jahren Ausstellungsaktivitäten im Bereich Kunst, Kirche, Spiritualität vermehrt haben. Manche Initiativen, wie Ausstellungen in einzelnen Pfarren, der Galerie St. Barbara oder Aktivitäten der Theologischen Fakultät Innsbruck, sind aus freundschaftlichen

Kontakten hervorgegangen. Vor allem ist erfreulich, daß es in kirchlichen Medien und Bildungseinrichtungen in den letzten Jahren zu einer merklich stärkeren Aufmerksamkeit für Kunst gekommen ist und daß auch vermehrt konkrete Aufträge aus dem kirchlichen Raum zustande kommen (z. B. für Maurizio Bonato, Chryseldis Hofer-Mitterer, Peter A. Bär, Hans Dragosits, Michael Defner u. a.). Peter A. Bärs Ausstellung »Steine« bildete z. B. den Kontext für seinen Altar und Ambo in der Marquardkapelle im Stift Wilten und Maurizio Bonato und Chryseldis Hofer-Mitterer sind am Projekt der Hl.-Geist-Kirche in Telfs beteiligt. Ein Pfingstbild für einen Hochaltar (Vill) von Michael Hedwig ist in Planung, desgleichen ein Gedenkobjekt für das Neururerhaus in Hötting (Bewerb auf Einladung).

Alles dieses hat zusammen mit seinem Nachfolger Bischof Reinhold Stecher aus längerer Sicht ermöglicht. Er hat gefördert, gelegentlich auch gezögert, nachgefragt, nie aber das herausfordernde Gespräch mit »Kunstraum Kirche« und den Künstlern verweigert. Seine große persönliche Neigung und Begabung fürs Aquarell, für die karikaturistische Feder, seine Vorliebe für das poetische Wort, seine schriftstellerischen Fähigkeiten machten ihn zum kongenialen Partner. So manche gute Veranstaltungsideen wurden bei Künstlerabendessen gemeinsam mit ihm entwickelt. Das von ihm, wie auch von den Äbten Alois Stöger (†) und Raimund Schreier sowie Seelsorgeamtsleiter Florian Huber stets bekundete Klima der Sympathie beflügelte natürlich und ließ so manche organisatorische Dauerbelastung oder Gleichgültigkeit kirchlicher Amtsträger leichter ertragen.

Für die Zukunft erhoffen wir, daß weiter Funken aus all diesen Initiativen überspringen, wie sie es verschiedentlich schon getan haben. Wenn der Glaube lebendig weitergegeben und nicht einfach weltlos repetiert werden soll, müssen dieses dialogische Sich-Raum-Geben, diese wechselseitigen Grenzüberschreitungen möglich sein. Eine äußerliche Kostümierung des Wortes oder eine oberflächliche Behübschung des spirituellen Wohnraums sind nicht so harmlos, wie man oft meint. Es kann dabei die Ernsthaftigkeit und Radikalität des Glaubens auf die Dauer Schaden leiden. Kunst und Glaube brauchen sich aber gegenseitig – so meinen wir – dringend für eine herausfordernde Spurensuche von Sinn und Hoffnung jenseits des heute allgegenwärtigen schönen Scheins simulierter Wirklichkeit und zur Hütung des Geheimnisses des je größeren Gottes angesichts einer oft allzu einfachen Affirmation von Transzendenz.

6

Erinnerung und Dank

»Wo mich erschreckt, was ich für euch bin, da tröstet mich, was ich mit euch bin. Für euch bin ich Bischof, mit euch bin ich Christ. Jenes bezeichnet das Amt, dieses die Gnade. Jenes die Gefahr, dieses das Heil.«
(Augustinus) – Reinhold Stecher war Erzieher, Professor und Bischof; in allem aber für viele Mensch und Freund, Begleiter und Gesprächspartner.

OTMAR MÄDER

Einige Erinnerungen

Gemeinsam haben wir unmittelbar nach dem Krieg an der Theologischen Fakultät Innsbruck studiert. Im Canisianum waren wir Zimmernachbarn. Im schönen Stubaital unternahmen wir miteinander Wanderungen und Bergtouren – damals noch mit sehr einfacher Ausrüstung und kargem Proviant. Gemeinsame, unbeschwerte Ferientage in der Schweiz – mit Wallfahrten nach Einsiedeln und Sachseln – und die Besteigung des für uns beide ersten Viertausenders in den Walliser Alpen ... All das hat jene tiefe Freundschaft begründet, die Jahre überdauern konnte. Dabei wurden die reichen Gaben, die Gott Dir geschenkt hat, mehr und mehr sichtbar. Schon damals haben mich sechs besonders beeindruckt.

Erstens: Dein nie versiegender Humor und die sprühende Fröhlichkeit. Nach allem, was Du vor dem Krieg, im Gestapogefängnis und in den bitteren Jahren an den verschiedenen Fronten – im Osten und im hohen Norden – erlebt hast, war diese Fröhlichkeit wahrlich nicht selbstverständlich. Sie war mehr als Humor, es war *tapferer Froh-Mut*. Das hat uns allen wohlgetan: den Heimkehrern aus Krieg und Gefangenschaft – und uns, die wir durch das plötzliche Miterleben von so viel Leid erschüttert waren. Wir sind heute noch dem Regens und dem Präfekten dankbar, daß sie viel Verständnis für diese Fröhlichkeit hatten – auch wenn dadurch die strenge Hausordnung gelegentlich gestört wurde. Auch den Vorgesetzten war offenbar die frohe Gelöstheit wichtiger als die starren Regeln.

Zweitens: Dieser Froh-Mut hat Dir auch geholfen, Dich mit großem Ernst in das *solide Studium* zu vertiefen – sowohl im Grundstudium wie später in der wissenschaftlichen Arbeit. Gelegentlich eintönige Vorlesungen hast Du mit fröhlichen, geistvollen Karikaturen (die unter der Bank unter uns die Runde machten) prachtvoll aufgelockert. Im ganzen Studium bewahrtest Du Dir einen klaren Blick, um das Wesentliche vom Nebensächlichen zu unterscheiden. Einseitige, festgefahrene Meinungen konnten Dich nicht beeindrucken und beirren. Aufbauen auf gesunder, bewährter Tradition und zugleich offen bleiben für notwendige Weiterentwicklungen gaben dem ernsten

Studium die faszinierende Dynamik. Unsere damaligen Professoren konnten uns den ganzen Reichtum verschiedener theologischer Ansätze aufzeigen – immer getragen von einer tiefen Glaubensfreude.

Drittens: Genau das war sowohl in Deiner Fröhlichkeit wie im Ernst Deines wissenschaftlichen Studiums prägend: die Quellen *tiefer, gesunder Spiritualität*. Diese geistliche Haltung blieb stets am Wort Gottes orientiert. In den vielfältigen Ereignissen der Zeit erkanntest Du immer neu seine Aktualität und prägende Kraft. Dabei wußtest Du klar zu unterscheiden zwischen zeitgebundenen Ausdrucksweisen der biblischen Sprache und der wesentlichen Botschaft.

Viertens: Die Spiritualität sollte aber nicht bloß Dein eigenes Leben prägen, sondern sich auch in der Gemeinschaft auswirken. Es war Dein Bemühen, *die Probleme der Menschen zu erspüren*, besonders die Fragen, Hoffnungen und Ängste junger Menschen. Als Religionslehrer an der Pädagogischen Akademie hast Du vielen geholfen, Inhalt und Sinn ihres Lebens zu finden – und diese Werte im Beruf als Lehrer und Erzieher weiterzugeben. In den unzähligen seelsorglichen Aushilfen in verschiedensten Pfarreien lerntest Du die Nöte und Schwierigkeiten einer großen Anzahl sorgenbeladener und bedrückter Menschen und Gruppen kennen. So konntest Du sehr vielen als Seelsorger entscheidend helfen.

Fünftens: Die Beanspruchung durch die vielfältigen Aufgaben zehrten oft an Deinen Kräften. Du hast Dich nie geschont. Doch *Deine Freude an der Natur*, an den Bergen, den Blumen und den Tieren waren für Dich stets neu Quellen der Kraft. Vor allem das besinnliche, betrachtende und betende Wandern in der schweigenden Nacht wie in den erwachenden Morgen hinein – hin zu einem Gnadenort oder einer Gedenkstätte wurden zu Wallfahrten, welche Deine äußeren und inneren Kräfte erneuerten. Die Auseinandersetzung mit den Anforderungen der Berge auf anspruchsvollen Klettertouren ließ Dich erfahren, welche Kraft von solchen Erlebnissen ausgehen kann.

Sechstens: Eine besondere Kostbarkeit in Deinem Wahrnehmen und Wirken war *das tiefe Gespür* für die Symbolik aller Dinge. Sowohl die Vielfalt der Natur, wie auch die technischen Dinge wie Geleise, fahrende Züge, Bahnhöfe usw. waren für Dich stets sprechende Symbole. Ein besonders feines Empfinden für die Sprache half Dir, all das in einer schönen, geradezu poetischen, bildhaften Sprache auszudrücken – sowohl in Prosa wie in Poesie. Ebenso deutlich konntest

Du Deine Empfindungen in Aquarellen von Bergen und Flüssen, von Bäumen und Wolken ausdrücken.

Lieber Freund Reinhold, mit allen, die Dir verbunden waren und bleiben, sind wir zutiefst dankbar für all das, was Gott Dir und durch Dich uns geschenkt hat. Dein alter Studienfreund O. M.

ALOIS BERNDORFER

Jahrelange Freundschaft

Die Anfänge unserer Freundschaft reichen weit zurück. Ich war schon einige Jahre Professor an der Lehrerbildungsanstalt (LBA) in Innsbruck, als Reinhold Stecher als neuer Religionsprofessor an die Schule kam. Mir fiel bald seine Haltung bei den Konferenzen auf. Wenn er sich zu Wort meldete, hatte er auch immer etwas zu sagen. Bei Disziplinarangelegenheiten legte er eine klare Linie an den Tag. Er versuchte immer, die Notwendigkeit der Einhaltung der Schulordnung einerseits und die psychischen Voraussetzungen für das Vergehen eines Schülers anderseits in Einklang zu bringen.

Enger wurde dann unser Kontakt, als im Jahr 1968 die Pädagogische Akademie (PÄDAK) an die Stelle der alten LBA trat und mit ihrem ersten Semester eröffnet wurde. Selbstverständlich kam Reinhold Stecher als erster Lehrer für Religionspädagogik an die PÄDAK. Das Fach war zwar ein Pflichtfach, aber man konnte sich davon bei der Inskription abmelden. Reinhold Stecher war bald bekannt für seine interessanten Vorlesungen und Seminare. So mancher Student, der sich von Religionspädagogik abgemeldet hatte, kam zu mir und fragte, ob er nicht trotzdem Reinhold Stechers Vorlesung besuchen könne, was selbstverständlich möglich war.

Da die Studierenden die freie Wahl für die Hausarbeit zur Lehrbefähigungsprüfung hatten, wählten auch viele das Fach Religionspädagogik. Dabei kam ihnen Reinhold Stechers *Dokumentation* der Bücher zugute. Die Kollegen mußten nämlich für jedes Fach einen Sachkatalog der für das betreffende Fach in der Bibliothek vorhandenen Bücher erstellen. Reinhold Stecher baute den Sachkatalog zu einer umfangreichen Dokumentation mit unzähligen Querverbindungen zu anderen Fächern aus. Dies führte dazu, daß auch Studierende, die in einem anderen Fach Hausarbeit machten, diese Dokumentation zusätzlich zum Sachkatalog des eigenen Fachs heranzogen, ja sogar von ihren Professoren darauf aufmerksam gemacht wurden. Das war nicht nur eine ungeheure Arbeit für Reinhold Stecher, sondern auch ein großer Gewinn für die PÄDAK.

Sehr interessant waren auch immer seine *Lehramtsprüfungen*, die stets ein hohes Niveau hatten. Wie überhaupt in seiner Lehrtätigkeit zeigte sich auch hier seine große Belesenheit. Ich selbst verdanke ihm so manchen wertvollen Hinweis auf Bücher, die ich daraufhin nicht nur gelesen, sondern auch für meine private Bibliothek angeschafft habe.

Reinhold Stecher war nicht nur ein ausgezeichneter Lehrer, sondern auch ein echter Seelsorger. Er verband eine mutige Offenheit mit der klaren Verkündigung der katholischen Lehre. Wenn ich mich recht erinnere, erreichte er einmal die Konversion eines bereits aus der Kirche ausgetretenen Studenten. Bei den *Lehrerkonferenzen* waren seine Wortmeldungen immer eine Bereicherung. Nach den Konferenzen, besonders nach der Jahresschlußkonferenz, gab es meist eine gesellige Zusammenkunft. Oft fand diese im Bergisel-Restaurant statt, gelegentlich nach einer vorangehenden Eucharistiefeier in der Kapelle.

Reinhold Stecher war immer ein Mann des *Dialogs*, der aufgeschlossen und mit Toleranz auf die Ansichten seines Gesprächspartners einging. Dabei vertrat er selbst seine Ansichten sehr klar und bestimmt. Ich erinnere mich gerne an so manche anregende Diskussion mit ihm. Nachher überdachte man jedenfalls die eigene Meinung nochmals gründlich. Solche Gespräche gaben mir immer sehr viel.

Reinhold Stecher war ein ausgezeichneter und begeisterter *Bergsteiger*. Bezeichnend ist der Titel eines seiner besten Bücher »Botschaft der Berge«, dem er als Motto vorangestellt hat: »Viele Wege führen zu Gott, einer geht über die Berge.« Es ist daher nicht verwunderlich, daß er mit den Studenten Bergtouren machte und für sie Bergkurse veranstaltete. In seiner Wohnung hatte er eine reichhaltige Sammlung der für Bergwanderungen notwendigen Ausrüstung, die er großzügig seinen Studenten zur Verfügung stellte. Besonders zu erwähnen ist aber auch, daß es bei den Bergtouren mit Studenten in all den Jahren zu keinem einzigen Unfall gekommen ist.

Lehrkörperausflüge machten wir an der PÄDAK wie vorher schon an der LBA oft auch nach Südtirol. Und da war Reinhold Stecher als ausgezeichneter Kenner Südtirols in seinem Element. Sehr oft verdankten wir ihm ausgezeichnete Vorschläge für diese Ausflüge. So erinnere ich mich noch an einen sehr schönen Ausflug im Herbst ins Fischleintal, wo er Erklärungen und Erläuterungen zur umgebenden Bergwelt geben konnte, zumal er ja auch hier so manchen Berg selbst bestiegen hatte. Leider spielte aber oft das Wetter nicht mit. Einmal war auch wieder eine Wanderung in Südtirol vorgesehen. Schon bei der Abfahrt in Innsbruck regnete es sehr stark, und ab dem Brenner wurde es auch nicht besser, sodaß eine Wanderung sinnlos gewesen wäre. Da schlug er vor, nach Kastellaz bei Tramin zu fahren. Dort machte er dann eine für ihn unvorhergesehene und daher unvorbereitete, aber ausgezeichnete Führung in der Kirche St. Jakob in Kastellaz, wobei er alle romanischen Fresken bis ins kleinste Detail erklären konnte. Ein professioneller und vorbereiteter Reiseführer hätte es nicht besser machen können. Bei Südtirol konnte Reinhold Stecher überhaupt aufgrund seiner profunden Kenntnis des Landes und seiner Geschichte immer aus dem vollen schöpfen. Wenn wir dann zum Abschluß eines solchen Ausflugs einkehrten, ging es immer sehr lustig zu, und Reinhold Stecher trug mit seinem Humor dazu wesentlich bei.

Als Reinhold Stecher 1981 *Bischof* wurde, war dies ein großer Verlust für die Pädagogische Akademie. Für mich persönlich war ein Freund weggegangen. Bei der Abschiedsfeier am 15. Januar 1981 konnte ich ihm nur für die vielen gemeinsamen Jahre danken. Er selbst antwortete mit einer für ihn typischen launigen, humorvollen Abschiedsrede, die uns einerseits wegen des Rückblicks und Ausblicks tief beeindruckte, anderseits aber trotz der Wehmut des Abschieds infolge des humorvollen Tons auch heiter stimmte. So meinte er: Er werde niemals eine »Exzellenz« sein und »Herr Bischof« klinge doch auch recht gut.

Wie groß die Wertschätzung Reinhold Stechers war, zeigte sich besonders beim abendlichen Empfang, an dem Landeshauptmann Eduard Wallnöfer, der zuständige Sektionschef März vom Ministerium und viele einflußreiche Personen aus Stadt, Land und Bund anwesend waren. Reinhold Stecher ging von Tisch zu Tisch und kam schließlich auch an unseren Tisch, an dem ich mit Kollegen aus Vorarlberg saß, die zum Teil Kriegskameraden gewesen waren. Als er zu diesen mit einer Handbewegung zu mir her sagte, daß ich an der PÄDAK sein Chef gewesen sei, antwortete ich, daß aber jetzt er mein Chef sei, nämlich in der Kirche, was mit Heiterkeit zur Kenntnis genommen wurde. Damals stellten wir im Gespräch fest, daß wir insgesamt 24 Jahre gemeinsam an derselben Schule gewesen waren.

Eine für mich besonders schöne Seite unserer Beziehung war die persönliche Freundschaft, wie sie sich im Lauf der Zeit herausgebildet hatte. Es gab gegenseitige Einladungen mit anregenden Gesprächen und oft auch lebhaften Diskussionen. Dieser Gedankenaustausch, oft von verschiedenen oder sogar gegensätzlichen Anschauungen ausgehend, war für mich immer eine persönliche Bereicherung.

Berührend war für mich auch seine große Liebe zu seiner Mutter. So erzählte er auch einmal von dem Tag seiner Verwundung im hohen Norden. An jenem Tag verließ seine Mutter am Morgen die Servitenkirche, ging aber in diese sofort wieder zurück und betete, weil sie so eine große Sorge im Herzen spürte. Daß Reinhold Stecher genau zu dieser Stunde verwundet und deswegen von der Front abgezogen wurde, hat ihm das Leben gerettet. Er nahm nicht nur an meinem persönlichen Leben Anteil, sondern schätzte auch die Tätigkeit meiner Frau, die Kinderärztin in der Mutterberatung und als Schulärztin und Lehrerin medizinischer Fächer in den Schulen der Caritas tätig war. Er hat auch unsere ältere Tochter getraut und zum Teil ihre Kinder getauft. Die jüngere Tochter hat die PÄDAK besucht und die Hausarbeit und mündliche Lehramtsprüfung bei ihm gemacht. Er nahm aber auch weiterhin am Leben unserer Familie Anteil. Mir persönlich stand er jederzeit mit Rat zur Seite, wenn ich ihn um einen solchen bat. Ich freute mich immer, wenn er kurz bei mir vorbeikam und fragte, wie es gehe.

Das Bild seines Wesens wäre absolut unvollständig, wenn ich nicht seinen *Humor* erwähnen würde, der meiner Meinung nach ein Teil seiner positiven, gläubigen und vertrauensvollen Lebenseinstellung ist. Dieser Humor hat so manche kritische Situation entschärft, wie Reinhold Stecher auch immer um Ausgleich bei Meinungsverschiedenheiten im Lehrkörper bemüht war. Daß er trotzdem seine feste Überzeugung immer vertrat, war bei ihm selbstverständlich. Rückblickend kann ich nur sagen, daß unsere gemeinsamen Jahre zu den schönsten meines Lebens zählen. Ihr Glanz ist bis heute nicht verblaßt.

HERMANN M. STENGER CSsR

Schöner als die Wirklichkeit

Zeichnen als Lebenszeichen 1941–1946

Im Geleitwort zur Festschrift anläßlich meines eigenen 80. Geburtstags hat Bischof Reinhold Stecher einen »Kammerton« angeschlagen, der unsere Beziehung aufs beste charakterisiert[1]. Uns verbindet eine Übereinstimmung, die sich, schon bevor aus dem Akademieprofessor Reinhold Stecher ein Bischof wurde, angebahnt und nun seit gut zwanzig Jahren bewährt hat. Wir wissen voneinander und bestärken uns gegenseitig in unserem Einsatz für die Belange der Menschen, der Kirche und des Reiches Gottes. Gemeinsam ist uns auch die Zugehörigkeit zu der Generation, die in der Zeit nach dem Ersten Weltkrieg aufgewachsen ist, den Bedrängnissen des Nationalsozialismus ausgesetzt war und den Zweiten Weltkrieg durchlebt und überstanden hat. Zu den historisch-biographischen Gemeinsamkeiten kommt noch eine spezielle hinzu: die Leidenschaft des Zeichnens, die bei mir allerdings nur bis 1947 »Früchte« trug. Die Wiedergabe einiger von ihnen möchte ich in diesem Beitrag Reinhold Stecher zum 80. Geburtstag widmen.

Das Zeichnen hatte für mich während des Kriegs und der Gefangenschaft eine ungewöhnliche lebens- und glaubensfördernde Bedeutung[2]. Was ging vor sich, wenn ich den Bleistift spitzte und mir einen günstigen Platz gegenüber dem gewählten Objekt suchte? Durch Entspannung und Sammlung, durch Zur-Ruhe-Kommen und Sich-Konzentrieren gelang es mir bisweilen, die Öde der Etappe wie die Turbulenz der Front und später den Stacheldraht des Gefangenencamps hinter mir zu lassen und in einen Raum des Friedens und der Freiheit, der kreatürlich-kreativen Freude und der Erlösungszuversicht einzutreten. Ich verspürte die Wohltat des gelassenen Verweilens und des liebevollen Berührens und Erkennens der Dinge. So entstanden Skizzen wider den Tod und den banalen kriegsbedingten Alltag. Ich hielt etwas in Händen, was schöner und mehr war als die vordergründige Wirklichkeit, die mich umgab[3]. Dieses Zeichnen war keine Beschwichtigung und keine Flucht, sondern die Ermöglichung von wahrhaftigem Trost, eine Bestätigung des Satzes »Gott sah alles an,

was er gemacht hatte: Es war sehr gut« (Gen 1, 31) und ein Vorge-
schmack der »neuen Erde« (vgl. Offb 21, 1). Und noch etwas geschah:
Es entstand eine Liebe zu den Orten und den Ländern, in denen sich
die gezeichneten Dinge befinden, und zu den Bewohnern dieser Gegenden und ihrer Lebensweise; eine Liebe, die bis heute anhält.

Wenn ich nach mehr als einem halben Jahrhundert die Zeichnungen von damals anschaue, sehe ich in ihnen das Ergebnis gegen-
ständlicher Meditationen[4]. Auf diese Weise erfuhr ich die »Heilig-
mächtigkeit des Daseins«[5]. Das Zeichnen trug dazu bei, daß mein Leben nicht ein bloßes Vegetieren wurde. Es war unter mehreren Möglichkeiten, von denen hier nicht die Rede sein kann, eines der Elemente, das mich befähigte, den Anfechtungen durch Lebens- und
Glaubensekel widerstehen zu können.

ANMERKUNGEN

1   Vgl. Geleitwort, in: F. Weber u. a. (Hgg.), Im Glauben Mensch werden. Impulse für eine Pastoral, die zur Welt kommt (Fs. H. Stenger). Münster 2000, 9.

2   Zwischen 1941 und 1947 entstanden schätzungsweise 200 Zeichnungen. Die wiederge-
gebene kleine Auswahl ist nach Ländern geordnet: Ukraine, Frankreich (Bretagne, Provence, Normandie), England. Wer diese Zeichnungen betrachtet, sollte daran denken,
daß sie samt und sonders auf einem Hintergrund des Grauens und der lähmenden Un-
gewißheit entstanden sind: 800 km zu Fuß (!) von der Slowakei durch Polen in die
Ukraine (Sommer 1941); Vormarsch der Vernichtung über Uman, südlich von Charkow,
an den Dnjepr; Überquerung im Sturmboot bei Krementschug; Erstarren der Front im
Winter 1941/42; Verwundung bei Isjum am Donez; Erkrankung an Typhus im Lazarett
in Prag; ab 1943 Einsatz im Westen: Bretagne, Provence; aus der Hölle von Falaise er-
rettet durch Verwundung und Gefangennahme; ›Prisoner of war‹ in England bis Februar
ar 1947. Vgl. dazu die beiden zeitgeschichtlichen Werke von P. Carell, Unternehmen
Barbarossa. Der Marsch nach Rußland. Hamburg [9]1998; sowie: ders., Sie kommen! Die
Invasion 1944. Hamburg 1995.

3   Mit dem Slogan »Schöner als die Wirklichkeit« warb im Jahr 2000 ein Erlebnisunterneh-
men in Österreich.

4   Vgl. A. u. W. Huth, Praxis der Meditation. München 2000, bes. 40-90.

5   Vgl. H. Stenger, Religiöse Daseinserfahrung und offenbarungsgebundene Glaubenserfahrung, in: ders., Verwirklichung des Lebens aus der Kraft des Glaubens. Freiburg
[2]1989, 22-36.

Kapitalowka bei Isjum am Donez (Ukraine), 10. Juni 1942

Locarn bei Carnac (Bretagne), 13. Juni 1943

Locarn bei Carnaix (Bretagne), 13. Juni 1943

Norrey im Kessel von Argentan-Falaise (Normandie), 16. August 1944

An der bretonischen Küste bei Neis-vran, Nai 1943

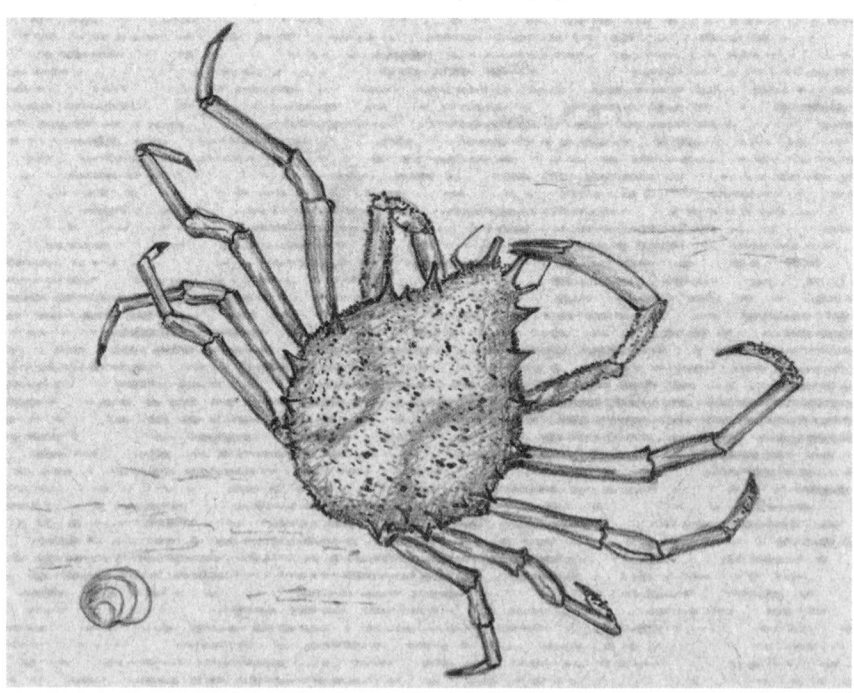

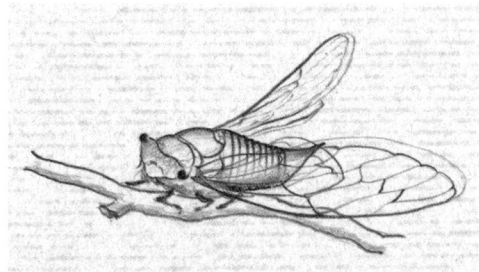

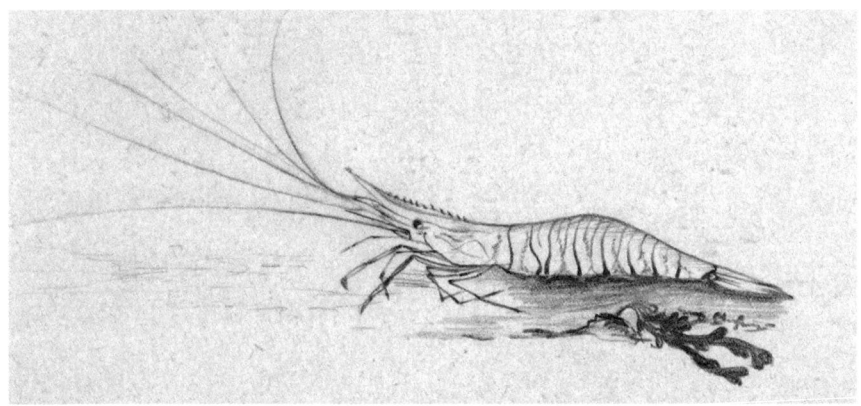

St. Bauzille bei Sète (Provence), 20. Juni 1944

Camp 1, Windermere (England), 11.September 1944

Ingeborg und Paul Ladurner

»Das Stecherle«

Wechselnde Pfade, Schatten und Licht

Unsere Beziehung zu Reinhold Stecher hat mehr als ein halbes Jahrhundert überdauert. Im Jahr 1949 kamen sie beide ins Bischöfliche Gymnasium Paulinum: der junge Priester Reinhold Stecher als Präfekt, der schüchterne Bub Paul Ladurner als Zögling. Seither ist der Kontakt nicht mehr abgerissen. Reinhold Stecher hat uns getraut, unsere Kinder und Enkel getauft und uns begleitet. Von unserer Familie kennt er fünf Generationen. Er hat uns viele Fenster aufgemacht – Fenster zur Welt und Fenster zu Gott.

»Stecherle, Stecherle!« (es ist etwa 30 Jahre her:) Im Fond unseres Autos bricht frohes Chaos aus. Unsere drei Kinder haben den flinken Radler entdeckt, kurbeln die Fenster hinunter, hängen die Köpfe und Händchen hinaus, winken und schreien laut über die Straße: »Stecherle, Stecherle!«

»Stecherle« – so nannten sie ihn einfach, als sie klein waren. Und dieses Wort stand nach ihrem Empfinden für so etwas wie »das vierte, nicht besonders brave Kind der Familie«, aber auch für einen lieben Onkel, einen witzigen Spielgefährten und den Zeichner der Gute-Nacht-Geschichten, die der Papi im Urlaub erfand. Er war für sie ein guter Kumpel, mit dem sie sich auf Ausflügen Tschurtschen- und Kuhfladenschlachten lieferten, ein fröhlicher Sänger, von dem sie viele ernste und heitere Lieder lernten. »Wechselnde Pfade, Schatten und Licht« etwa, oder das Mozart-Alleluja sangen sie begeistert mit ihm, und besonders lustvoll die kecken Moritaten wie »Sabinchen war ein Frauenzimmer«; und in den vielleicht gar nirgendwo aufgeschriebenen alten Gstanzln, die er den Kindern beibrachte, lebte der Bäcker aus Klausen auf, sein geliebter Südtiroler Großvater, der sich in Innsbruck niedergelassen hatte und der mit seinem vielsagenden Augenzwinkern und seinem unwiderstehlichen, hintergründigen und fallweise ein wenig respektlosen Humor die Kindheit der Stecher-Buben verklärt und ihr Kirchen- und Klerusbild lachend entzaubert hatte.

»Das Stecherle« bedeutete für unsere Kinder auch den kameradschaftlichen Priester, der so gut vom lieben Gott erzählen und Natur-

und Gotteserlebnis so selbstverständlich verbinden konnte. Er war der absolut verläßliche Bergführer, dem die drei vertrauensvoll auf Klettersteige folgten, so, daß die dünnen Kinderbeine Erstaunliches leisteten und jegliche Ängstlichkeit der Gipfelfreude wich.

Uns junge Eltern, die sich alle oder zuviel Mühe mit dem Erziehen gaben, entlastete er, indem er manche Sorge relativierte: »Alles ist Phase – und Phase heißt Vorübergang«, oder: »Erzieher brauchen nicht fehlerlos zu sein, wenn die Grundhaltung stimmt, dann paßt es.«

Im Gegenzug zu seiner Hilfe erlebte er jene »gesunden Abreibungen«, die keinem Mitglied einer Familie erspart bleiben und denen kein Seelsorger entkommen können sollte. Die größer werdenden Kinder stellten beinharte Fragen und sparten nicht mit Witzen und nüchternen Feststellungen, bis hin zur trockenen Bemerkung unserer Jüngsten anläßlich seiner Ernennung: »Daß du's nur weißt, mir ist es wurscht, daß du jetzt Bischof bist, für mich bleibst du der Reinhold.«

Vom Bischofsamt hatte in früheren Jahren auch seine herzensgute, fromme, aber keineswegs autoritätsgläubige Mutter gesprochen – allerdings selten und wenn, dann in spitz anzüglichem, beinahe geringschätzigem Ton. Wenn ihr irgend etwas an ihrem Sohn nicht so recht paßte, dann sagte sie: »Das kannst' einmal machen, wenn du Bischof bist!«

Die durch schwere Zuckerkrankheit erblindete Mama, die er jahrelang liebevoll umsorgte, hat es nicht mehr erlebt, daß ihre Drohung wahr und er das wurde, was er überhaupt nicht wollte. Wenn er in den Monaten vor seiner Bischofsweihe in einer stillen, dunklen Kirche saß oder bei einer Bergtour, allein vorauseilend, sich vergaß, konnte man an seiner bockigen Körperhaltung und seinem heftigen Gestikulieren ablesen, daß alles in ihm auf Abwehr und Widerspruch stand. Und doch: Dem vehementen Wunsch von Kirchenvolk und Klerus konnte er sich nicht entziehen. Wechselnde Pfade, Schatten und Licht ...

Und so war er dann Bischof – und genauso glaubwürdig wie zuvor in der Jugendarbeit, als Beichtvater und beim Unterricht an der Pädagogischen Akademie. Sein Wort ließ aufhorchen, sein Auftreten verbreitete eine Atmosphäre der Zuversicht. Und so ist es bis heute geblieben.

Ein Volltreffer, könnte man sagen, ein Glückskind, mit Talenten überschüttet, ein Volksredner, aus spiritueller Tiefe schöpfend, ausgestattet mit Witz, Schlagfertigkeit und Hausverstand, ein geistiger Hochgeschwindigkeitszug mit dem verläßlichen Motor Sachwissen und dem Treibstoff Begeisterung, ein Maler, ein Dichter ... ja, gewiß also einer, der auf die Butterseite des Lebens gefallen ist? Ja und Nein! Wechselnde Pfade, Schatten und Licht ... Neben dem Leichten war auch das Schwere (manche Predigten und Briefe hat er fünf- oder sechsmal neu geschrieben!), neben dem Hellen war auch das Dunkle, das Verhängte, das Verhängnis: der frühe Tod des Vaters (Reinhold war sieben Jahre alt), eine Jugend in finanzieller Enge (sein bildungsbeflissener Vater hatte vergessen, seine eigene Gehaltserhöhung als Schulinspektor zu beantragen, so daß die Witwenpension sehr klein ausfiel; zudem verzichtete die friedliebende Mutter auf den Großteil ihres eigenen Familienerbteils), die Inhaftierung durch die Nazis, ein Hundeleben als Soldat, der ganze Krieg, der ihm zudem seinen kongenialen jüngeren Bruder entriß, ... das Kranksein der Mutter, das ihm viel zu schaffen machte, bis die wunderbare, bescheidene Anna Entlastung und Geborgenheit in den Stecher-Haushalt hineinbrachte, ... später dann ein restriktiver Kirchenkurs, der dem Seelsorger in die Seele hinein weh tat.

Zu seiner Auseinandersetzung mit dem Dunklen gehört der Zorn – als Schubkraft (siehe »Anderl von Rinn«), als durchaus ernst zu nehmende Lebensenergie, fallweise wohl auch als Hindernis, wo sich der Trotz dazumischt. Seine Mutter erzählte: »Wenn ich den kleinen Zornbinggl in die Ecke gestellt und nach einiger Zeit gefragt hab', ob er wieder heraus möchte, war die dickschädlige Anwort meistens ›noch nicht‹!« Und solche Langzeitheilungsphasen sollte es wohl auch im späteren Leben manchmal geben.

Schatten und Licht ... Ein anderer Selbstheilungsmechanismus wird bei ihm wirksam, wo der Zorn das Ventil zur Karikatur öffnet, ein gesundes Mittel, befreiend für ihn und die anderen, bei Sitzungen in Rom oder auf Bischofskonferenzen ... Oft ist er nicht nur ein Meister des erlösenden Wortes, sondern auch der erlösenden Zeichnung: Schatten und Licht ...!

Immer sucht er nach dem Licht, manchmal schalkhaft witzig wie ein Kind, das Lichtfunken einfängt – manchmal in schmerzhafter Auflehnung, wenn er unverständlich Schicksalshaftes mit Menschen teilt und alle Kraft aufbietet, um gegen die Finsternis der Resignation die kleine Laterne »Sinn« anzuzünden.

Seine bäuerliche Abstammung hat den hochintellektuellen Denker vor weltfremden Gedankenkonstrukten bewahrt und auf dem gefurchten Ackerboden der Wirklichkeit feststehen lassen. Der Bauer in ihm, »das Stecherle«, weiß, daß alles nur durch die lebensspendende Kraft des Lichts gedeihen kann. Daher sein lebenslanges Ringen um das Licht, das sich in seinen Bildern widerspiegelt: Immer bricht das Licht durch, als kleiner zaghafter Strahl aus der Wolkendecke oder in Fülle die Landschaft überschwemmend. Wechselnde Pfade, Schatten und Licht ...

Ein Architekt neuer kirchlicher Strukturen konnte »das Stecherle« nicht sein, aber ein begnadeter Beleuchter des Wesentlichen und für viele ein kleiner, gedrungener Leuchtturm, der unermüdlich und standhaft helle Hoffnungszeichen aussendet: »alles ist Gnade, fürchte dich nicht!«

Andreas R. Batlogg SJ

Reinhold Stechers Verbundenheit mit Jesuiten

Als Ministrant soll Reinhold Stecher, wie der jetzige Abt von Wilten zu berichten weiß, von einem Prämonstratenser, dem legendären Pfarrer von Wilten und Prior des Stifts, Dominikus Dietrich, umworben worden sein: »Reinhold, kimm zu ins, nåcha wearsch Prälåt!« (Reinhold, komm zu uns, dann wirst du Prälat.) – Ähnliche Versuche von seiten der Jesuiten sind nicht überliefert. Aber ›schlecht gefahren‹ ist Reinhold Stecher mit Jesuiten offenbar nicht, schaut man seine Bezugnahmen auf die Gesellschaft Jesu und einzelne Jesuiten an. Es bestand und besteht gegenseitiges Vertrauen, was für einen Bischof nicht unbedingt selbstverständlich ist. Daß Reinhold Stecher beim Doppeljubiläum der Gesellschaft Jesu 1990/91 – 450 Jahre Bestätigung des Ordens und 500. Geburtstag des hl. Ignatius von Loyola – am 4. Oktober 1990 im Festsaal der Österreichischen Akademie der Wissenschaften in Wien den Festvortrag hielt, war Ausdruck dieser lebenslangen Verbundenheit, die bis heute anhält.

In diesem später mehrfach abgedruckten Vortrag erinnert der Bischof von Innsbruck an die Anfänge seiner Kontakte mit Jesuiten. Sie begannen im »Beichtstuhl, in dem ich zum ersten Mal einen lachenden Beichtvater erlebte, als ich, der Zehnjährige, hineintrat und meine Wut gegen einen langweiligen Katecheten als ›Sünde gegen den Heiligen Geist‹ beichtete.«[1] Die Episode kam dem fast 70jährigen in den Sinn, als er zur Vorbereitung auf seinen Vortrag in einer der Bänke der Dreifaltigkeits- bzw. Jesuitenkirche saß, »die ich schon als kleiner Schüler des Akademischen Gymnasiums gedrückt hatte«[2]. Die Methode aus den Exerzitien, sich einen Schauplatz zu erstellen (»compositio loci«), indem man sich eine Szene aus dem Evangelium anschaulich vorstellt und phantasievoll ausmalt, scheint Reinhold Stecher in Fleisch und Blut übergegangen zu sein. Viele seiner Predigten und Schriften sind, wie der Wiener Vortrag, nicht am Schreibtisch, sondern unterwegs oder an ganz bestimmten Orten (am »Schauplatz« sozusagen) entstanden. Sie atmen nicht selten den »Genius loci«. Kein Wunder also, daß der Bischof eine Reise in seine Lebensgeschichte antrat: »Unter mir die stillen Räume der Krypta, mit den Gräbern meiner ver-

ehrten Lehrer und Erzieher, eines Josef Andreas Jungmann, eines Karl
Rahner und vieler anderer. Es gibt Krypten in großen Domen, in denen mehr Prominenz versammelt ist, aber nicht viele, in denen so viel
Geist ruht wie in der Krypta der Jesuiten in Innsbruck. Neben mir,
Wand an Wand zur Kirche, die Säle der Theologischen Fakultät, in denen wir noch in gemessenem Latein uns allwöchentlich in den Dis-
putationes scholasticae übten, eine Welt des Geistes, die einen gehei-
men Bezug zur beherrschten, kühlen Architektur dieser Kirche hat.«[3]

Die Krisenfestigkeit des Ignatianischen Kirchenengagements

Damit sind Namen und Orte genannt, die für Reinhold Stecher Bedeutung haben. Jesuiten stehen an seinem Lebensweg. Als Kind, als
Jugendlicher, als Seminarist und Kriegsteilnehmer, als Seelsorger und
Spiritual am Priesterseminar, als Religionspädagoge und ab 1981 als
Bischof hatte Reinhold Stecher mit Jesuiten und mit der Spiritualität
ihres Gründers zu tun. Er geniert sich nicht dafür; genausowenig wie
er meint, sich von diesem sein Leben prägenden Umstand ironisch distanzieren oder sonstwie emanzipieren zu müssen. Wie fremd auch
immer der Gründer der Gesellschaft Jesu, Ignatius von Loyola (1491
bis 1556), heute noch manchen in der römisch-katholischen Kirche
erscheinen mag: Reinhold Stecher schätzt »die verhaltene Glut des Iñi-
go de Loyola« und hält sie in einer Zeit der religiösen Sehnsüchte für
durchaus »aktuell: Sowohl gegen das mystische Defizit als auch gegen
die mystizistische Übertreibung.«[4] Außerdem imponiert ihm an Ignatius, der die Anfänge der Reformationszeit miterlebte, daß seine Spiritualität »stärker war als die damalige Kirchenkrise«; sie könne deswegen als »ein unüberhörbarer Appell für unsere Zeit« gelten: »Wir hätten einige Nachhilfestunden bei Ignatius nötig. Die Krisenfestigkeit
des Ignatianischen Kirchenengagements lag einfach darin, daß sein
Glaube in den Tiefen des Ewigen begründet war. ... Seine Spiritualität,
in der die Kirche eine so große Rolle spielte, könnte so manchem Kir-
chenfrustrierten unserer Tage ein Hinweis sein, in welche Richtung
die geistliche Entfaltung gehen müßte, wenn es aus irgendeinem
Grund für ihn in der Kirchengemeinschaft schwierig wird.«[5]

Ein drittes Kompliment schließlich, das Reinhold Stecher dem
Heiligen macht, gilt der »Spiritualität der Nüchternheit«, auch wenn sie
»später in Richtung einer Überbetonung der Ratio über die Stränge ge-
schlagen haben (mag); aber trotzdem: Ich wünschte sie mir heute oft
in der Kirche. Die Mutter Kirche braucht nun einmal in ihrer Heils-

küche diesen Kühlschrank der Rationalität, damit die Milch der frommen Denkungsart nicht sauer wird.«[6] Wenn man an die vielen öffentlichen Stellungnahmen Reinhold Stechers denkt, etwa jene als österreichischer ›Caritasbischof‹ – in der »Zeit im Bild 2« am 20. November 1990 übte er unverhohlen Druck auf die Bundesregierung aus, die Tausende rumänische Flüchtlinge aus Österreich abschieben wollte, was ihn von der »bösen Sache Deportation« sprechen ließ (Innenminister Franz Löschnak zeigte sich empört)[7] –, dann kann man nachvollziehen, daß für ihn rationale Argumentation anstelle von bloßer Emotion wichtig waren, so sprühend und wortschöpferisch er auch sein kann.

Jesuiten als Feindbild eines Regimes

Die schon als Kind und Jugendlicher erlebte Nüchternheit half vielleicht auch über die Grauen des Zweiten Weltkriegs hinweg. Was die ideologische Indoktrination beim Reichsarbeitsdienst im Außerfern nicht verhindern konnte und die Einberufung zur Wehrmacht nur verzögern sollte, war der Wunsch, Priester zu werden. Im Herbst 1939 begann Reinhold Stecher mit dem Theologiestudium, das damals – nach Aufhebung der Theologischen Fakultät im Sommer 1938[8] und des Canisianums im Herbst 1939 durch die Nationalsozialisten – »einen etwas abenteuerlichen und improvisierten Charakter«[9] hatte. Die Seminaristen waren bis zum »Hinauswurf durch die Gestapo«[10] im heutigen Haus St. Michael in Matrei am Brenner untergebracht und wurden dann auf Bauernhöfe in Schöfens, Matrei und im Navistal verteilt. Als Teilnehmer an einer Protestwallfahrt gegen die Schließung von Maria Waldrast wurde Reinhold Stecher verhaftet: wochenlange Einzelhaft und stundenlange Verhöre, kein Rechtsanwalt, kein Richter. Als »Politischer« unter Schwerverbrechern landete er schließlich, keine 200 Meter von zu Hause entfernt, im Gestapogefängnis, ständig mit der Angst konfrontiert, ins KZ überstellt zu werden. »Im letzten Moment«, erinnert sich Reinhold Stecher, »kommen wir aber doch noch von der Liste weg.«[11] Die Feststellung mag überraschen, sagt aber etwas über die in der Haft empfundene Todesangst aus: »Ich empfinde die Einberufung zur Wehrmacht, die mich ja an irgendeine Front werfen wird, zunächst als Schutz vor dem unmittelbaren, gefürchteten Zugriff der Gestapo, vor dem KZ.«[12]

Anders als sein jüngerer, heißgeliebter Bruder Gottfried, der kurz vor der Kapitulation fiel, kehrte Reinhold Stecher aus dem Krieg

zurück, als einer von wenigen Überlebenden seiner Gebirgsjäger-
kompanie in der Schlacht vom Ilmensee im Winter 1941/42 bei mi-
nus 42 Grad Celsius, die über 30.000 Menschen das Leben gekostet
hatte. Am Karfreitag 1942 war er verwundet worden: »Der sibirische
Scharfschütze auf der anderen Seite ist mein größter Wohltäter: Er
schießt mich aus der Hölle heraus.«[13] In der Universitätsklinik in Kau-
nas/Litauen wird er verarztet. An »einen dramatischen Augenblick« erinnert er sich, der ihm bewußtmacht, was das NS-Regime von Jesuiten hielt: »Eines Tages kommt höchster Besuch: Alfred Rosenberg,
Reichsleiter für die besetzten Ostgebiete. Und wie es der Zufall will,
besucht er nur unseren Saal mit etwa 20 Verwundeten. Ich weiß, daß
dieser Mann, umgeben von einem Troß goldbetreßter Generale, der
große Schreibtischtäter im Haß gegen Juden und Kirche ist. Und ich
weiß noch etwas: Irgendwo in seinem Werk macht er im Zusammenhang mit einem Angriff auf den Innsbrucker Philosophicprofes-
sor P. Donat SJ eine sehr negative Bemerkung über die verdächtige
Rassenvermischung der Tiroler. Ich bin der letzte in der Reihe der
Verwundeten. Rosenberg fragt jeden das gleiche: ›Wo kommen Sie
her? Was haben Sie für einen Beruf?‹ Ich habe mein Nachtkästchen
aufgeräumt und auf ihm nur die Heilige Schrift liegen lassen, weithin
erkennbar an Kreuz und Einmerkbändchen. Rosenberg kommt heran,
umgeben von der ritterkreuzblitzenden Goldkragenwolke. Er hat einen unguten Blick, kalt und unstet. Und dieser Blick fällt auf die
Schrift. Er ist irritiert. ›Wo sind Sie her?‹ fragt der Reichsminister. Ich
schaue ihn an und sage. ›Aus Tirol!‹ Da dreht er sich brüsk um und
geht. Die zweite Frage stellt er nicht mehr. Wahrscheinlich hat er etwas geahnt. Mir ist damals durch den Kopf geschossen: Mit dir möchte ich nicht sterben. Alfred Rosenberg ist in Nürnberg gehängt worden. Es bleibt für mich die einzige Begegnung mit einem Mächtigen
jener Zeit.«[14]

Josef Donat SJ (1868–1946) hatte von 1903 bis 1938 an der Theologischen Fakultät Innsbruck Kosmologie und Psychologie doziert
und war dem Canisianum von 1932 bis 1937 als Rektor vorgestanden.
Auf die zweifelhafte Ehre, vom NS-Chefideologen in dessen pseudo-
wissenschaftlichen Werk »Der Mythus des 20. Jahrhunderts« zitiert zu
werden, hätte er vermutlich gern verzichtet. Es ging Rosenberg dabei
natürlich nur um den Nachweis, daß Jesuiten für ein blindes Glau-
bensverständnis anstelle von strenger Wissenschaftlichkeit einträten,
eine Polemik, die sich von selbst erledigt[15].

Eines war aber klar, und in Tirol wütete der Kirchenkampf ja besonders stark: Mit Jesuiten in Verbindung gebracht zu werden, war während der sieben Jahre braunen Terrors kein Vorteil, wenngleich die bei den Nationalsozialisten übliche Kurzformel »Juden – Freimaurer – Jesuiten« erst nach dem Krieg bekannt wurde: »Mit diesen Staatsfeinden sollte spätestens nach dem großen Endsieg abgerechnet werden.«[16] Da die Hitlerjugend immer mehr zur Staatsjugend gedrillt wurde, mußte die Marianische Kongregation natürlich als staatsfeindliche Vereinigung gelten, die ins Visier verschiedenster Behörden geriet. Wer dort ein und aus ging – Reinhold Stecher erinnerte bei einer Gedenkfeier für die Judenpogrome in Innsbruck mit Hochachtung an die MK in der »Sillgasse, wo unter der Obhut der Jesuiten unser Jugendreich gewesen war«[17] –, galt als besonders geimpft gegen die NS-Ideologie.

Der Jesuitenkaffee und ein anderer Hunger

Anfang Oktober 1945 war die Theologische Fakultät Innsbruck wiedereröffnet worden, wobei ihr erster Nachkriegsdekan Hugo Rahner SJ eine flammende Rede hielt und u. a. dazu aufrief, »jetzt ... zu retten, was von abendländischer Kultur übrigblieb«[18]. Das Canisianum wurde im Lauf des Herbstes wiederbesiedelt. Im Dezember trat der 24jährige Reinhold Stecher in das internationale Theologenkonvikt ein und nahm die sechs Jahre zuvor begonnenen Studien wieder auf. Bei einer Gedenkstunde erinnerte er sich als Bischof: »Ganz Innsbruck lag in Trümmern, der Dom war eingebombt, die Jesuitenkirche zerstört. Hier im Canisianum sind wir in ein völlig intaktes Haus eingezogen.«[19] Warum? Die Amerikaner hatten von einer Bombardierung abgesehen, nachdem ein Offizier der US-Army, selbst Altcanisianer, 1942 das Hauptquartier der Air Force davon hatte überzeugen können, daß es sich bei dem von den Nationalsozialisten 1938 beschlagnahmten, im Innsbrucker Volksmund »Pfaffenburg«[20] genannten Gebäude nicht um eine NS-Zentrale, sondern um ein (u. a. mit viel amerikanischem Geld erbautes) Priesterseminar der Jesuiten handle: »Und daraufhin zog ein Stabsoffizier um das Canisianum einen großen Kreis, der den Großteil des ganzen Saggens umfaßt hat. In diesem Kreis war am Ende des Krieges nicht eine Fensterscheibe kaputt.«[21]

Trotz der schlimmen Erfahrungen in der ersten Hälfte der 40er Jahre blieb Reinhold Stecher ein humorvoller Mensch. Entsprechende Anekdoten hat er gern selbst weitergegeben. Er berichtet zum Beispiel, wie er einen etwas naiven amerikanischen Konviktor verwirrt habe. Der hatte zum ersten Mal in seinem Leben einen Wiltener Prämonstratenser gesehen und gefragt, was denn das für ein Orden sei: »Ich sagte ihm, es handle sich hier um Jesuiten, die in der Bäckerei arbeiten.«[22] Derselbe Amerikaner habe auch »gläubig zur Kenntnis genommen«, daß es sich bei den Kolonnaden Giovanni Lorenzo Berninis auf dem Petersplatz in Rom um »ein hochinteressantes Bauwerk«, nämlich um »die Stallungen für die päpstlichen Bullen«[23] handle.

Reinhold Stecher verschweigt nicht, daß er als Kriegsheimkehrer die Atmosphäre im Canisianum als eng empfunden hat. Er nahm manche Kleinlichkeit von Jesuiten in Kauf, weil er auch auf »Seelenführer und Beichtväter der Gesellschaft Jesu vom Schlage eines P. Dander als wahre Seelenärzte« stieß: »Sie haben Güte, Klugheit, Erfahrung mit einer tiefen theologischen Grundlage vereinigt.«[24] Am meisten jedoch trug ihn die Christozentrik des Canisianums: »und dagegen tritt alles andere, was man heute als unmöglich und überzogen disziplinär und Einschränkung der Identität und ich weiß nicht was bezeichnen würde, in die Reihe des mehr oder weniger Belanglosen zurück, auch wenn wir damals über manches etwas den Kopf geschüttelt haben.«[25] Im nachhinein habe er sich »oft gedacht, daß es für die Vorgesetzten und Spirituale nicht leicht gewesen sein muß, mit uns, diesen heimgekehrten Landsknechten, zusammenzuleben«, denen, zumal anfangs, »eben jedes Feingefühl abging.«[26] Doch obwohl ihm »die doch ziemlich autoritäre Führung von Haus und Kirche« seltsam und überholt vorkam, überwog »eine fundamentale Zufriedenheit«: »Für uns war die Tatsache, in einem Bett schlafen zu dürfen und nie zur Wache aufstehen zu müssen, ein absolutes Neuheitserlebnis. Im Jahr vorher hatte ich auf 3600 km kaum je die Schuhe weggebracht und immer auf dem bloßen Boden geschlafen. Ein Bett war der Traum der Träume.«[27] Der Lebensstandard im Canisianum – Innsbruck zählte zur französischen Besatzungszone – war noch bescheiden: Aber »der hier gebotene Jesuitenkaffee, der auch nicht gerade nach Eduscho roch, war Nektar gegenüber dem schwarzen Gebräu, das sie in der deutschen Wehrmacht wahrscheinlich aus Maikäfern herstellten.«[28]

Die fundamentale Zufriedenheit hat nach den jahrelangen Erlebnissen in den Schützengräben und Bunkern zu tun mit einem »anderen Hunger: Wir wollten studieren. ... Und es ging bei den Gebrüdern Rahner, bei Dander und Mitzka, Lakner und Gaechter die reine Welt auf.«[29] Diesbezüglich war Reinhold Stecher regelrecht ausgehungert.

»Und es war einfach so, daß das Kostbarste die genannten Persönlichkeiten waren. Sie repräsentierten eine Einheit von Glaube und Wissen, von Ergriffenheit und Sachlichkeit – und wenn ich mich heute in der Kirche umschaue – bis hinauf in höhere Etagen – es gab damals ein theologisches Niveau.«[30]

Begegnungen mit Karl Rahner

Seinen eigenen theologischen Horizont konnte der kurz vor Weihnachten 1947 zum Priester Geweihte in einem Doktoratsstudium erweitern. Reinhold Stecher schrieb bei dem von Studenten »Rabbi Hofbauer« genannten Josef Hofbauer SJ (1892-1972) eine Doktorarbeit im Fachbereich Altes Testament. 1951 wurde er promoviert, seine Dissertation erschien später auszugsweise in der Innsbrucker »Zeitschrift für Katholische Theologie«[31]. Reinhold Stechers Erinnerungen an die Schlußprüfungen sind ambivalent. Denn die »heitere barocke Ausstattung« des Rigorosensaals der Theologischen Fakultät »mit Spiegel und beschwingtem Stuck hatte kein inneres Verhältnis zu seiner Rolle als Prüfungsfolterkammer, als die er vor allem in den gefürchteten zweistündigen Staatsprüfungen in Dogmatik fungierte. Selbst nach glücklich überstandenen Kriegsjahren betrat man den Raum als Kandidat mit gemischten Gefühlen.«[32]

Für zusätzliche Nervosität sorgte ein ihm bis dahin Unbekannter unter den vier prüfenden Professoren. Es war Karl Rahner SJ (1904 bis 1984), der erst seit kurzem wieder in der Tiroler Landeshauptstadt war[33]. »Ihm war die letzte halbe Stunde zugedacht. Er fiel mir in dem lateinisch geführten Disput durch eine gewisse bohrende Hartnäckigkeit der gestellten Fragen auf. Und sein Interesse kreiste um die ›essentia metaphysica gratiae actualis‹. Ich gebe gerne zu, daß er inhaltlich und formal eine bedeutend gewandtere Klinge führte als ich, und es fiel mir auch auf, daß er aus den Gedankenbahnen und Begriffen der geläufigen Schultheologie immer wieder ausbrach, aber schlußendlich gelang es mir doch, meine Rechtgläubigkeit und eine gute Note über die Runden zu retten.«[34] Diese »sicher nicht alltägliche Art der ersten Begegnung mit einem großen Theologen der Kirche«[35] hat sich nicht nur in Reinhold Stechers Erinnerung festgeschrieben. Auch Karl Rahner seinerseits habe »die Betroffenheit nicht verbergen« können, »als ich ihn an diese Prüfungsfrage ein Menschenalter später erinnerte.«[36] Lustig gemacht hat sich Reinhold Stecher darüber nicht, denn »hinter diesem scholastisch monströsen Begriff« steckte ja etwas, wenn auch in einer heute befremdlich anmutenden Terminologie: »Nichts anderes als das Mysterium des uns allzeit begleitenden Gottes, als die Präsenz der Erlösung in unserem winzigen menschlichen Alltag.«[37] Und Reinhold Stecher streut Karl Rahner Rosen, wenn er im selben Zusammenhang meint: »Bei ihm hatte man immer das Gefühl, aus allem Kreisen der Gedanken in die Mitte der Dinge geführt zu werden.«[38]

So überrascht es nicht, daß Reinhold Stecher zu den letzten Besuchern Karl Rahners vor dessen Tod am 30. März 1984 gehört. Sein Verständnis von Diskretion ließ ihn davon erst ein Jahr später sprechen. In einer Osterbetrachtung (1985) schreibt er: »In diesen österlichen Tagen wandern meine Gedanken immer wieder ein Jahr zurück, zu den letzten Besuchen bei Karl Rahner, wenige Tage vor seinem Tod. Diese Gespräche mit dem einstigen Lehrer sind mir unvergeßlich. Es war, wie wenn ein Menschenleben nach langer Reise einem Ziel zustrebte, so wie ein großer, breiter Strom zur Mündung kommt, der alle Windungen, Katarakte und Staudämme hinter sich gelassen und viele Schiffe und die Last der tausend Fragen getragen hat und der sich nun dem großen Meer nähert, wo alles einfach wird. Man saß am Krankenbett, konnte mit einem sehr gelösten, ja fast heiteren Menschen reden – und dabei mußte man an die Bücherstellage zu Hause mit der langen Reihe der Rahnerbände denken, an das gewaltige Wissen und das vielfache Ringen mit den vielfältigen Problemen, die nun einmal diese Epoche dem wachen Glaubenden aufgegeben hatte. Und doch hatte man keinen müden Menschen vor sich, keinen problemzerriebenen, sondern einen sehr gefaßten, mit einer fast fröhlichen Distanz zu sich und seinem Werk (eine Haltung, die einigen seiner harten Kritiker abzugehen scheint). Vielleicht war es das, was diesen großen Theologen so menschlich und sympathisch machte: Daß er zutiefst um die Schwierigkeit, die Mühsal, die Unsicherheit und Gefährdung des Glaubens an Christus in unserer Zeit wußte, und zwar mit einem Wissen, das nicht nur aus einer professoralen Betätigung, sondern aus eigenem Erleiden und Erleben stammte; und daß er andererseits doch das Glück eines Menschen ausstrahlte, der mit seinem Glauben immer wieder nach Hause kommt.«[39]

Reinhold Stecher zelebrierte schließlich (unter Anwesenheit von Kardinal Hermann Volk, Erzbischof Friedrich Wetter sowie der Bischöfe Paul Rusch, Karl Lehmann, Egon Kapellari und Ernst Tewes) am 4. April 1984 das Requiem für Karl Rahner: »Das war ja bei ihm so be-

eindruckend, daß er geistig aus einer so komplizierten, problemüber-
frachteten Welt voller Fragen und Auseinandersetzungen kam und
doch zu dieser letzten persönlichen Schlichtheit des Glaubens fand.
Ihm war zutiefst bewußt, daß heute viele Menschen auf dem Weg
sind, manche näher, manche weitab. Aber er war auch zutiefst davon
überzeugt: Wie vielfältig sich heute die Seitenarme des religiösen Ta-
stens und Suchens verzweigen und verwirren mögen, es gibt doch eine geheimnisvolle Strömung in ihnen, die zum ewigen Meer drängt,
eine Strömung, die wir Gnade nennen und die von jenem Ursprung
ausgeht, der gleichzeitig das Ziel aller Dinge ist«[40] – fürwahr eine kon-
geniale Umschreibung dessen, was Rahner mit der Theorie der ›ano-
nymen Christen‹ auszudrücken versucht hatte.

Die Verbundenheit mit Karl Rahner reichte über dessen Lebens-
zeit hinaus, wie die oben angeführte Bemerkung von den harten Kri-
tikern Rahners andeutet, denen die Distanz abgehe. In der Tat war es
der Bischof von Innsbruck, der den damaligen Provinzial der Österreichischen Jesuiten, Gerwin Komma SJ, dazu aufforderte, in geeig-
neter Weise gegen eine heftige, verunglimpfende Attacke gegen
Rahners Gesamtwerk in der Zeitschrift »Trenta giorni« zu reagieren
und die Angelegenheit nicht einfach schweigend zu übergehen. Was
in einschlägigen Zeitschriften als »Ende eines Tabus« gefeiert wurde,
bezeichnete der Frankfurter Philosoph Jörg Splett später als eine »Ruf-
mordkampagne mit ihrer Filiation Luther-Hegel-[Darwin]-Heidegger-
Rahner«[41]. Lange schwiegen die Jesuiten, bis der Leiter des in Innsbruck ansässigen Karl-Rahner-Archivs, das Rahners wissenschaftlichen
Nachlaß verwaltet, an die Öffentlichkeit trat[42]. Reinhold Stecher fungierte dabei als treibende Kraft im Hintergrund.

Welche Jugendarbeit?

Gute Erfahrungen mit einem Orden schließen nicht aus, daß manche
Entwicklungen und Vorgänge anders gesehen und kritisch kommen-
tiert werden können. Diesen ›Luxus‹ hat sich Reinhold Stecher gelei-
stet, und dabei ist auch schon einmal das eine oder andere harte Wort
gefallen. Der Kurs der Innsbrucker MK (Kennedyhaus) unter Sigmund
Kripp SJ[43] etwa ›inspirierte‹ Reinhold Stecher zu dem in der Folgezeit
vielzitierten Diktum: »Arrupe, Arrupe, wohin steuert deine Truppe?«
(Der Baske Pedro Arrupe SJ war von 1965 bis 1983 Generaloberer des
Jesuitenordens.) Das hier zu übergehen, wäre nicht fair. Erwähnung
findet der Umstand freilich nur, um zu zeigen, daß Reinhold Stecher

sich bei aller Nähe zu Jesuiten seine eigene Meinung bewahrt hat und auch öfter gegen den sogenannten »Mainstream« geschwommen ist, als etwa halb Innsbruck auf Kripps Seite und der seiner Anhänger stand.

Reinhold Stechers Erfahrungen mit Jugendlichen setzen sich aus seinen Jahren im Paulinum und aus jahrzehntelanger Arbeit als begnadeter Religionspädagoge zusammen, der ganze Lehrergenerationen in Tirol geprägt hat. In seinen Erinnerungen an die Zeit im Canisianum taucht nicht von ungefähr die Begegnung mit dem Altcanisianer[44] Joseph Edward Flanagan (1886–1948) auf, der einmal im Canisianum Station machte. Für Reinhold Stecher ist der Gründer der »Boys Town« – Spencer Tracy mimte Father Flanagan 1938 in dem gleichnamigen Film – der »wohl bedeutendste Erzieher der Kirche im 20. Jahrhundert«[45]: Als Flanagan von einem seiner Zöglinge erzählte, der als Wolfskind in Slums aufgewachsen und von ihm aufgelesen und erzogen worden war, wurde er von Canisianern gefragt, wie er dabei vorgegangen sei. Reinhold Stecher in seiner Erinnerung: »Da hat er uns eine Zeitlang angeschaut und einfach gesagt: ›Mit dem bin ich drei Monate lang fischen gegangen ...‹. In 24 Jahren Lehrerbildung habe ich dieses Wort nie vergessen.«[46]

Tiefere Erkenntnisse des Christlichen und des Menschlichen

Begegnungen wie diese ließen sich beliebig erweitern. Hier ging es nicht um erschöpfende Vollständigkeit, sondern nur darum, einige Kontakte mit Jesuiten aufzuzeigen, teils unterirdische Verbindungslinien freizulegen, Bezüge zur Gesellschaft Jesu, die Reinhold Stecher selbst erwähnt hat. Für ihn sind Jesuiten vor allem Wagende in Kirche und Gesellschaft: Wenn er etwa in seiner schon mehrfach erwähnten Rede in einem Tour d'horizon exemplarisch Adam Schall und Mateo Ricci, Sepp von Seppenburg und Eusebius Kino, Adam Tanner und Friedrich von Spee oder einen Pierre Teilhard de Chardin bzw. deren Pioniertätigkeit auf verschiedenen Gebieten am geistigen Auge gleichsam vorüberziehen läßt: »Diese großen Wagenden tragen als Ausweis ihrer Echtheit nicht nur die spätere Richtigkeit ihres Einsatzes, sondern auch das Kreuz in ihrer Existenz. Sie waren verkannt und doch keine Rebellen, auch wenn sie ihr Gewissen nicht auf dem Altar eines ethisch unhaltbaren Kadavergehorsams opfern konnten. Die Nachwelt hat ihnen recht gegeben, wie den Künstlern und Musikern, die einst in Armengräbern verscharrt wurden. ... Der Heilige Geist hat sie doch als Saatkorn benützt, damit sich später tiefere Erkenntnisse des Christlichen und des Menschlichen entfalten konnten.«[47]

Verbundenheit mit Jesuiten drückt sich bei Reinhold Stecher nicht nur im Rückblick auf historische Leistungen der Gesellschaft Jesu oder einzelner ihrer Mitglieder aus. Er war und ist auch an zeitgenössischen Jesuiten interessiert und hat immer wieder seine Dankbarkeit dem Orden gegenüber betont. Umgekehrt ist es genauso. Es kann also nicht nur »der Ignatianische Kühlschrank, bis zum leichten Frösteln«[48] gewesen sein. Jesuiten zählen etwas bei Reinhold Stecher; er rechnet mit ihnen. Das darf er, und sie tun es auch mit ihm.

ANMERKUNGEN

1 R. Stecher, Ignatius und das Heute. Gedanken zur Spiritualität des hl. Ignatius, in: ZKTh 113 (1991) 130-139, hier 130; vgl. auch ders., Die Spiritualität des Ignatius vom Gestern ins Heute, in: Korrespondenzblatt des Canisianums 125 (1991/92) 2-7.

2 Ignatius (s. Anm. 1) ebd.

3 Ebd. – Josef Andreas Jungmann SJ (1889-1975), Katechetiker und Liturgiewissenschaftler, 1926-1963 (mit Unterbrechungen) Hauptschriftleiter der ZKTh, 1934 Professor für Pastoraltheologie, 1956/62 als Nachfolger Hugo Rahners Rektor des Canisianums.

4 Ebd. 132.

5 Ebd. 133.

6 Ebd. 134f.

7 Der Bischof erzählte später, er sei auf dem Rückweg von diesem im ORF-Landesstudio Tirol am Innsbrucker Rennweg aufgenommenen Interview von einem Passanten angepöbelt worden, er solle doch selber in seinen Bischofspalast Flüchtlinge aufnehmen, woraufhin er den Unbekannten einlud, sich seine Dreizimmerwohnung am Domplatz anzuschauen.

8 Vgl. A. Batlogg, Die Theologische Fakultät Innsbruck zwischen »Anschluß« und Aufhebung (1938), in: ZKTh 120 (1998) 164-183.

9 R. Stecher, »Denke an die Tage der Vergangenheit, lerne aus den Jahren der Geschichte!«, in: das fenster. Tiroler Kulturzeitschrift 22 (1988) H. 43, 4234-4239, hier 4235.

10 Ebd.

11 Ebd. 4236.

12 Ebd.

13 Ebd.

14 Ebd.

15 Vgl. A. Rosenberg, Der Mythus des 20. Jahrhunderts. Eine Wertung der seelisch-geistigen Gestaltenkämpfe unserer Zeit. München 1934, 122: »Und der moderne Theoretiker jesuitischer ›Wissenschaft‹, Dr. J. Donat, Professor in Innsbruck, erklärt jeden Zweifel an Glaubenswahrheiten als unstatthaft.« Verwiesen ist auf Donats Schrift ›Die Freiheit der Wissenschaft. Ein Gang durch das moderne Geistesleben« (Innsbruck 1910, ³1925).

16 R. Bleistein, Deutsche Jesuiten im Widerstand gegen den Nationalsozialismus, in:

M. Sievernich / G. Switek (Hgg.), Ignatianisch. Eigenart und Methode der Gesellschaft Jesu. Freiburg 1990, 478-494, hier 479.

17 Die Bemerkung stammt aus einer Ansprache R. Stechers (»Dein Herz gedenkt der Schrecken«) bei der Gedenkfeier an die Pogrome gegen Juden in Innsbruck in der sogenannten »Reichskristallnacht« am 10. November 1938, in: das fenster 32 (1998) H. 44, 4351-4352, hier 4351.

18 Zit. nach A. Batlogg, Hugo Rahner als Mensch und Theologe, in: Stimmen der Zeit 218 (2000) 517-530, hier 520.

19 R. Stecher, Erinnerungen an damals, in: Korrespondenzblatt des Canisianums 129 (1996) H. 1, 4-6, hier 4.

20 Vgl. A. Batlogg, »Die Pfaffenburg muß weg«. Das Collegium Canisianum im Jahr 1938, in: Korrespondenzblatt des Canisianums 132 (1998/99) 11-23; Nachdruck in: das fenster 33 (1999) H. 68, 6485-6492.

21 Erinnerungen (s. Anm. 19) ebd. – Die Erinnerung wird bestätigt durch Dokumente der United States Army Air Forces bei L. Schönherr, Die amerikanischen Luftangriffe auf Innsbruck im Jahre 1944, in: das fenster 29 (1996) H. 60/61, 5727-5751.

22 Erinnerungen (s. Anm. 19) 4.

23 Ebd.

24 Ebd. 6. – Franz Dander SJ (1901-1991), ao. Dogmatikprofessor sowie jahrzehntelang Spiritual und Beichtvater im Canisianum.

25 Ebd.

26 Ebd. 5.

27 Ebd. 6.

28 Ebd.

29 Ebd. – Franz Mitzka SJ (1902-1950), Professor für Dogmatik, 1947 krankheitsbedingt in den dauernden Ruhestand versetzt; Franz S. Lakner SJ (1900-1974), Dogmatikdozent, ab 1937 Rektor und zeitweise auch Regens des Canisianums (u. a. im Exil 1938/45 in Sitten im schweizerischen Wallis; Paul Gaechter SJ (1893-1983), Professor für Neues Testament.

30 Ebd.

31 Vgl. R. Stecher, Die persönliche Weisheit in den Proverbien Kap. 8, in: ZKTh 75 (1953) 410-451.

32 R. Stecher, Begegnung im Rigorosensaal, in: P. Imhof / H. Biallowons (Hgg.), Karl Rahner. Bilder eines Lebens. Freiburg 1985, 51-53, hier 51.

33 Vgl. A. Batlogg, Wo, bitte, geht's hier zum Karl Rahner-Platz? Die Innsbrucker Jahre Karl Rahners, in: das fenster 28 (1994) H. 57, 5508-5510.

34 Begegnung (s. Anm. 32) 51f.

35 Ebd. 52.

36 Ebd.

37 Ebd. 53.

38 Ebd.

39 R. Stecher, Ostern, Stunde des Glaubens, in: ders., Ein Singen geht über die Erde. Österliche Bilder und Gedanken. Innsbruck 1993, 72-77, hier 72.

40 Ebd. 77; vgl. dazu K. H. Neufeld, Die Brüder Rahner. Eine Biographie. Freiburg 1994, 401-405.

41 J. Splett in einer Rezension, in: ThPh 70 (1990) 308.

42 Vgl. K. H. Neufeld, Ein Angriff ohne sachliche Grundlage. Zu einer sich selbst entlarvenden Rahner-Schelte, in: Herder-Korrespondenz 47 (1993) 84-87. Der Innsbrucker Fundamentaltheologe reagierte damit auf die Denunzierung Karl Rahners in der deutschsprachigen Oktober-Ausgabe 1992 von »Trenta giorni«.

43 Vgl. S. Kripp, Als Jesuit gescheitert. Wien 1986.

44 Vgl. S. Leitner, Pater Flanagan, Gründer von »Boys Town«, in: Korrespondenzblatt des Canisianums 131 (1997/98) H. 2, 34-36.

45 Erinnerungen (s. Anm. 19) 5. Hier läßt ihn die Erinnerung im Stich. Er datiert diesen Besuch nämlich 1946 und behauptet, Flanagan sei zwei Tage nach dieser Begegnung gestorben. Tatsächlich muß die Begegnung 1948 stattgefunden haben, als Flanagan im Zuge einer Reise nach Europa im Auftrag der US-Regierung vom 23. bis 27. April im Canisianum wohnte, wo er 1909 bis 1912 studiert hatte. Am 15. Mai 1948 verstarb er in Berlin. Vgl. dazu Leitner (s. Anm. 44).

46 Erinnerungen (s. Anm. 19) 5.

47 Ignatius (s. Anm. 1) 137.

48 Ebd. 136.

FRANZ STOCKER

Reinhold Stecher – eine biographische Skizze

Familiäre Wurzeln und Schulzeit

Reinhold Stecher wurde am 22. Dezember 1921 in Innsbruck geboren. Bis zum Alter von zehn Jahren wuchs er im Stadtteil Mühlau auf. Dann übersiedelte die Familie in die Adamgasse nahe dem Innsbrucker Bahnhof. Sein Vater, Dr. Heinz Stecher, war Landesschulinspektor für die Höheren Schulen in Tirol. Er entstammte einer Bergbauernfamilie in St. Valentin im Vinschgau in Südtirol, war sehr belesen und hochgebildet. Er starb schon 1928 und hinterließ in der Familie eine schmerzliche Lücke. Seine große Bibliothek wurde für den wißbegierigen Reinhold eine wahre Fundgrube. Die Mutter, Rosa Stecher, geborene Harpf, entstammte einer Bäckerfamilie in Innsbruck-Wilten. Sie war auch nach dem frühen Tod ihres Gatten der Mittelpunkt der Familie. Ein luxuriöses Leben konnte sie ihren Kindern nicht bieten, Not leiden mußten sie aber nicht. Trotz vieler Operationen bewahrte sie Humor und Lebensfreude. Die Mutter hat, wie Reinhold Stecher öfter sagte, den Kindern eine selbstverständliche Gläubigkeit, eine hohe Achtung vor jedem Mitmenschen und eine tiefe Liebe zur Kirche vorgelebt und mitgegeben, ebenso aber auch einen kritischen Geist. Reinhold Stecher hat ab 1965, als er Religionslehrer in Innsbruck wurde, wieder bei seiner Mutter gewohnt. Sie erblindete und verstarb 1979. Der ältere Bruder Reinholds, Helmut, wurde 1918 geboren. Er trat in den Franziskanerorden ein und nahm den Namen Vigil an. 1947 empfing er gemeinsam mit Reinhold die Priesterweihe. Seinen Lebensabend verbringt Vigil im Franziskanerkloster Innsbruck. Mit ihm hat Reinhold noch heute ein sehr herzliches Verhältnis. Wenn die Brüder zusammenkommen, gibt es immer viel zu erzählen und zu lachen. Der jüngere Bruder Reinholds, Gottfried, wurde 1925 geboren. Ein schwerer Schlag für die Mutter und die Brüder war sein früher Tod: Gottfried fiel im April 1945 als Soldat in Schlesien.

In den Jahren 1927 bis 1931 ging Reinhold in die Übungsvolksschule der Lehrerbildungsanstalt Innsbruck. Der begabte und aufgeweckte Bub besuchte anschließend das Akademische Gymnasium in

Innsbruck. Wegen seiner Spitzbübereien hat ihm ein Professor des öfteren Strafaufgaben aufgebrummt. Reinhold dazu im Rückblick: Diese Strafaufgaben seien sehr sinnvoll gewesen. Er habe dabei viel gelernt. Immer wieder habe er nämlich Themen ausarbeiten müssen, die längeres Einlesen und Studium erforderten. Dabei sei ihm die gute Bibliothek des Vater sehr zugute gekommen. Am 23. März 1939 maturierte Reinhold mit Auszeichnung. Daß das Klassengebet am Gymnasium nach der Machtübernahme der Nationalsozialisten durch den Gruß »Heil Hitler« ersetzt wurde, hat er einfach als »dumm« empfunden.

Gestapohaft und Zweiter Weltkrieg

Nach der Matura wurde Reinhold Stecher für acht Monate zum Reichsarbeitsdienst nach Ehrwald im Außerfern und nach Nassereith beordert. Der Drill, die Kopfwäsche und die Hetze der nationalsozialistischen Vorgesetzten gegen die Kirche konnten ihn allerdings nicht von seiner religiösen Grundeinstellung abbringen; auch nicht von seinem Vorhaben, Priester zu werden. Im November 1939 trat er ins Priesterseminar in St. Michael bei Matrei am Brenner ein. Dorthin war die Priesterausbildung nach der Aufhebung des Canisianums ausgesiedelt worden. Als die kirchenfeindlichen Machthaber 1940 die Theologiestudenten auch von dort vertrieben, wurde das Priesterseminar nach St. Georgen am Längsee in Kärnten verlegt.

Das Frühjahr 1941 brachte Reinhold Stecher eine Zeit, die ihn für sein weiteres Leben tief geprägt hat: Zu Ostern sperrten die Nationalsozialisten die Kirche des Bergklosters Maria Waldrast bei Matrei und verboten die Wallfahrt. Eine Woche später, am Weißen Sonntag, nahm Reinhold Stecher mit rund 700 Gläubigen an einer Protestwallfahrt dorthin teil. In der Nacht zuvor war es verwegenen Burschen gelungen, das Gnadenbild aus der Kirche zu entwenden und unauffindbar zu verstecken. Die Verärgerung der Machthaber war groß und wandte sich vor allem gegen die Theologiestudenten. Wie andere Theologen wurde auch Reinhold Stecher verhaftet. Er kam in Innsbruck für zweieinhalb Monate zunächst ins Gefängnis des Landesgerichts und dann in Gestapohaft. Vor allem die Einzelhaft und die ständige Drohung, ins KZ gesteckt zu werden, setzten ihm seelisch arg zu. Er mußte eine schwere Zeit der Einsamkeit »im Angesicht des Todes und Martyriums« durchmachen. Diese zweieinhalb Monate hätten in ihm allerdings auch – so Reinhold Stecher später – das Vertrauen auf Gott gestärkt. Als er kurz vor der Überstellung ins KZ dennoch freikam, sei das für ihn wie eine zweite Geburt gewesen.

Zur Wehrmacht einberufen wurde Reinhold Stecher am 1. September 1941. In Landeck wurde er zum Funker ausgebildet. Anfang Dezember kam er mit seinen Kameraden nach Grafenwöhr in der Oberpfalz. Von dort ging's weiter an die Front zum Ilmensee. Die dortige fürchterliche Schlacht 1941/42 überlebte er als einer der wenigen seiner Kompanie; am Karfreitag 1942 wurde er aber verwundet. Nach seiner Genesung in der Heimat mußte Reinhold Stecher nach Nordkarelien in Rußland. Dort begann im September der große 3600-km-Rückmarsch zu Fuß über Finnland, Lappland und Norwegen. Anfang November 1945 konnte er endlich wieder Tiroler Boden betreten.

Priester und Seelsorger

Unmittelbar nach seiner Rückkehr nahm Reinhold Stecher das Theologiestudium wieder auf. Das Priesterseminar war damals im Canisianum untergebracht. Er bezog das gleiche Zimmer, das sein Vater kurz vor seinem Tod bewohnt hatte, um Exerzitien zu machen. Am 19. Dezember 1947 weihte ihn Bischof Paul Rusch (1903–1986) in der Franziskanerkirche Schwaz zum Priester. Mit ihm wurden u. a. sein Bruder Vigil und der spätere Missionsbischof Bonifaz Madersbacher OFM geweiht.

Der Bischof beauftragte Reinhold Stecher, an der Theologischen Fakultät Innsbruck »mit Hochdruck« weiterzustudieren, um das Doktorat zu erlangen. Er übertrug ihm aber auch »seelsorgliche Spezialeinsätze«. U. a. betreute Reinhold Stecher die Katholische Jugend in Innsbruck-Mühlau, beteiligte sich an der Hausmission in Innsbruck-Saggen und wurde Kolping-Vizepräses. 1949 wurde Reinhold Stecher Präfekt am Bischöflichen Gymnasium und Studienheim Paulinum in Schwaz. In dieser Tätigkeit verblieb er bis 1956. Nebenbei gab er Religionsunterricht an den Volksschulen in Pillberg, Kolsassberg und Schwaz und an der Hauptschule Wattens. 1951 schloß er das Doktoratsstudium bei Professor Josef Hofbauer SJ mit der Promotion ab.

Professor für Religionspädagogik

Im Jahr 1956 begann für Reinhold Stecher ein neuer Lebensabschnitt: Bischof Rusch berief ihn als Religionsprofessor nach Innsbruck. Er unterrichtete an der Lehrerbildungsanstalt, an der Handelsschule und Handelsakademie und an der Realschule am Adolf-Pichler-Platz. Ab

1958 konnte er sich auf seine Lehrtätigkeit an der Lehrerbildungsanstalt konzentrieren. Sie wurde 1968 zu einer Pädagogischen Akademie aufgewertet. Reinhold Stecher wurde Professor für Religionspädagogik und blieb es bis zu seiner Bischofsweihe 1981. In all diesen Jahren hat er mehrere Generationen von Lehrerinnen und Lehrern durch sein hervorragendes humanwissenschaftliches und theologisches Wissen und durch seine begeisternde Art des Lehrens fasziniert und geformt. Bei ihm waren die Hörsäle oft zum Bersten voll. Unzählige Studentinnen und Studenten besuchten seine Seminare und schrieben bei ihm Arbeiten zu sehr unterschiedlichen Themen.

Während seiner knapp 25 Jahre Lehrtätigkeit an der Lehrerbildungsanstalt bzw. Pädagogischen Akademie hat er sich auch als Seelsorger der männlichen katholischen studierenden Jugend und als Assistent des Katholischen Tiroler Lehrervereins engagiert. Er machte viele Seelsorgsaushilfen und war ein gesuchter Beichtvater. Im Rahmen der Erwachsenenbildung entwickelte er eine rege Vortragstätigkeit in Nord-, Ost- und Südtirol. Neben intellektueller Redlichkeit legte er nachdrücklich Wert auf persönliche Begegnungen und auf Erlebnisse mit den jungen Menschen und speziell den angehenden Lehrerinnen und Lehrern. Damit entsprach er der pädagogischen Grunderfahrung, daß sich Wissen mit Emotion paaren muß, um lebensprägend und fruchtbar zu werden. Dies gilt vor allem für die religiöse Formung des Menschen. In diesem Anliegen kam ihm seine Liebe zu den Bergen zugute. Seine Alpinkurse haben die Teilnehmerinnen und Teilnehmer tiefe Gemeinschaft erfahren und eine bleibende Ahnung von der Größe Gottes bekommen lassen.

Diözesanbischof: Dienen und vertrauen

Ab Mitte 1980 setzte die Suche nach einem Nachfolger für Langzeitbischof Paul Rusch (1938–1980) ein. Streng diskret machte Rusch selbst einen Vorschlag mit drei Namen. Der Nuntius, die Bischöfe Österreichs, die Dekane der Diözese Innsbruck und auch Laien nahmen dazu Stellung. Schon bald verdichtete sich das Gerücht, Reinhold Stecher sei der aussichtsreichste Kandidat.

Am 20. Dezember 1980 sagte Rusch schließlich auf einer Pressekonferenz wörtlich: »Darf ich hiemit amtlich kundtun, daß gemäß der ab heute mittag vom Nuntius freigegebenen Ernennungsurkunde Monsignore Dr. Reinhold Stecher von Papst Johannes Paul II. zum Bischof von Innsbruck ernannt worden ist.« Und weiter: »Professor Stecher besitzt eine große Anhängerschaft besonders unter den Junglehrern und Studenten, und auch ich sowie der Klerus und zahlreiche Laien mit dem Landeshauptmann an der Spitze haben ihn vorgezogen. Über seinen persönlichen Wunsch wird Monsignore Dr. Reinhold Stecher am 25. Jänner im Dom St. Jakob, Innsbruck, von mir zum Bischof geweiht.«

Mit seinem Wahlspruch »Servire et confidere« (»Dienen und vertrauen«) markierte Reinhold Stecher sein bischöfliches Amtsverständnis, das er in den Folgejahren auch durchgehalten hat. Die Bischofsweihe am 25. Jänner 1981 wurde zu einem großen religiösen Fest der Freude. Mitkonsekratoren von Bischof Rusch waren Josef Gargitter (1917–1991), Diözesanbischof von Bozen-Brixen, und Bruno Wechner (1908–1999), Diözesanbischof von Feldkirch.

Schon in seinen ersten Interviews erwies sich Bischof Reinhold Stecher als seelsorglich informierter und engagierter Mann, als Kenner und scharfer Analytiker der Probleme Tirols, der Kirche und der Gesellschaft und als nüchterner Mittler zwischen Tradition und Fortschritt, der sich einerseits ganz an der Heiligen Schrift, andererseits aber auch an den Erfordernissen von Gegenwart und Praxis orientiert. Ein menschliches Klima in der Kirche sei ihm wichtiger als große Pläne, betonte er.

Reinhold Stecher scheute sich nicht, von Anfang an klar zu sogenannten »heißen Eisen« Stellung zu nehmen. Zur Frage »Jugend und Sexualität« zum Beispiel kritisierte er die »Sexwelle« mit ihrer »ziemlich primitiven Art von Befreiung«. Er forderte zu Ehrfurcht und Verantwortung auf. Gleichzeitig räumte er aber »Belastungen« und eine »nicht ganz glückliche Sprache« der Kirche zu Fragen der Sexualität und Ehe ein. Mit ein Grund dafür sei, daß in der Kirche solche Fragen »durch Jahrhunderte hindurch immer nur von unverheirateten Männern« behandelt worden seien. Differenziert äußerte sich Reinhold Stecher zur Frage »Frau in der Kirche«. Diverse Bestrebungen der sog. Emanzipation seien mit Vorsicht und Zurückhaltung zu betrachten. In der Kirche aber sei es an der Zeit, daß Frauen »eine etwas führendere Rolle« einnehmen. Einer »simplen Freigabe« des Zölibats für Priester erteilte er eine klare Absage. Gleichzeitg aber schlug er schon damals vor, die Kirche solle daran denken, bewährte verheiratete Männer zu Priestern zu weihen.

Geschätzter Volksbischof

Reinhold Stecher war gern Bischof von Innsbruck. Dies sagte er selbst immer wieder. Im Grunde hatte er große Freude mit »seiner« Diözese. Zu einer zunehmenden Belastung wurde ihm das Bischofsamt allerdings, als sich schon wenige Jahre nach seiner Bischofsweihe die Probleme und Verständigungsschwierigkeiten im österreichischen Episkopat mehrten und die Handlungsfähigkeit der Österreichischen Bischofskonferenz lähmten. Reinhold Stecher war ein Diözesanbischof mit gesundem Selbstbewußtsein. Mehrmals hat er in Auseinandersetzungen unterstrichen, daß er als Bischof im Sinn des Konzils nicht nur »verlängerter Arm« des Papstes bzw. römischer Kurien sei, sondern als Nachfolger der Apostel zusammen mit dem Papst und allen Bischöfen Mitverantwortung für die Weltkirche trage. Speziell habe er natürlich Verantwortung für seine Diözese.

In seiner Amtsausübung wußte er sich getragen vom Gebet. Er hatte ein tiefes Grundvertrauen: Gott wird letztlich alles gutmachen. Die Karmelitinnen in Innsbruck ersuchte er immer wieder, für ihn, seine Diözese und die Weltkirche um gute Entscheidungen zu beten. In schwierigen Fragen pilgerte er oft zu Tiroler Wallfahrtsorten. Vor allem in der Pfarrkirche Götzens, wo die Asche des 1996 seliggesprochenen Pfarrers Otto Neururer aufbewahrt wird, fand er immer wieder Ermutigung und Gelassenheit.

Reinhold Stecher war froh, daß seine an Jahren junge Diözese (1964) eine überschaubare Größe hat. Das Land Tirol hatte mehrmals Vorstöße unternommen, doch ernsthafte Verhandlungen aufzunehmen, daß der Tiroler Anteil der Erzdiözese Salzburg der Diözese Innsbruck zugeschlagen werde. Das Versprechen, die Diözese Innsbruck auf die Landesgrenzen Tirols auszuweiten, hatten hohe Kirchenmänner bis hinein in den Vatikan dem Tiroler Landeshauptmann Eduard Wallnöfer (1913–1989) gegeben, als er der Abtrennung des Generalvikariats Feldkirch von der Diözese Innsbruck und der Erhebung zur eigenständigen Diözese (1968) zustimmte. Dieser Forderung des Landes Tirol begegnete Reinhold Stecher meist wohlwollend schmunzelnd, lehnte es aber ab, in dieser Angelegenheit selbst aktiv zu werden. Es gäbe Wichtigeres zu tun. Als vorteilhaft wertete er es, daß seine Diözese in der Geschichte von repräsentativen Bauten verschont geblieben ist, die den Menschen unterschwellig kirchlichen Reichtum signalisieren. Die Errichtung eines Diözesanmuseums hat er beharrlich abgelehnt. In großen irdischen Besitztümern sah er stets eine Belastung für die Glaubwürdigkeit der Kirche und für ihre eigentliche Aufgabe: die Seelsorge und das tatkräftige Eintreten für die Armen und Benachteiligten. Entscheidungen, die er als Bischof zu fällen hatte, klopfte er stets darauf ab, ob sie diesen zentralen Zielsetzungen zum geistigen und leiblichen Wohl der Menschen auch wirklich dienen. Er selbst lebte einfach; in mondänen Gesellschaften fühlte er sich unwohl.

Reinhold Stecher konnte in seiner Zeit als Diözesanbischof auf breites grundsätzliches Wohlwollen gegenüber der Kirche in allen Schichten der Bevölkerung Tirols bauen. Oft hat er das mit Dankbarkeit registriert und gesagt. Gelegenheit dazu gaben ihm z. B. die Visitationen in den Pfarreien und die zahlreichen Neusegnungen von Kirchen, deren Renovierungen durch hohe Beiträge der Gemeinden und des Landes, aber auch durch großherzige Spenden aus der Bevölkerung ermöglicht wurden. Die hohe Spendenbereitschaft der Tiroler Bevölkerung für soziale Zwecke und speziell für die Arbeit der Caritas waren für ihn eine große Freude. Dies war mit ein Grund, warum er die Kirchenbeitragsstellen immer wieder zu maßvollem Vorgehen bei der Einhebung der Kirchenbeiträge aufforderte. Einer gänzlichen Aufhebung der Zahlungsverpflichtung sprach er allerdings nicht das Wort. Er war überzeugt, daß eine völlige Freiwilligkeit des Kirchenbeitrags der Gesellschaft insgesamt schade und zu einem unverantwortlichen Zusammenbruch vieler wertvoller kirchlicher Tätigkeitsbereiche führe. Trotzdem verkannte er nicht, daß die Entfremdung der Menschen von der Kirche zunahm.

Reinhold Stechers ermutigende, interessierte, spontane, umgängliche und humorvolle Art in der Begegnung mit den Menschen hat ihn zu einem geschätzten Volksbischof gemacht. Zahlreiche Vereinigungen ernannten ihn zum Ehrenmitglied oder verliehen ihm Auszeichnungen. Er erhielt höchste Auszeichnungen von Bund und Land. Sogar die Werbewirtschaft Tirols übergab ihm 1994 als erstem Preisträger den damals neugeschaffenen, 30 Kilogramm schweren Kommunikationskristall.

Selbst in der Feier der Eucharistie brachte Reinhold Stecher seine Verbundenheit mit dem Volk Gottes deutlich zum Ausdruck. Der Friedensgruß während der Messe ist ihm zu einem wichtigen Zeichen geworden. Sehr oft verließ er den Altarraum, um auch Gläubigen die Hand zu drücken, die ganz hinten in der Kirche standen, während andere mitfeiernde Priester verunsichert oder schmunzelnd am Altar stehen blieben. Für den Friedensgruß nahm er sich viel Zeit.

Der Bischof förderte das kirchliche und profane Vereinswesen und die Kreativität der Menschen ebenso wie die Hinführung zu selbstverantwortlichem Denken und Handeln. Daß sich z. B. einige Gliederungen der Katholischen Aktion nicht entschließen konnten, gemeinsam mehr ideelle und auch finanzielle Unabhängigkeit von der Diözesanleitung zu erreichen, hat ihn verwundert. Der emotionalen Bildung räumte er Vorrang vor der Wissenbildung ein. Die Familien- und Kinderpastoral hatte bei ihm einen hohen Stellenwert. Schmerzlich war für ihn die Tatsache, daß der Einfluß kirchlicher Laienbewegungen in der Formung politischer Entscheidungsträger deutlich abnahm. Er achtete aber streng darauf, daß Pfarr- und Diözesanangestellte und auch Religionslehrerinnen und -lehrer nicht gleichzeitig hohe parteipolitische Funktionen ausübten.

Seinen unmittelbaren Mitarbeiterinnen und Mitarbeitern im Bischöflichen Ordinariat, den Dekanen, den Priestern in den Pfarreien und den Ordensleuten brachte Bischof Reinhold Stecher großes Vertrauen entgegen. Er kannte aber auch ihre Probleme und war froh, Mitarbeiterinnen und Mitarbeiter mit Fachwissen und Kompetenz um sich zu haben. Er pflegte einen Führungsstil der »langen Leine«. Dies führte allerdings mitunter dazu, daß in manchen Mitarbeiterinnen und Mitarbeitern das Gefühl aufstieg, der Bischof interessiere sich gar nicht für ihre Arbeit. Obwohl selbst kein Freund von Sitzungen, schätzte er die Arbeit seiner beratenden Gremien hoch ein. Immer wieder ermunterte er zu kritischer Beurteilung und zu offenen Worten. Untertänige, liebesdienerische und unkritische Gefolgschaft wollte er nicht. Er setzte nicht auf Anordnungen und Befehle, sondern auf Argumente und persönliche Überzeugung. In diözesanen Gremien erarbeiteten Meinungsbildungen und auch Beschlüssen gab er in den allermeisten Fällen seine Zustimmung. Das zeigte sich deutlich beim Diözesanforum (1993/95).

Pfarrseelsorge

Priorität im Wirken Bischof Reinhold Stechers hatte die Hinführung der Menschen in seiner Diözese zu Gott und zu einem Leben nach christlichen Grundsätzen. Obwohl er selbst nie Pfarrer war, lag ihm eine möglichst gute Pfarrseelsorge sehr am Herzen. Das Gespür und das Wissen, daß Gemeinden und Pfarreien in Tirol oft durch Jahrhunderte gewachsene Einheiten und den Menschen Heimat sind, ließen in ihm den Entschluß reifen, möglichst keine Pfarrei aufzulösen oder sie vorschnell in Pfarrverbände einzubinden. Trotz zunehmend bedrängender werdendem Priestermangel versuchte er alles, jeder Pfarrei einen personalen Mittelpunkt und Ansprechpartner zu erhalten. Um die Belastungen der Pfarrer mit mehreren Pfarreien in Grenzen zu halten, entschloß er sich, trotz da und dort zu erwartender Probleme zum Einsatz von Diakonen, Ordensschwestern und theologisch gebildeten Laien als Pastoralassistentinnen und Pastoralassistenten sowie als Pfarrkuratoren ja zu sagen.

Die Sorge um genügend Priester begleitete ihn alle seine Jahre als Diözesanbischof. Weil er überzeugt war, daß die Mitte und der Quell jeder lebendigen Pfarrei die Feier der sonntäglichen Eucharistie ist, forderte er immer lauter die Zulassung bewährter verheirateter Männer (»viri probati«) zur Priesterweihe. Er wußte sich in dieser Forderung eins mit vielen Bischöfen auf der ganzen Welt. Beim Diözesanforum 1993/95 fand er dafür einhellige Unterstützung. Auch im Vatikan hat er seine Meinung deponiert. Letztlich kann er bis heute nicht verstehen, daß der Papst diesen Schritt verweigert.

Tourismusseelsorge

Tirol ist das tourismusintensivste Land der Welt. Dieser Tatsache widmete Reinhold Stecher große Aufmerksamkeit. Wann immer sich Gelegenheit dazu bot, sprach er in Predigten, Vorträgen oder auch in der unmittelbaren Begegnung Gäste möglichst in deren Sprache an (Deutsch, Italienisch, Französisch, Spanisch, Englisch). Tirols Kirchen sollten einladende Kirchen sein. Ein großes Anliegen war ihm aber auch, daß die in Tourismuseinrichtungen arbeitenden Menschen dies unter menschlichen Bedingungen tun können. Die Familien ermutigte er in einem Hirtenbrief, sich nicht gänzlich der Gästebetreuung auszuliefern, sondern auch Freiräume für das eigene Familienleben zu wahren. Reinhold Stecher plädierte stark für einen »sanften Tourismus«. Den Auswüchsen der Spaßgesellschaft, die gerade im Tourismus deutlich zutage treten, erteilte er eine klare Absage. Seine Vorträge vor Tourismusmanagern, Hoteliers oder Gastwirten fanden immer wieder große Beachtung.

Ökumene

Wertschätzendes Verhalten gegenüber anderen christlichen Kirchen war für Reinhold Stecher eine Selbstverständlichkeit. Besonders enge Verbindungen pflegte er zur Evangelischen und zur Orthodoxen Kirche in Tirol, weniger hingegen zur kleinen altkatholischen und zu den freikirchlichen Gemeinden. Bereits sein Vorgänger, Paul Rusch, hatte ökumenische Wortgottesdienste im Innsbrucker Dom im Rahmen der jährlichen Weltgebetswoche für die Einheit der Christen eingeführt. Diese Tradition setzte Reinhold Stecher fort. Ausdruck seines hohen Ansehens war die Einladung der Evangelischen Kirche Tirols, bei ihrem Reformationsfest am 31. Oktober 1994 zu predigen – ein denkwürdiges Ereignis. Es war nämlich das erste Mal, daß ein römisch-katholischer Bischof in Tirol an einem der höchsten Feste der Evangelischen Kirche predigen durfte.

In ökumenischer Hinsicht denkwürdig war aber auch ein Gedenktreffen in Mayrhofen im Jahr 1987. Es fand statt in Erinnerung an die Vertreibung evangelischer Christen aus dem Zillertal 150 Jahre zuvor. Als ranghoher Vertreter der römisch-katholischen Kirche nahm Bischof Reinhold Stecher gemeinsam mit dem Salzburger Erzbischof Karl Berg (1908–1997) daran teil. Reinhold Stecher fand Worte, die seine Geisteshaltung widerspiegeln. Er hob hervor, daß es für das »hohe Niveau eines Landes« spreche, wenn auch einmal ein »peinliches und bedrückendes Jubiläum« gefeiert werden könne. Heute gehe es darum, von Unwesentlichem und von Vorurteilen auf die Weite des Geistes und auf Toleranz umzusteigen.

Bischofssynode in Rom – Vergebung und Barmherzigkeit

Bereits zwei Jahre nach seiner Bischofsweihe war Bischof Reinhold Stecher Delegierter der Österreichischen Bischofskonferenz bei der Weltbischofssynode 1983 in Rom. Sie behandelte das Thema »Buße und Umkehr«, ein Thema, das ihm nicht zuletzt wegen seiner langjährigen Praxis als Beichtvater sehr am Herzen lag. Eines der Hauptanliegen der Synode war, Wege zu finden, daß den Gläubigen der Sinn der Beichte als »geordneter Müllablage für Schuld und Sünde« (Reinhold Stecher) wieder deutlicher werde. Den Innsbrucker Bischof interessierte vor allem die Frage, warum der Empfang dieses Sakraments unter den Gläubigen bis hinein in stark kirchengebundene Kreise so sehr zurückging. Er sah darin eine Fehlentwicklung, die einen Vertrauensschwund gegenüber der Kirche und einen Autoritätsverlust der Kirche signalisiert. Nicht zuletzt der Rigorismus der Kirche in Sexualfragen trage daran mit Schuld.

In seiner Verkündigung und in seinen Entscheidungen fiel auf, daß Reinhold Stecher immer wieder Gott als den erlösenden, vergebenden und barmherzigen Gott in den Mittelpunkt stellte. Wenn er spürte, daß die Liebe und Barmherzigkeit Gottes in kirchlichen Entscheidungen und Verhaltensweisen zu kurz kam, konnte er nachdrücklich widerspenstig, ja auch zornig werden. Er nahm sich dabei Jesus selbst als Vorbild, der die Selbstgerechtigkeit von Schriftgelehrten scharf gegeißelt hat.

Dieser Wesenszug Reinhold Stechers brach für viele wahrnehmbar voll durch, als er wenige Wochen vor der Bischofsweihe seines Nachfolgers im Jahr 1997 in die Schlagzeilen der Weltpresse kam. Durch Indiskretion war ein vertraulicher Brief an die Öffentlichkeit gelangt, in dem er die Praxis in Rom an den Pranger gestellt hatte, Laisierungsansuchen von Priestern auf Weisung des Papstes nicht selten jahrzehntelang liegenzulassen und nicht zu bearbeiten. Diese Vorgangsweise verurteilte Reinhold Stecher als Ausdruck kirchlicher Herzlosigkeit, die dem Liebesgebot Jesu klar widerspreche, da sie den Betroffenen und deren Frauen und Kindern die Versöhnung mit der Kirche vorenthalte. Reinhold Stecher selbst war über die Veröffentlichung dieses Briefs zunächst bestürzt. Inhaltlich nahm er jedoch keinen Satz zurück. Selbst die Kritik von Bischofskollegen und der schwerwiegende Vorwurf, den »antirömischen Affekt« (Hans Urs von Balthasar) unter den Gläubigen anzuheizen, konnte ihn nicht umstimmen.

Wiederverheiratete Geschiedene, Frau in der Kirche, Jugendpastoral

Das drängende Problem des Umgangs in der Seelsorge mit Geschiedenen und wiederverheirateten Geschiedenen beschäftigte den Bischof seine ganze Amtszeit hindurch. Reinhold Stecher plädierte immer wieder für das Bemühen, ihnen das Gefühl des Ausgegrenztseins aus der Kirche zu nehmen und sie zur Mitarbeit einzuladen. Die Gläubigen ermahnte er, auf niemanden »mit dem Finger zu zeigen«. Sie sollten sich bewußt sein, daß das letzte Urteil über alle Menschen ausschließlich Gott zusteht. Und Gott sei ein barmherziger Gott, der das Heil aller will. Die Priester ermutigte er, in der Frage der Zulassung von wiederverheirateten Geschiedenen zur Kommunion nicht ängstlich zu sein. Er forderte dazu auf, unmittelbar mit den Betroffenen die Möglichkeit der Zulassung im sogar kirchenrechtlich vorgesehenen sogenannten »forum internum« zu erwägen.

Den Emanzipationsbestrebungen von Frauen in der Gesellschaft, Wirtschaft und Politik stand Bischof Reinhold Stecher grundsätzlich positiv gegenüber. Kritisch äußerte er sich lediglich zu extremen Forderungen. Das Anliegen, Frauen in die fast ausschließlich mit Männern besetzten kirchlichen Entscheidungsgremien einzubeziehen, fand in ihm einen Förderer. Er nutzte dazu jene Möglichkeiten, die sich in seinem Bereich boten. Es freute ihn, daß während seiner Amtszeit z. B. Frauen an die Spitze des Teams für die Vorbereitung des Papstbesuches in Tirol (1988) oder an die Spitze des Laienrats gewählt wurden. 1991 kooptierte er selbst erstmals eine Ordensschwester und einen verheirateten Mann in den Bischofsrat, also jenes Gremium, mit dem der Bischof die wichtigsten Entscheidungen für seine Diözese fällt. Bis dahin war es ausschließlich mit Priestern besetzt gewesen. 1994 berief er erstmals auch eine verheiratete Frau in den Bischofsrat. In der Österreichischen Bischofskonferenz war Stecher Referatsbischof für die Frauen. Als solcher ermunterte er immer wieder die Frauen, in ihrem Bemühen, mehr Einfluß in der Kirche zu gewinnen, trotz Gegenwinds nicht zu erlahmen.

Daß sich Jugendliche mehr und mehr von der Kirche verabschiedeten, war für Bischof Reinhold Stecher, der früher selbst in der Jugendarbeit tätig war, eine schmerzliche Erfahrung. Dies galt vor allem für den Zerfall der Katholischen Jugend. Der Trend war auch in seiner Amtszeit als Bischof nicht zu stoppen. Dennoch ermutigte er immer wieder dazu, vor allem in den Pfarren in der Jugendarbeit nicht lockerzulassen. Er war überzeugt davon, daß das Bemühen um kirchliche Jugendgruppen auch dann große und lebensformende Bedeutung habe, wenn sich nur wenige Jugendliche daran beteiligen. Er wertete diese Gruppen als »kirchlichen Sauerteig«. Im übrigen verwies er stets auf den unschätzbaren Wert auch nichtkirchlicher Vereine. In ihnen gelinge es, Jugendliche und Erwachsene in guter Form zusammenzuführen und Generationsprobleme zu mindern.

Auflösung und Neugründung der KAJ

Ungern, aber doch entschlossen setzte Reinhold Stecher in den ersten Jahren seines bischöflichen Wirkens einen Schritt, der in seiner Diözese einigen Widerstand vor allem unter jungen Menschen hervorrief und ihm den Ruf eines Reaktionärs einhandelte. Die einst blühende Katholische Arbeiterjugend (KAJ) war zu einem kleinen Grüppchen ohne Basis in den Pfarrgemeinden zusammengeschrumpft. Diese kleine Gruppe war nach Einschätzung des Bischofs zunehmend in das marxistische Fahrwasser der internationalen KAJ gelangt. Das fast ausschließliche Befassen mit gesellschaftspolitischen Fragen hatte zu einem deutlichen »religiösen Substanzverlust« (Reinhold Stecher) geführt. Der Bischof rang sich schließlich dazu durch, diese kleine Gruppe »KAJ-alt« aufzulösen und eine neue KAJ zu gründen; ein Schritt, dem später auch andere Bischöfe Österreichs in ihren Diözesen folgten.

Entwicklungszusammenarbeit, Caritas

Bischof Reinhold Stecher war es ein Anliegen, daß die Gläubigen seiner Diözese stets über den eigenen Kirchturm hinausblicken und die Kirche wirklich als Weltkirche verstehen. Er war überzeugt davon, daß dieser Blick die eigenen Probleme relativiert. Wo immer er konnte, förderte er die Verbindung zu Tiroler Missionaren oder Entwicklungshelfern in aller Welt. Daß sich die Gläubigen Tirols als großzügig erweisen, wenn es gilt, Entwicklungsprojekten in armen Ländern finanziell unter die Arme zu greifen, hat ihn gefreut. Zur Sammlung für die Aktion »Bruder und Schwester in Not« im Advent schrieb er jährlich einen Hirtenbrief. Caritas als gesamtmenschliche Haltung, aber auch als institutionalisierter Dienst der Kirche an Armen und Benachteiligten in nah und fern war für Reinhold Stecher wesentlicher Bestandteil in der Verwirklichung des Sendungsauftrages Jesu. Auf die gute Arbeit der diözesanen und österreichischen Caritas war er geradezu stolz. Ein besonderes Naheverhältnis hatte er zu den Vinzenzvereinen, die in Pfarren karitativ tätig sind.

Als Referatsbischof für die Caritas in der Österreichischen Bischofskonferenz hat sich Reinhold Stecher in der Öffentlichkeit mehrmals deutlich zu Wort gemeldet, wenn es galt, für die Benachteiligten in die Bresche zu springen. Sein Wort wurde auch gehört. Als auf Betreiben der Freiheitlichen Partei Österreichs z. B. 1993 das Volksbegehren »Österreich zuerst« stattfand mit dem Ziel, den Zuzug von Ausländern nach Österreich zu stoppen und sogar Flüchtlinge an der Grenze zurückzuweisen bzw. leichter aus Österreich abzuschieben, prägte er das starke Wort von der »Deportation«. Große Beachtung fand damals auch seine Teilnahme am »Lichtermeer« in Innsbruck, das ebenfalls gegen dieses Volksbegehren gerichtet war.

Einsatz für Ungeborene und bedrängte Frauen

Aufhorchen ließ Reinhold Stecher von Zeit zu Zeit auch, wenn er sich in der Öffentlichkeit gegen die Abtreibung und speziell gegen die Fristenlösung zu Wort meldete. Er zählte zu den namhaften Förderern der »Aktion Leben«, die sich das Ziel gesetzt hat, dem Trend zur Abtreibung durch Aufklärung und konkrete Hilfe für schwangere Frauen gegenzusteuern. Für Reinhold Stecher war es eine Selbstverständlichkeit, bei Demonstrationsveranstaltungen der »Aktion Leben« auf die Straße zu gehen. Seine hohe Sensibilität im Einsatz für Ungeborene bewies er, als er sich schon 1989 als erster Bischof im deutschen Sprachraum gegen die Einführung der Abtreibungspille RU 486 – später Mifegyne genannt – wandte. In der breiten Öffentlichkeit kam dieses Thema erst zehn Jahre später aufs Tapet.

Auch der Verein »Frauen helfen Frauen«, dessen Gründung die Katholische Frauenbewegung vorangetrieben hatte, fand in Bischof Reinhold Stecher einen Förderer. Dieser Verein hilft Frauen, die in ihren Beziehungen und Familien der Gewalt von Männern ausgeliefert sind, und gibt ihnen bei Bedarf Unterschlupf in einem Frauenhaus und in geschützten Wohnungen.

Aussöhnung mit den Juden

Weit über die Grenzen Tirols hinaus bekannt geworden ist Bischof Reinhold Stecher, als er 1985 die endgültige Beseitigung des Kultes um das Anderl von Rinn ankündigte. Obwohl wissenschaftliche Nachforschungen ab Beginn des 20. Jahrhunderts eindeutig ergaben, daß viele mittelalterliche antijüdische Ritualmordlegenden samt und sonders auf Lügen aufbauen, hielt sich in Tirol der Anderl-Kult extrem lange. Er war tief in der Frömmigkeit von Christen in Tirol verankert. Zaghafte Versuche, dem Kult ein Ende zu setzen, hatte bereits Bischof Rusch unternommen. Doch erst Bischof Reinhold Stecher machte damit wirklich Ernst. Für ihn war die Beseitigung des Kults ein höchst notwendiger Schritt zur Aussöhnung mit den Juden, mit der Papst Johannes XXIII. und das Zweite Vatikanische Konzil begonnen hatten.

Dem zähen Widerstand aus der Bevölkerung vor allem von Rinn und auch aus konservativen Kreisen in ganz Österreich und Süddeutschland begegnete Reinhold Stecher nachdrücklich. 1987 kam es sogar zu einer öffentlichen Kontroverse mit dem Wiener Weihbischof Kurt Krenn. Reinhold Stecher konnte sich letztlich durchsetzen. Er erhielt auch die Zustimmung der vatikanischen Kongregation für Gottesdienst und Sakramente. 1989 weihte er die inzwischen renovierte Kirche in Judenstein, in der das Anderl von Rinn verehrt worden war, auf das Patrozinium Mariä Heimsuchung. Mit der Veröffentlichung im diözesanen Verordnungsblatt Nr. 6 im Jahr 1994 wurde die Neuregelung auch kirchenrechtlich unanfechtbar fixiert. Von jüdischer Seite wurde das Vorgehen Reinhold Stechers mit großem Wohlwollen und großer Freude aufgenommen.

Wirbel ums Engelwerk

Gegen Ende der 80er und zu Beginn der 90er Jahre war Bischof Reinhold Stecher mit einem großen Wirbel um das Engelwerk bzw. den Orden der Regularkanoniker vom Heiligen Kreuz konfrontiert. Ausgelöst wurde der Wirbel, als der Münchener Weihbischof Heinrich von Soden-Fraunhofen (1920–2000) im Jahr 1987 den Inhalt des Handbuchs des Engelwerks an die Öffentlichkeit brachte. Soden-Frauenhofen sah im Engelwerk und im Orden eine Art innerkirchlicher Sekte und wirkte auf ein Verbot hin. Schon Jahre zuvor hatten die Geheimhaltungstaktik und Gerüchte über eine extreme Engelverehrung bis hin zu abergläubischen Ansichten und Praktiken das Engelwerk und den Orden immer wieder ins Zwielicht gebracht. Selbst die vatikanische Kongregation für die Glaubenslehre hatte sich eingeschaltet. Reinhold Stecher war mit der Angelegenheit befaßt, weil das Engelwerk in Innsbruck entstanden und kirchlich genehmigt worden war und sich in Silz im Oberinntal eine wichtige Kloster-Niederlassung des Ordens befindet.

Reinhold Stecher selbst hatte schon als junger Priester 1951 mit dem Engelwerk zu tun. Damals erhielt er den Auftrag, schriftlich festgehaltene Privatoffenbarungen von Gabriele Bitterlich, der Gründerin des Engelwerks, theologisch zu beurteilen. Sein Urteil fiel vernichtend aus. Als Bischof schloß sich Reinhold Stecher nach Bekanntwerden des »Handbuchs« der Forderung nach einem gänzlichen Verbot des Engelwerks bzw. des Kreuzordens nicht an; und dies trotz Klagen auch aus der Bevölkerung, daß einzelne Mitglieder in Predigten und im Religionsunterricht die Frohbotschaft Jesu als Drohbotschaft verkündeten. 1990 verbot er den Mitgliedern des Engelwerkes bzw. des Kreuzordens allerdings, im »Handbuch« enthaltene Lehren zu verbreiten. Die Österreichische Bischofskonferenz schloß sich dieser Anordnung an und bekräftigte ihre Beschlüsse von 1988, wonach vom Engelwerk ausgesprochene Privatoffenbarungen nicht verkündet, keine Engelweihen vorgenommen und in Deutschland verbotene Aktivitäten nicht nach Österreich verpflanzt werden dürfen. Auch die Glaubenskongregation bekräftigte ähnliche Beschlüsse und ermahnte die

Mitglieder des Engelwerkes neuerlich, in der Engelverehrung auf dem Fundament der Heiligen Schrift und der kirchlichen Tradition zu bleiben.

Bischof Reinhold Stecher setzte in der Folge großes Vertrauen in das Versprechen der neuen Generalleitung des Ordens in Rom und der neuen Führung des Klosters in Silz, daß sie seine Anordnungen und jene der Glaubenskongregation im Orden durchsetzen werden. Er erhob auch keinen Einspruch gegen den Neubau eines Klosters für die Schwesterngemeinschaft vom Heiligen Kreuz am Fuß des Burgklosters in Silz.

Bischofskollegium – vatikanische Stellen

Die grundsätzliche Bedeutung der Österreichischen Bischofskonferenz schätzte Reinhold Stecher sehr hoch ein. Er war überzeugt, daß die Bischöfe Österreichs »mit einer Stimme« sprechen müssen, um gesellschaftlich wirksam und mit Autorität auftreten zu können. Daß diese »eine Stimme« mit dem Ausscheiden von Kardinal Franz König und der Ernennung umstrittener Bischöfe in einigen Diözesen mehr und mehr verlorenging, hat ihn sehr geschmerzt. Ein freundschaftliches Verhältnis entwickelte er außer zu Kardinal König zu Bischof Johann Weber (Graz-Seckau), zum Salzburger Erbischof Karl Berg, Bischof Maximilian Aichern OSB (Linz), Weihbischof Helmut Krätzl (Wien), Bischof Paul Iby (Eisenstadt) und zum St. Pöltener Bischof Franz Žak.

Am Rücktritt des umstrittenen Erzbischofs von Wien, Kardinal Hans-Hermann Groër OSB, nach Vorwürfen sexuellen Mißbrauchs von Kindern und Jugendlichen 20 Jahre zuvor, hatte Bischof Reinhold Stecher maßgeblichen Anteil. Er urteile nicht über Schuld oder Unschuld des Kardinals, schrieb er nach dem Rücktritt des Erzbischofs von der Funktion des Vorsitzenden der Bischofskonferenz im April 1995, aber: »Man kann ohne ein gewisses Ausmaß allgemeinen Vertrauens nicht Bischof sein«. Mit dem St. Pöltener Bischof Kurt Krenn, zuvor Weihbischof in Wien, hatte Reinhold Stecher in der Bischofskonferenz, aber auch in der Öffentlichkeit mehrmals direkte Auseinandersetzungen.

Das Verhältnis Stechers zu vatikanischen Stellen war eher kühl. Die Zentralstellen der Weltkirche in Rom blieben ihm im Grunde fremd. Mehrmals äußerte er sich kritisch und theologisch begründet zum zunehmenden »römischen Zentralismus«. Immer wieder auftauchenden Vorwürfen, die ihm unterstellten, den Primat oder die Auto-

rität des Papstes zu untergraben, begegnete Stecher mit Gelassenheit.
Für ihn stand der Primat des Papstes außer Zweifel.

Das Kirchenvolks-Begehren

Die Turbulenzen um Kardinal Groër, die Ernennungen umstrittener
Bischöfe ohne wirkliche Mitwirkung des Kirchenvolkes in den Jahren
zuvor, große Unzufriedenheit über päpstliche Aussagen zur Empfäng-
nisregelung und das starke Gefühl, Rom wolle positive Entwicklungen in der Mitsprache von Laien in der Kirche hemmen, führten 1995
zur Gründung der Plattform zur Durchführung des Kirchenvolks-Begehrens. Die Initiatoren waren engagierte Gläubige in der Diözese
Innsbruck, die im Religionsunterricht und an vorderster Front der Verkündigung tätig waren. Sie waren es leid, in ihrer Arbeit ständig mit
hausgemachten kirchlichen Problemen konfrontiert zu sein, die das
Ansehen der Kirche in der Öffentlichkeit zugrunde richteten und ihrer Ansicht nach die eigentliche Aufgabe der Kirche, die Verkündigung der Frohbotschaft Jesu, erschwerten.

Im Vorfeld des Kirchenvolks-Begehrens zeigte Bischof Reinhold
Stecher gegenüber dem Unmut Verständnis, war er doch auch selbst
mit einigen Entwicklungen höchst unzufrieden. In Gesprächen riet er
den späteren Initiatoren des Volksbegehrens, sich in ihren Anliegen
um Verbündete in den Laienorganisationen und auch bei Priestern
und Bischöfen zu bemühen. Nur so könne langfristig Positives erreicht werden. Doch die Initiatoren befolgten seinen Rat nicht. Am
Karfreitag 1995 kündigten sie überfallartig die Durchführung des
Volksbegehrens an. Damit war der Zug abgefahren. Reinhold Stecher
bedauerte diese Entwicklung sehr. Als dann der Text für die Forderungen des Volksbegehrens vorlag (freie Wahl zwischen zölibatärer
und nicht-zölibatärer Lebensform für Priester, Zulassung von Frauen
zum Priesteramt, Mitsprache der Gläubigen bei der Bestellung von
Bischöfen und Gemeindeleitern, positivere kirchliche Bewertung der
Sexualität, Ermutigung statt angstmachender, einengender Normen,
mehr Barmherzigkeit z. B. gegenüber wiederverheirateten Geschiedenen und verheirateten Priestern ohne Amt), ging der Bischof zu einigen Forderungen auf Distanz, ohne seine grundsätzliche Gesprächsbereitschaft und sein Verständnis aufzukündigen. Er verweigerte auch
nicht Gespräche mit Vertretern der Plattform »Wir sind Kirche«, die
nach dem Volksbegehren entstand. An die »Höchstverantwortlichen«
in der römisch-katholischen Kirche richtete er die eindringliche Mah-

nung: »Wenn man aus Theologie und Tradition begründete, maßvolle Bitten der Ortskirche, wie z. B. jene nach einer echten Mitwirkung bei Bischofsernennungen, beharrlich ignoriert, dann wird man eben Entfremdungen provozieren und die Folgen dieser Entwicklungen sind nicht mehr abzusehen. Die Kirchengeschichte warnt eindringlich vor dem Überhören der Zeichen der Zeit.«

Buchautor und Maler

Große Bekanntheit im ganzen deutschen Sprachraum erlangte Bischof Reinhold Stecher durch seine Bücher. Vor allem das Buch »Botschaft der Berge« (1986) wurde zum Bestseller. Reinhold Stechers bisher neun Bücher haben eine Gesamtauflage von rund 450.000 Stück erreicht (Stand Mitte 2000). Einige seiner Titel wurden in andere Sprachen übersetzt (z. B. ins Italienische und sogar ins Chinesische). Wie in seinen Predigten, Vorträgen und Zeitungsartikeln hat er sich auch in seinen Büchern als blendender Formulierer und Erzähler erwiesen. In einfacher, bildhafter, humorvoller und einprägsamer Sprache versucht der Bischof, auch dem christlichen Glauben Fernstehenden etwas von der Größe und Menschenfreundlichkeit Gottes zu vermitteln. Die meisten seiner Bücher enthalten Zeichnungen oder Abdrucke von Aquarellen, die er selbst gemalt hat. Eine kleine Kostbarkeit unter seinen Veröffentlichungen ist der Führer für Kinder durch den Innsbrucker Dom.

Was Insidern schon länger bekannt war, kam gegen Ende seiner Amtszeit als Diözesanbischof an die Öffentlichkeit: Reinhold Stecher ist auch ein ausgezeichneter Maler. Seine Stärke ist die Aquarell-Malerei. Spezialisiert hat er sich vor allem auf Landschaftsbilder. In ihnen spielt das »Licht von oben« eine große Rolle. Es spiegelt sein großes Anliegen wider, zu einer Ahnung von Gottes Erhabenheit in der Schöpfung hinzuführen. Die Bilder Reinhold Stechers fanden und finden bei Versteigerungen für gute, vor allem soziale Zwecke reißenden Absatz. Einige Bilder haben Verkaufspreise um 50.000 Schilling erzielt.

Der Papstbesuch in der Diözese

Zu den freudigen Höhepunkten der Amtszeit Reinhold Stechers gehört auch das Glaubensfest mit Papst Johannes Paul II. am 27. Juni 1988 in Innsbruck. Innsbruck war die letzte Station seines dreieinhalbtägigen zweiten Pastoralbesuchs in Österreich. Die Meßfeier in der imposanten Arena des Bergisel-Stadions mit rund 50.000 Gläubigen aus Tirol und Vorarlberg, das Fest mit rund 17.000 Kindern im Eisstadion und der abschließende Wortgottesdienst in der Basilika Wilten haben sich tief ins Gedächtnis jener eingegraben, die dabei waren oder das Geschehen im Fernsehen verfolgten. Für den Papstbesuch in Österreich war das Motto »Ja zum Glauben – Ja zum Leben« gewählt worden. Der Gottesdienst am Bergisel stand unter der Devise »Lebendiger Glaube – menschenwürdige Heimat – Mut zum Morgen«. In seiner kurzen Rede zur Eröffnung der Eucharistiefeier verwies Bischof Reinhold Stecher auf das Kostbarste, das Tirol dem hohen Gast zu bieten habe: auf das Herz Jesu, das im Land seit Jahrhunderten verehrt wird. Er sprach den Wunsch aus, daß die Kirche viel von der Güte des Erlöserherzens ausstrahle. Den Papst bat er, sich für die baldige Seligsprechung Otto Neururers einzusetzen, »den wir als Fürsprecher für die Werte der christlichen Ehe und des Priestertums so sehr brauchen«.

Die Renovierung des Innsbrucker Doms

Ein freudiges Ereignis war für Bischof Reinhold Stecher und die Gläubigen seiner Diözese auch die große Generalsanierung »seiner« Bischofskirche, des barocken Doms zu St. Jakob in Innsbruck in den Jahren 1990 bis 1993. Mit ihm war er schon seit seinen Kindheitsjahren verbunden. Für die Renovierung setzte er sich persönlich sehr ein. Er half entscheidend mit, die Finanzierung durch öffentliche Mittel zu sichern. Persönlich steuerte er aus den Einnahmen, die ihm aus dem Verkauf seiner Bücher und Bilder zuflossen, hohe Beträge bei. Als kurz vor der Abhaltung einer Diözesansammlung für die Dom-Renovierung in Bangladesch ein Wirbelsturm Tausende Tote forderte und hohe Sachschäden verursachte, zögerte Reinhold Stecher aber nicht, diese Sammlung abzublasen und die Tirolerinnen und Tiroler zur großzügigen Unterstützung der Katastrophenopfer aufzufordern.

Reinhold Stecher ist auch die Einrichtung einer modernen Unterkirche im Dom zu verdanken. Für ihre Finanzierung konnte er eine liechtensteinische Stiftung gewinnen. Bei der einfühlsamen Neugestaltung des Volksaltars und des Presbyteriums sprach er ein gewichtiges Wort mit. Zur Absicht, den nicht mehr verwendeten Baldachin über dem Bischofssitz wieder aufzustellen, sagte er entschieden nein. Er veranlaßte die Anbringung einer Steinbüste des Diözesanpatrons, des hl. Petrus Canisius, am rechten vorderen Seitenaltar. Ebenso veranlaßte er die Errichtung einer Gedenkstätte für Pfarrer Otto Neururer, dessen baldige Seligsprechung damals in Aussicht stand.

Der Eröffnungsgottesdienst am 24. Oktober 1993 und die Rücküber-
tragung des bekannten Mariahilf-Bildes von Lukas Cranach in den
Dom am Vorabend gestalteten sich zu einem würdigen Glaubensfest
der ganzen Diözese. Stecher äußerte sich überzeugt, daß der Innsbrucker Dom jetzt die »schönste Bischofskirche Österreichs« sei.

Die Seligsprechung Otto Neururers

Die Seligsprechung des Tiroler Märtyrerpriesters und Pfarrers von
Götzens, Otto Neururer (1882–1940), war für Reinhold Stecher eine
Sternstunde seines Lebens. Die Freude darüber steigerte sich noch
weiter durch den Umstand, daß gleichzeitig auch der Marianistenpater
Jakob Gapp (1897–1943), der aus Wattens stammt, seliggesprochen
wurde. Neururer war am 3. Juni 1940 nach qualvollen Torturen im KZ
Buchenwald gestorben, Gapp war am 13. August 1943 hingerichtet
worden. Beide fielen wegen ihres christlichen Glaubens und ihrer
Treue zur Kirche der nationalsozialistischen Verfolgung zum Opfer.

Zu Otto Neururer hat Reinhold Stecher von Kindheit an eine enge Beziehung. Neururer war sein Religionslehrer in den ersten beiden
Volksschuljahren. Er hat Reinhold zur Erstkommunion geführt und
ihm eine tiefe Ehrfurcht vor dem Leib des Herrn vermittelt. Reinhold
Stecher war dabei, als die Asche Neururers in Götzens beigesetzt wurde. Zum Grab Neururers pilgert Reinhold Stecher bis heute und ruft
den Seligen als Fürsprecher an.

Die Vorbereitungen für ein Seligsprechungsverfahren für Otto
Neururer begannen bereits 1979 unter Bischof Rusch. Am 20. November 1983 eröffnete Bischof Reinhold Stecher offiziell das Verfahren in der Diözese und schloß es am 8. Dezember 1986 mit einer feierlichen Sitzung ab. Eine Woche später fuhr er mit weiteren Persönlichkeiten aus der Diözese nach Rom und übergab die Akten der Kongregation für die Selig- und Heiligsprechungen. Seine Freude war
groß, als er erfuhr, daß das Verfahren der Kongregation abgekürzt
werde, da es am Martyrium Neururers keine Zweifel gebe. Nach einer
längeren Wartezeit erging am 19. Mai 1995 das einstimmige Urteil der
neun Fachberater der Kongregation. Sie votierten einstimmig für die
Echtheit des Martyriums. Am 12. Januar 1996 unterschrieb Papst Johannes Paul II. das Seligsprechungsdekret.

Zur Seligsprechungsfeier am 24. November 1996 wurde ein Son-
derzug aus der Diözese Innsbruck organisiert. Erstmals durfte bei der
Feier im Petersdom eine Blasmusikkapelle spielen.

1996 stand die Diözese Innsbruck auch ganz im Zeichen von Feiern zum Gedenken an das Herz-Jesu-Gelöbnis vor 200 Jahren. 1796 hatten Vertreter der Tiroler Landstände im Namen des Volkes gelobt, »hinführo« das Fest des heiligsten Herzens Jesu »im ganzen Land mit einem feyerlichen Hochamte« zu feiern. Zum Jubiläumsjahr schrieb die Diözese Innsbruck erstmals einen Kunstwettbewerb aus, dessen Früchte allerdings rasch in Vergessenheit gerieten. Daß die Seligsprechung Otto Neururers und Jakob Gapps jedoch den Abschluß des Gedenkjahres bildete, war für Reinhold Stecher eine überwältigende Tatsache. Für seine Ansprache am Vorabend der Seligsprechung war er auf die Suche nach einer Melodie gegangen, das der Situation entspräche. Er hatte diese Melodie in dem Lied gefunden, das ein Bub ihm über die Gefängniswand zugepfiffen hatte, als er 1941 in Gestapohaft war. Es war das Lied: »Stark wie der Tod ist die Liebe, ihr Licht ist wie Leuchten des Feuers, das können die Wasser nicht löschen und die Ströme nicht überfluten.«

Übertritt in den Ruhestand

Der Übertritt in den Ruhestand war für Bischof Reinhold Stecher eine belastende Zeit. Mit Vollendung seines 75. Lebensjahres bot er im Dezember 1996 dem Papst gemäß dem Kirchenrecht den Amtsverzicht an. Er hoffte, sehr rasch einen Nachfolger zu erhalten. Doch die Angelegenheit zog sich hin. Die Stimmung heizte sich immer mehr auf. Die Befürchtung ging um, Rom werde keinen aus der Liste der Kandidaten ernennen, die Reinhold Stecher selbst vorgeschlagen hat. Dieser verhielt sich selbst zurückhaltend, mahnte aber immer wieder ein, daß sein Nachfolger das Vertrauen der Gläubigen in der Diözese und vor allem des Diözesanklerus haben müsse.

Als dann das Presseamt des Vatikans am 10. Oktober 1997 offiziell die Ernennung von Dr. Alois Kothgasser SDB zum Bischof von Innsbruck bekanntgab, herrschte zunächst Verwirrung, da nur wenige in der Diözese den steirischen Salesianerpater und Rektor der Ordenshochschule Benediktbeuern in Bayern kannten. Reinhold Stecher selbst setzte sich mit Kothgasser rasch in Verbindung und lernte ihn als »Mann der Mitte« kennen. Er schätzte ihn sofort als guten Nachfolger ein und war sehr erleichtert. Kothgassers Wunsch, daß Reinhold Stecher selbst ihn am Christkönigssonntag, dem 23. November 1997, zum Bischof von Innsbruck weihe, kam der nunmehrige Altbischof Reinhold Stecher mit Begeisterung nach.

Im »Ruhestand«

Unmittelbar nach der Weihe seines Nachfolgers zog sich Reinhold Stecher aus dem öffentlichen Leben zurück. Er wohnt seither im Personalhaus der Kreuzschwestern am Sanatorium Hochrum. Dort fühlt er sich wohl. Dennoch ist sein Terminkalender voll. Er hilft in der Seelsorge aus, macht Krankenbesuche, hält Vorträge und gibt Exerzitien. Und er will helfen, daß die Infrastruktur im Gebiet von Velipoje im Norden Albaniens deutlich verbessert wird. Velipoje und seine von Armut und Arbeitslosigkeit geplagten Bewohner sind Bischof Reinhold Stecher sehr ans Herz gewachsen. Seit Jahren unterstützt er den Tiroler Verein »Pro Albania«. Dieser Verein hat mit großer Unterstützung aus Tirol den Bau einer Kirche, eines Pfarrzentrums, eines Klosters und eines Kindergartens in Velipoje ermöglicht. Aus Einnahmen von Versteigerungen seiner Bilder hat Reinhold Stecher auch persönlich viel Geld in dieses Projekt gesteckt.

Es war und ist ein reiches Leben: Reinhold Stecher – nunmehr 80 Jahre.

VERZEICHNIS DER AUTORINNEN UND AUTOREN

Die Herausgeber:

– *Batlogg SJ, Andreas R.*, Mag. Dr. theol., geb. 1962, seit 1985 Mitglied der Gesellschaft Jesu, stellvertr. Leiter der Redaktion »Stimmen der Zeit« in München.

– *Egger, Klaus*, Dr. theol., geb. 1934, Bischofsvikar für Ordensangelegenheiten und zuständig für theol. Fortbildung in der Diözese Innsbruck, Honorarprofessor der Theologischen Fakultät Innsbruck.

Die Autorinnen und Autoren:

Berndorfer, Alois, Dr. phil., geb. 1918, Direktor i. R. der Pädagogischen Akademie des Bundes in Tirol.

Bürgler, Jakob, Mag. theol., geb. 1967, Pfarrer von St. Martin in Wängle/Außerfern.

Fritsch, Esther, Dr. med., Präsidentin der Israelitischen Kultusgemeinde für Tirol-Vorarlberg.

Gelmi, Josef, Dr. theol., geb. 1937, Professor für Kirchen- und Diözesangeschichte an der Phil.-Theol. Hochschule Brixen.

Hasitschka SJ, Martin, Dr. theol., lic. phil., geb. 1943, seit 1964 Mitglied der Gesellschaft Jesu, Professor für Neutestamentliche Bibelwissenschaft an der Universität Innsbruck.

Heidegger, Franz, Mag. theol., geb. 1949, stellvertr. Seelsorgeamtsleiter der Diözese Innsbruck.

Hofinger, Christine, geb. 1942, seit 1994 im Bischofsrat, Vorsitzende der Frauenkommission der Diözese Innsbruck.

Huber, Florian, Mag. Dr. theol., geb. 1954, Seelsorgeamtsleiter der Diözese Innsbruck.

Kothgasser SDB, Alois M., Dr. theol., geb. 1937, seit 1955 Salesianer Don Boscos, seit 1997 Diözesanbischof von Innsbruck, 1969 bis 1982 Dozent u. Professor an der Università Pontifica Salesiana in Rom, ab 1982 Professor für Dogmatik u. Rektor der Phil.-Theol. Hochschule Benediktbeuern.

Krätzl, Helmut, Dr. theol., Dr. iur. can., geb. 1931, seit 1977 Weihbischof in Wien, zuvor Pfarrer, Ordinariatskanzler und Generalvikar der Erzdiözese Wien, 1985/86 Diözesanadministrator.

Ladurner, Ingeborg, geb. 1941, Landesbedienstete.

Ladurner, Paul, Dr. iur., geb. 1936, Rechtsanwalt.

Larcher, Gerhard, Dr. theol., geb. 1946, Professor für Fundamental-theologie an der Universität Graz u. Dekan der Theologischen Fakul-tät, Leiter des Arbeitskreises »Kunst und Kirche« der Diözese Innsbruck.

Leitner SJ, Severin, Dr. theol., lic. phil., geb. 1945, seit 1965 Mitglied der Gesellschaft Jesu, seit 2001 Provinzial der Österreichischen Jesui-tenprovinz, zuvor Regens des internationalen Theologenkonvikts Ca-nisianum.

Mäder, Otmar, Dr. theol., geb. 1921, 1976-1994 Bischof von St. Gal-len/Schweiz, dann drei Jahre Primissar und Pfarrer in Muolen, jetzt im Ruhestand.

Müller, Lothar, Dr. theol., geb. 1947, Pastoralassistent in der Klinik-seelsorge Innsbruck, vorher Abgeordneter zum österreichischen Na-tionalrat und Stadtrat in der Landeshauptstadt Innsbruck.

Pohler, Ernst, geb. 1932, seit 1967 Dekan und Pfarrer in Breiten-wang/Außerfern.

Rathgeb, Elisabeth, Mag. theol., geb. 1966, seit 1995 Leiterin des Bil-dungshauses St. Michael in Matrei a. Br.

Rosenkranz, Gilbert, Mag. theol., geb. 1964, Pressereferent der Diö-zese Innsbruck.

Rotter SJ, Hans, Dr. theol., geb. 1932, seit 1953 Mitglied der Gesell-schaft Jesu, 1970-2001 Professor für Moraltheologie an der Universität Innsbruck, seit Herbst 2001 Krankenhausseelsorger in Zams.

Schaupp, Klemens, Dr. theol., lic. psych., geb. 1952, Psychologe, Or-ganisationsberater und Pastoraltheologe.

Schreier OPraem., Raimund, Mag. theol., geb. 1952, seit 1992 Abt von Wilten, Haus-, Hof- und Erbkaplan des Landes Tirol.

van Staa, Herwig, Dr. phil., Dr. iur., Mag. rer. soc. oec., geb. 1942, seit 1994 Bürgermeister der Landeshauptstadt Innsbruck.

Stenger CSsR, Hermann M., Dr. phil., Dr. theol. h. c., lic. psych., geb. 1920, seit 1947 Mitglied des Redemptoristenordens, seit 1955 Dozent an der ordenseigenen Phil.-Theol. Hochschule in Gars am Inn, 1977 bis 1990 Professor für Pastoraltheologie an der Universität Innsbruck.

Stocker, Franz, geb. 1947, Leitender Redakteur von »Kirche«, Sonn-tagszeitung für die Diözese Innsbruck.

Thorer, Sr. Pauline, Mag. theol., geb. 1946, Mitglied der Kongregation der Barmherzigen Schwestern, Leiterin des ordenseigenen »Hauses Marillac«, Besinnungs- und Bildungshaus in Innsbruck.

Weber, Johann, Dr. theol. h. c., geb. 1927, 1969-2001 Bischof von Graz-Seckau.

Weingartner, Wendelin, Dr. iur., geb. 1937, seit 1994 Landeshauptmann von Tirol.

Wörle, Oswald, geb. 1948, Volksschuldirektor in Matrei a. Br.

Zauner, Wilhelm, Dr. theol., geb. 1929, 1970-1994 Professor für Pastoraltheologie an der Kath.-Theol. Fakultät Linz.

VERZEICHNIS DER BILDER VON REINHOLD STECHER (ALLE IN PRIVATBESITZ)